廊坊历史名人传

LANG FANG LI SHI MING REN ZHUAN

付艳华 编著

中国文史出版社

图书在版编目（CIP）数据

廊坊历史名人传／付艳华编著．--北京：中国文史出版社，2020.12

ISBN 978-7-5205-2798-9

Ⅰ.①廊… Ⅱ.①付… Ⅲ.①历史人物-列传-廊坊 Ⅳ.①K820.822.3

中国版本图书馆CIP数据核字（2020）第250948号

责任编辑：刘华夏

出版发行：**中国文史出版社**

社　　址：北京市海淀区西八里庄路69号院　　邮编：100142

电　　话：010-81136606　81136602　81136603　81136605（发行部）

传　　真：010-81136655

印　　装：北京温林源印刷有限公司

经　　销：全国新华书店

开　　本：710×1000　1/16

印　　张：16.25

字　　数：242千字

版　　次：2021年5月北京第1版

印　　次：2021年5月第1次印刷

定　　价：45.00元

序言

廊坊地处华北平原北部，早期文化遗存虽有发现，但寥若星辰，屈指可数，虽得考古界学者研精阐微，不免管窥所及，难得全豹。秦以前属燕、齐之地，厥有边界，文献所载，古迹尚存，雪泥鸿爪，仍可觅燕国南长城遗址。自辽以后，幽州以北方重镇跻身陪都，自元以降，即为首都。廊坊各县以畿辅近郊直隶顺天，拱卫京师有年，至今仍有“护城河”之称。其行政区划辖属几经更变，地域狭小，合全市之域不及围场、丰宁之大，是河北最小的设区市。

从宏观上说，廊坊历史上可圈可点的人物凤毛麟角，如“乘我大宛马，抚我繁弱弓”的西晋大家张华，倡导“胡汉分治”的辽初重臣韩延徽，心系家国的李松、刘体乾，恪尽职守的袁懋功、刘湝年，有驰骋疆场的张禧、史天泽。每一个人物在其特定的历史环境下，都具有鲜明的个性。现阶段对廊坊地方历史文化的研究尚处于萌发状态，比如吕端，虽然大家都对褒扬他的那两句“大事不糊涂”的联语耳熟能详，但对吕端及其家族以及他与安次关系的研究仍有待深入。吕端一族，为三院吕氏之一，南宋王明清《挥麈后录》、尤袤《遂初堂书目》均有记述。三院吕氏在宋代联宗通谱，共奉河东吕延之（唐任浙东道节度使）为祖，其后裔吕寿任瀛州景城县（今属献县）主簿，“因家幽州”。吕寿曾孙即为吕端。《宋史·吕端传》[①] 载，“吕端，幽州安次人。”而实

① 宋史为元末至正三年（1343）脱脱领衔编修，编者多为汉族文人，历代均有编修。

际上吕端之父吕琦自年少时即遭灭门之灾，安次人赵玉偕其出奔河东，后吕琦成为天福侍郎院派始祖。而吕端既非出生在安次，也没有在安次生活过，其后代随南宋迁至浙江新昌。正史中注明为幽州安次人的仅吕琦、吕余庆、吕端两代三人，且宋以后史志文献均未记载在安次有与吕端相关的遗迹，甚至是口头传说。而从史料中可以看出，吕家对于幽州安次赵玉的救命之恩与再生之德，心存感激，吕琦更是将赵玉视同亲生父亲。后来赵玉有疾，吕琦亲尝汤药，侍于榻侧。对待赵玉的儿子赵文度也视同己出，悉心教育，使之得以进士及第。吕端对待赵玉曾孙赵绍宗，仍不忘旧恩，一如既往，上表举荐，使朝廷赐给赵绍宗出身。演绎了一番仆救主、主报仆，恩及四世的感人故事。由此推论，在吕琦尚不能脱离险境时，对外称与赵玉为父子关系、籍贯幽州安次是有可能的。故而“安次吕端”并非确论，尚值得深入探讨。此外，还有很多廊坊人在外阜任职而寡闻于本土的，如清代刘湝年、孟宪彝等，也需要深入挖掘和研究。

本书是从廊坊的视角对这一区域内的历史人物作一介绍。作者在认真梳理、考辨各种正史、方志、碑刻材料的基础上，遴选部分在廊坊历史上有一定影响的人物，将其生平事迹介绍给读者，既尊重历史，又通俗易懂，利于普及，足以抛砖引玉，为宣传廊坊地方历史文化增色添彩。

张洪英

2021 年 1 月 28 日

Contents 目录

正史记载的廊坊第一人——刘放

刘　放

刘放是正史记载的固安的第一位名人，在汉末三国时期是一位重要的政治人物。

刘放（？—250），字子弃，涿郡方城（今廊坊市固安县）人，三国时期曹魏大臣。现在固安南部还有一个村子叫方城，那里就是两千多年前东周时期燕国的方城邑。刘放在东汉末年举孝廉入仕。后投奔曹操，历任参军事、主簿记室。魏国初建，刘放被任命为秘书郎，不久改为中书监加给事中，赐爵关内侯，执掌中枢机密。明帝即位后，对刘放更加宠信，加散骑常侍，进爵西乡侯。朝廷的诏令密命，很多都是出自刘放之手，他参与决定重大事项，权倾一时。后晋爵方城侯。魏明帝临终时，皇储幼弱，刘放力主召曹爽、司马懿托付大政。齐王即位后，再加奖拔，增食邑至一千一百户，并加左光禄大夫。正始七年（246年）致仕，嘉平二年（250年）去世，谥敬侯。

归附曹操

刘放是汉广阳顺王之子西乡侯刘宏的后裔。最初被举为孝廉，曾在郡中担任纲纪官员。当时正值汉末大乱，渔阳王松割据本土，刘放前去依

附他。

建安九年（204 年），曹操平定了冀州，刘放劝说王松：“过去董卓倒行逆施，英雄同时起事，拥兵自立，擅自发号施令，各自为政，只有曹公能够拯救危乱的局面，拥戴辅佐天子，尊奉朝廷的旨意讨伐罪逆，所攻必克。即便袁绍、袁术那么强大，防守则淮南的冰都融化了，出战则在官渡大败；曹公乘胜前进，势如卷席，必将扫清河北地区，威权与刑罚已经结合，事情的大势就显现出来了。快些到达的总会得福，落后臣服的就要灭亡，这是不用整天奔走趋赴就会到来的时运。过去黥布放弃为王的尊贵地位，执剑归依汉朝，确实是懂得兴盛衰败的道理，明了归依叛离的命运。将军您应该投身于曹公，把自己的命运交付给他，用优厚的礼物去与他结交。”王松照着他的意见去做了。恰逢曹操在南皮县讨伐袁谭，写信召唤王松，王松献出雍奴、泉州、安次三城，归附了曹操。刘放替王松写了答复曹操的信，文辞非常华丽。曹操既很赞赏他，又知道了他劝说王松的那番议论，因此征召了刘放为官。

建安十年（205 年），刘放和王松一起到达曹操处，曹操十分高兴，对刘放说：“当年班彪依附窦融而有劝河西归附汉朝的功劳，如今的情形是多么相似啊。”于是任命刘放参司空军事，历任主簿记室以及郃阳、祋祤、赞县三地县令。

建安十八年（213 年），曹操称魏公，刘放与孙资都任秘书郎。曹操去世后，黄初元年（220 年），曹丕取代东汉称帝，刘放、孙资转任秘书左右丞。几个月后，刘放转任秘书令。后来，魏国改秘书为中书，刘放任中书监，加给事中，赐爵关内侯，同中书令孙资一同掌握机密。黄初三年（222 年），刘放进爵魏寿亭侯。

辅政建言

黄初七年（226 年），魏明帝曹叡继位，刘放、孙资二人更加被宠信，同时加散骑常侍。刘放进爵西乡侯，孙资为乐阳亭侯。刘放擅长写书信和檄文，曹操、曹丕、曹叡的诏命文书，很多都是刘放写的。

青龙元年（233 年），孙权与诸葛亮联合，打算一起进攻魏国。魏国的边境侦察兵缴获孙权的书信，刘放于是改写信中言辞，更换言辞却仍与上下文相衔接，将信改作写给魏征东将军满宠，表现出要归顺魏国的意思，将信封好后送给诸葛亮。诸葛亮将信抄给吴国大将步骘等人。步骘等人拿信给孙权看，孙权怕诸葛亮怀疑他的合作诚意，又费力做出解释。这一年，刘放、孙资二人都加侍中、光禄大夫。

景初二年（238 年），司马懿平定辽东，刘放、孙资二人以参谋之功，各进爵，封到本县。刘放为方城侯，孙资为中都侯。

同年，魏明帝曹叡病危，打算召燕王曹宇为大将军，与领军将军夏侯献、武卫将军曹爽、屯骑校尉曹肇、骁骑将军秦朗共同辅政。曹宇性格谦恭，推辞任命。为此，曹叡召见刘放、孙资，到了卧室里面，曹叡问道："燕王为人处世就是这样的吗？"刘放、孙资回答说："燕王这样做，是因为自己知道不能担当这么大的责任。"曹叡说："曹爽可以代替曹宇吗？"刘放、孙资随即表示赞成，又竭力陈述应该迅速召回司马懿，以维护皇室。曹叡接受了他们的意见，随即给刘放黄色专用纸让他书写诏书。刘放、孙资出去后，曹叡的主意又有变化，下诏制止司马懿不让他来。不一会儿又召见刘放、孙资说："我自己要召回太尉，而曹肇等人反倒要我阻止他来，几乎败坏了我的大事！"命令他们再次书写诏书，曹叡独独宣召曹爽和刘放、孙资一同接受诏书命令，于是罢免了曹宇、夏侯献、曹肇、秦朗等人的官职。这时司马懿也到了，走近曹叡的卧床接受诏令。曹叡对司马懿是否适合做辅政大臣的犹豫，出自对司马懿忠心的质疑和曹氏政权的担忧，最终又选定司马懿，似乎也是无奈之举，为曹氏政权最终被司马氏取代埋下了隐患。

晚年岁月

景初三年（239 年），曹叡去世，曹芳继位，刘放、孙资各增加食邑三百户。刘放连同以前的封邑共一千一百户，封爱子一人为亭侯，次子为骑都尉，其余的儿子都为郎中。正始元年（240 年），朝廷加刘放左光禄大夫，金印紫绶，仪同三司。

正始六年（245 年），刘放任骠骑将军，仍领中书监。正始七年（246

年)，朝廷又封刘放的一个儿子为亭侯。刘放、孙资都以年纪大了让位，每月初一、十五仍以列侯的身份上朝，位特进。嘉平二年（250 年)，刘放去世，谥为敬侯，儿子刘正继嗣，在魏元帝曹奂咸熙年间封为方城子。

刘放生逢乱世，依靠自己的能力和才干，辅佐曹操统一了北方，与蜀、吴三分天下。他尽心用事，执掌三朝政务，对维护曹魏的政权稳定起到了重要作用。尽管《三国志》评论他“既善承顺主上，又未尝显言得失，抑辛毗而助王思，以是获讥于世”，即为人为政不无瑕疵，但仍然不失为一位有影响的重要历史人物。

学识广博的西晋名相张华

张　华

张华（232—300），字茂先，范阳方城（今廊坊市固安县）人。西晋时期政治家、文学家。在曹魏时，他历任太常博士、河南尹丞、佐著作郎、中书郎等职。西晋建立后，拜黄门侍郎，封关内侯，逐渐受到晋武帝的重用。后拜中书令，加散骑常侍，与大将杜预坚决支持晋武帝司马炎伐吴，于战时任度支尚书。吴国灭亡后，以功进封广武县侯。其后遭到排挤，出镇幽州，政绩卓然。之后返朝任太常，终武帝之世未得参与政事。晋惠帝继位后，累官至司空，封壮武郡公，被皇后贾南风委以朝政。永康元年（300 年），赵王司马伦发动政变，张华惨遭杀害，终年六十九岁。太安二年（303 年），获得平反，追复官爵。

早年经历，博闻强识

张华的父亲张平曾任渔阳郡太守。张华少年时孤苦贫寒，靠帮别人牧羊来养活自己。他在少年时就注意自身修养，言行举止一定要合乎礼度。见义勇为，周济危难，器量宽阔，胆识弘大，当时的人很少能揣摩

他的才能。同乡的刘放对张华的才能感到奇异，于是把自己的女儿嫁给了他。

张华学业优博，辞藻温丽，朗赡多通，图纬方技之类的书籍没有不详细阅览过的。起初张华并不为人所知，于是创作了《鹪鹩赋》，通过对鹪鹩处境的描写，抒发自己的处世哲学。名士阮籍在看到这篇赋后，感叹道："这个人是王佐之才啊！"张华的声名从此开始显著。渔阳太守鲜于嗣推荐他任太常博士，同郡的卢钦见到张华后非常器重他，把他推荐给司马昭，转任河南尹丞，还没上任，又被授佐著作郎。不久，迁为长史，兼任中书郎。张华对于朝政所发表的意见以及所上的奏章，大多都被采纳施行，因此得以正式担任中书郎。

泰始元年（265 年），晋武帝司马炎受魏元帝禅让，建立西晋。拜张华为黄门侍郎，封爵关内侯。

张华的记忆力极强，而且学识渊博，对天下古今的事物都了如指掌。晋武帝曾向张华询问汉朝宫室制度及建章宫千门万户的情况，张华应对如流，让旁听的人都忘了疲倦。他又在地上画出图样，武帝身旁的人都注视着他，武帝感到很奇异。当时的人把张华比作春秋时郑国的良相子产。几年后，被拜为中书令，后来又加官散骑常侍。张华在母亲去世时非常悲哀，武帝下诏劝勉，并强令他管理政事。

力主伐吴，成就大业

当初，晋武帝与羊祜谋划伐吴事宜，群臣大多认为不可行，只有张华赞成这一计划。咸宁四年（278 年），羊祜病重，武帝派张华到羊祜那里询问伐吴的计策。羊祜对张华说："现在主上有受禅让的美名，但功德还未被世人所称颂，孙皓的暴政已到极点，此时伐吴可以不战而胜。统一天下而兴办文教，陛下可比尧舜，而臣下就好像稷契，这是百代难逢的盛事。如果错过这个机会，孙皓不幸死去，吴人另立明主，那么就算有百万大军，长江也是难以越过的，这不是留下后患吗？"张华很赞赏羊祜的主张。羊祜又对张华说："能实现我这个愿望的人是你啊！"对张华寄予很大的期望。

咸宁五年（279 年），西晋大举伐吴，武帝任命张华为度支尚书，负责谋划及运输粮草，又与武帝一起制定作战计划。当时众军已经进发，但还没有获得战功，贾充等便奏请武帝诛杀张华以谢天下。武帝说：“伐吴是朕的主意，张华只是与朕的意见相同罢了。”当时众人都认为不可轻进，只有张华坚持己见，认为伐吴必胜。

张　华

太康元年（280 年），西晋灭掉了吴国，武帝下诏晋封张华为广武县侯，增加食邑一万户，封他的一个儿子为亭侯，食邑一千五百户，还赐绢一万匹。张华也由此进入了人生的巅峰。

受忌外放，镇抚幽州

张华名重一时，为众人所推服，朝廷把修撰晋史及礼仪规章的任务，都托付给他，有许多增减损益。当时的诏书诰文，都是张华起草的，他的声望名誉更加显赫，有任宰相的威望。而荀勖认为自己出身大族，凭着武帝对他的宠信，非常厌恶憎恨张华，常想伺机将张华调到外镇任职。适逢武帝问张华：“国家大事以后可以托付给谁？”张华回答说：“德才兼备而又与陛下是至亲的，莫过于齐王司马攸。”此话不是武帝的用意所在，对武帝旨意稍有违背，荀勖离间张华的阴谋因此得逞，外调他为持节都督幽州诸军事，兼任护乌桓校尉、安北将军。张华在任内招抚接纳新归附的人，各族百姓都感念他的恩德，马韩、新弥等依山傍海，离幽州四千余里，历代都不曾归附的二十多个国家，都遣使朝贡。当时距幽州遥远的少数民族都臣服晋朝，边疆安宁，粮食连年丰收，兵马强壮。

朝中议论想要让武帝召张华回京任宰相之职，又想要为他进号仪同三

司。张华曾在武帝面前说过冯紞的哥哥冯恢的坏话，而冯紞深得武帝宠信，因此遇到了冯紞的阻挠。不久，武帝征召张华为太常，因为太庙屋栋折断而被免官。从此，张华在武帝时期，一直以列侯的身份朝见。

尽忠匡辅，谏阻废黜太子

永熙元年（290 年），晋惠帝司马衷即位，任命张华为太子少傅，与王戎、裴楷、和峤都因有德望被武帝杨皇后的父亲杨骏猜忌，不得参与朝政。元康元年（291 年），杨骏被杀后，皇后贾南风将要废掉杨太后，当时群臣在朝堂商议此事，众人大多都顺承旨意，认为太后应该被废。只有张华认为杨太后并没有得罪于武帝，应该仿效汉废赵太后为孝成后的例子，贬太后称号，仍然称武皇后，居于别宫。但他的意见没有被采纳，于是废太后为庶人。

同年，楚王司马玮受密诏杀害太宰汝南王司马亮、太保卫瓘等人，当时内外兵乱繁起，朝臣都感到恐惧，无计可施。张华告诉惠帝说："司马玮矫诏擅自杀害二公，将士们仓促行事，认为是朝廷的旨意，所以才听司马玮的。现在陛下可以派特使持节让外军解除戒严，事件就可平息。"惠帝采纳了张华的意见，司马玮果然兵败。等到司马玮被杀后，张华因首先献谋有功，拜为右光禄大夫，开府仪同三司、侍中、中书监，佩戴金印紫绶。张华坚决辞去开府仪同三司之职。

贾谧与贾后共同商量，认为张华出身庶族，儒雅有谋略，晋升没有威逼君主的嫌疑，谦退又是众望所归，打算依靠他总摄朝政，大事都向他咨询。贾后犹豫未决，于是询问裴頠的意见。裴頠平时很看重张华，非常赞成此事。张华于是尽忠辅佐朝政，弥补缺漏，虽然当时惠帝昏弱、贾后残暴肆虐，但天下仍然安定，这都是张华的功劳。张华怕贾后亲族势力强盛酿成灾祸，于是创作了《女史箴》来讽劝。贾后虽然性格凶暴嫉妒，但还是敬重张华。几年后，朝廷根据张华前后的功勋，晋封他的爵位为壮武郡公。张华推让了十几次，惠帝下诏敦促开导，张华这才接受。元康六年（296 年），张华接替已去世的下邳王司马晃为司空，兼管修史的事务。

元康九年（299 年），贾后想要废掉太子司马遹，当时太子左卫率刘卞很受太子信任和优待，每次宴会，刘卞都参加。太子多次看到贾谧骄傲无礼，很憎恨他，并表露在言语神情中，贾谧对太子也怨愤不平。刘卞向张华询问贾后想要废太子的事情，张华回答说："没有听说。"刘卞说："我本是贫寒之士，在须昌县任小吏，受到您的提拔才有今日。士感恩于知己，因此才无所不言，而您对我还有怀疑吧?"张华说："假令有这回事，你准备如何应付呢?"刘卞说："太子手下人才如林，四个卫率有精兵万人，您身居宰辅重位，如果能得到您的命令，皇太子能总领尚书事，只需要两个宦官就能将贾后废黜至金墉城。"张华说："现在陛下在位，太子是陛下的儿子，我又没有接受废立的诏命，贸然做这种事，是没有君父的行为，而且是以不孝昭示天下。即使能成功，也不免获罪，何况外戚权臣满朝，权威不在一人，怎么能安然无事呢!"

不久，贾后让人作祈祷神灵的文章，文章含有叛逆的意思，让太子在酒醉时抄写，上呈惠帝。惠帝在式乾殿会集群臣，把太子的抄本遍示群臣，大臣们都猜到是贾后的阴谋，但是没人敢替太子说话。只有张华进谏说："废黜太子是国家的大祸患。自汉武帝以来，每当废黜正嫡，总要引起动乱，况且晋朝拥有天下的时间不长，希望陛下慎重考虑此事。"尚书左仆射裴頠认为先要审讯传书的人，又请求核验字体真假，认为如果不这样做，恐怕其中有诈。贾后便拿出太子平时写的十几张启事，众人比照，也没人敢说不是太子亲笔所写，一直议论到太阳偏西仍不能决断。贾后明白张华等人保护太子的意志坚定，因而上表请求将太子免为庶人，惠帝才同意了贾后的意见。

受冤遇害，终获平反

当初赵王司马伦任镇西将军时，扰乱关中地区，使得氐、羌反叛，惠帝让梁王司马彤代替他。有人劝张华说："赵王贪婪昏庸，信用孙秀，到哪哪就乱，而孙秀狡诈多端，是奸人之雄。现在可以让梁王杀掉孙秀，这样就削去了赵王的一半力量，以此来给关右的人一个交代，这样不是很好吗?"张华赞同他的意见，司马彤也答应了。但孙秀的友人辛冉又对司马彤说："氐、羌自己造反，不是孙秀造成的。"孙秀因而得以免死。司马伦回京后谄媚贾后，希望能录尚书事，后来又请求任尚书令。张华与裴頠都坚持认为不可以，因此招致他们的怨恨。

永康元年（300 年）四月，司马伦、孙秀准备废黜贾后，孙秀让司马雅连夜前去见张华，告诉他说："现在社稷将危，赵王想要与您共同匡扶朝廷，成就霸业。"张华料到司马伦、孙秀等人要篡权，便拒绝了。司马雅生气地说："刀都要架在脖子上了，还说这样的话吗！"头也不回就走了。

当年，张华所封的壮武郡有棵桑树变成了柏树，精通占卜的人认为这是不祥之兆。他的住宅及官署多次出现异常的现象。张华的小儿子张韪因为中台星散裂，劝张华逊位引退。张华不听，说："天道玄远，只能修养德行来应对天变罢了。不如静观以待，以听天命。"

不久，张华正白天卧床休息时，梦见房屋忽然倒塌，醒后心中厌恶，当天夜里便发生政变，司马伦诈称惠帝有诏召张华入宫，张华于是与裴頠一起被捕。张华将死时对张林说："你要谋害忠臣吗？"张林称自己有诏书，指责张华说："你身为宰相，担负天下的重任，太子被废黜，却不能死节，这是为什么呢？"张华说："式乾殿议论此事时，我竭力劝阻，这是众所周知的，并不是我不劝谏啊！"张林说："劝谏不被听从，为什么不离职？"张华无话可答。片刻之后，使者来到说："有诏令杀您。"张华说："我是先帝老臣，赤心如丹。我不怕死，只怕王室将有大难，祸不可测啊！"张华在前殿马道南边被杀，又被夷灭三族。张华被杀的消息传出，朝野没有不悲痛的。

永宁元年（301 年），司马伦、孙秀被诛杀，由齐王司马冏辅政，司马冏向惠帝上奏请求为张华等人平反并追赠官爵。群臣议论时意见不一，而多数人认为张华被杀是冤案。壮武国臣竺道又请求长沙王司马乂，请求恢复张华的爵位，但很久都没有定论。

太安二年（303 年），惠帝下诏为张华平反，恢复张华侍中、中书监、司空、壮武郡公、广武侯县的官爵以及被没收的财产、印绶、符策，派使者专门吊祭。

奖掖后进，才能卓著

张华非常爱惜人才，劝勉荐拔他们从不厌倦，即使他们身份贫贱，从事杂役之类的工作，但只要有些许长处，张华便赞叹称道，使他们的声誉得以传播。当初，江南名士陆机兄弟志气高昂，自认为是东吴的名族，刚到洛阳时，颇为轻视中原人士。直至见到张华后，陆氏兄弟深感一见如故，钦佩他的德望风范，以师长的礼仪相待。张华被杀后，陆机为他作了诔文，又创作《咏德赋》来悼念他。

张华工于诗赋，词藻华丽，钟嵘《诗品》评价他的作品为“儿女情多，风云气少”，实际上其作品多有“侠骨柔肠”，可谓诗如其人。《文心雕龙》称其短章“奕奕清畅，其《鷦鹩》寓意，即韩非之《说难》也”。张华编纂有中国第一部博物学著作《博物志》。《博物志》共十卷，分类记载了山川地理、飞禽走兽、人物传记、神话古史、神仙方术等。是继《山海经》之后，我国古代又一部包罗万象的奇书，填补了中国自古无博物类书籍的空白。《隋书·经籍志》著录《张华集》十卷，已散佚。明人张溥在《汉魏六朝百三名家集》中收有《张茂先集》。

张华雅爱书籍，精通目录学，曾与荀勖等人依照刘向《别录》整理典籍。他家里藏书非常多，曾在搬家时，载书三十乘。身死之日，家无余财，只有文史书籍满架盈箱，且多珍善之本。他见多识广，知识渊博，当世没有人能和他相比。秘书监挚虞撰写官史时，都要借阅张华家藏的图籍，以资取正勘对和参考。

张华还是书法家，《宣和书谱》载有张华的草书作品《得书帖》及行书作品《闻时帖》，称他“作字尤工草书，不在模仿，其规矩气度似其人物。见索靖，遂雅相厚善，深与结纳”。

张华出身贫苦，因才学过人而逐步在仕途展现才能。对时势有比较清晰的认识，力主伐吴，在晋武帝去世后，尽忠辅佐惠帝，使天下仍然保持相对安宁。最后在政治斗争中不幸被害，甚为可惜。张华具备的多方面才能，为后世留下了宝贵的财富。

梁朝开国功臣张弘策

张弘策

张弘策（456—502），字真简，范阳方城（今廊坊市固安县）人。随梁武帝西征，为辅国将军，迁卫尉卿。天监初加洮阳县侯。尽忠奉上，所能为者无不为。重友情，惜人才，尽力提拔举荐。东昏余党孙文明作乱，张弘策于卫尉府被杀害，赠散骑常侍，车骑将军，追谥为愍。

幼年孝悌

张弘策是梁武帝萧衍的母亲文献皇后张尚柔的堂弟，也就是萧衍的从舅。张弘策的父亲张安之曾任青州主簿、南蛮行参军。张弘策幼年时即以孝闻名。母亲生病时，五天不吃东西，他也不吃。最后他的母亲勉强吃了些粥，他才吃了母亲吃剩的。母亲去世后，张弘策在三年守孝期间不吃放盐的菜，因此几乎丧命。他们兄弟之间非常友爱，不忍短暂分离，即使各自成家了，也经常一同起卧。

追随萧衍，出谋划策

张弘策起初任南齐邵陵王国常侍，迁奉朝请、西中郎、江夏王行参军。

张弘策与萧衍年纪相仿，从小就很亲近，经常和萧衍在一起相处。他每次进入萧衍居住的房子，常觉得有祥瑞之气，身体肃然，张弘策由此特别敬重他。南齐明帝建武末年，张弘策跟随萧衍，在一次酒酣之后，把坐席挪到星空之下，谈论时事。

张弘策问萧衍说：“你看天象是怎么说的？国家应该没有什么变故吧？”

萧衍说：“这话可以说吗？”

张弘策说：“请说说它的征兆。”

萧衍说：“汉北有失地气，浙东有急兵祥。今年冬初，北魏必然会发兵进犯，那样就会丧失汉北的土地。皇帝长期患病，政出多门，一有机会，叛乱就会乘机而起。明年都城会有动乱，死人多于乱麻，齐的历数从此就完了。梁、楚、汉地会有英雄兴起。”

张弘策说：“英雄现在在哪里？是已经富贵了，还是在民间草莽之中？”

萧衍笑着说：“光武帝刘秀曾经说：‘怎么知道不是我呢？’”

张弘策起身说道：“今夜的话是天意，请定君臣之分。”

萧衍说：“舅舅是要效仿邓晨吗？”邓晨是光武帝刘秀的姐夫，也是辅佐刘秀夺取天下的大将。

这年冬天，北魏大军进犯新野，萧衍带兵支援，并且接受密旨，仍代曹虎为雍州刺史。张弘策听到消息后心中暗喜，对萧衍说：“当夜说的话要应验了。”萧衍笑着说：“先不要多说。”张弘策随从萧衍西行，仍然参谋军务，亲自参加军中的劳役，不怕辛苦。

建武五年（498 年）秋，齐明帝驾崩，遗诏以萧衍为雍州刺史，于是萧衍上表推荐张弘策为录事参军，带襄阳令。萧衍目睹天下混乱，有拯救苍生的志向，秘密积蓄人马，参与谋划的人，只有张弘策一人而已。此时萧衍的长兄、长沙宣武王萧懿罢益州还，为西中郎长史，行郢州事。萧衍派张弘策到郢州，向萧懿陈述计划，劝他和萧衍联合起兵，以成霸业，不要错过时机，追悔莫及。萧懿不以为然，没有听从张弘策的建议。

之后萧懿被杀，萧衍将要起兵。萧衍夜召张弘策、吕僧珍入宅定议，天亮时发兵，以张弘策为辅国将军、军主，主领万人，督后部军事。西台

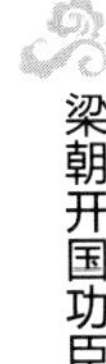

建，为步兵校尉，迁车骑谘议参军。等到郢城平定后，萧颖达、杨公则诸将都要在夏口屯兵，萧衍认为应该乘势长驱直入，进攻京都建邺，把这个计划告诉了张弘策，张弘策和他意见一致。又咨询宁远将军庾域，庾域也同意。于是命令众军即日上道，沿江至建康，凡是矶、浦、村落，大军所行住宿、停顿的处所，张弘策都预先进行探查，了如指掌。行军到新林，王茂、曹景宗等正要出战，萧衍派遣张弘策持节慰劳勉励，众人都精神振奋。这天，打败了朱雀军。萧衍入驻石头城，张弘策屯门禁卫，引接士人，使他们大多得以保全，免遭兵劫。城平，萧衍遣张弘策与吕僧珍先入清宫，封检府库。这时城内珍宝堆积，张弘策申勒部属，秋毫无犯。之后他升为卫尉卿，加给事中。

意外遇害

萧衍称帝后，天监初年，张弘策加散骑常侍，洮阳县侯，食邑二千二百户。张弘策尽忠辅佐萧衍，知无不为，交友故旧，根据才能进行推荐，搢绅官员都愿意和他交往。

当时齐东昏侯萧宝卷余党孙文明等初逢赦令，多数人心里并不踏实，天监元年（502 年），率数百人偷运芦苇火种，私自进入南北掖门作乱，焚烧神虎门、总章观。前军司马吕僧珍正在殿内值班，带领宿卫兵打退了他们，这伙人又分兵进入卫尉府，张弘策正指挥人救火，盗贼从他身后杀害了他，时年 47 岁。萧衍对张弘策的遇害深为恸惜。赐给第一区，衣一袭，钱十万，布百匹，蜡二百斤。赠散骑常侍、车骑将军，给鼓吹一部。谥曰愍。

张弘策长子张缅、三子张缵、四子张绾都居官，可谓官宦世家。

张弘策为人宽厚通率，笃爱故旧。及至身居贵重之位，不以贵势自高。对待故友宾客，如布衣时一样有礼节。皇帝的赏赐和俸禄都散给亲友。在他遇害后，没有不痛惜的。他性格敦厚慎密，辅佐梁武帝萧衍取得帝位，立下大功，但是因为处于朝代更迭的动乱之中，最后不幸被奸人所害，令人唏嘘。

以德待囚的王伽

王　伽

王伽，生卒年不详，章武郡人（隋朝改为河间郡平舒县，今廊坊市大城县）。

以德待囚

隋朝开皇末年（600 年），王伽任齐州（今山东济南）参军，起初还没有名望，后来被州府派遣押送被流放的囚徒李参等七十余人到千里之外的京城长安（今陕西西安）。当时的制度规定，被流放的囚徒要在脖子和手上戴上枷锁押送，士卒在前边用绳子牵引着，枷锁沉重，囚犯们苦不堪言。

行至荥阳（今河南荥阳）时，路途才过半，囚犯们已经步履艰难，王伽怜悯这些囚犯辛苦，便把他们招集在一起，对他们说："你们既已违犯国法，被判处了刑罚，违背了圣人的教诲，如今遭受绳索捆绑，这是必须承担的罪责啊。如今又烦劳押送你们的兵卒，难道心里不惭愧吗!"李参等人都表示了愧意。王伽进而说："你们虽然犯了国家法律，可戴上枷锁行走也很辛苦，我想让你们去掉枷锁，自己行走，到京城再会合，你们能够不违期到达吗?"这些人一听，长官这么仁慈，急忙都拜谢说："我们都犯了罪，您还这么信任我们，我们一定不敢再违犯。"

王伽于是让士卒把他们的枷锁全除掉，并让押送的兵卒返回齐州，和囚犯们约定说："某一天应当到达京城，如果没有遵守约定或中途潜逃，我就要为你们而承担罪责。"说完，就放他们离去了。囚徒们都为王伽的宽宏仁慈而感动欢悦，都按约定日期到了京城，没有一个逃走的。

文帝嘉奖

隋文帝杨坚晚年用法严酷，动辄杀人，听说这件事后感到很惊异，召见王伽问话，对他以德待人的做法称赞不已。于是召见了所有囚徒，命令他们携带妻儿一起来，在宫中赐宴并且赦免了他们的罪过。之后，隋文帝下诏说："凡是有生命的，都含有灵性，知道好恶，认识是非。如果用至诚对待他们，明白劝导他们，那么风俗也会得到教化，人都会向善。以前海内乱离，德教废绝，做官的人没有慈爱之心，百姓怀有奸诈之意，所以狱讼不断，社会风气浮薄难以改变。我受命于上天，赡养万千百姓，想着遵守圣贤法制，用德来教化众人，从早到晚孜孜不倦，用意原本就在于此。王伽深深明白我的意图，诚心教育引导；李参等感动觉悟，自己赶赴官府。由此可见，天下百姓并非难以教育，实在是做官的人没有加以晓谕，使得他们犯罪，没有办法自新。假如官员都和王伽一样善于教化，百姓都和李参一样知错就改，离实现社会安定，让刑罚都弃置不用的境界也就不远了。"于是提升王伽为雍县（今陕西凤翔）县令。

王伽理政有能干的名声，被列入《隋书·循吏传》，成为后世以德执政的典范。

大器晚成的唐朝宰相张柬之

张柬之

张柬之（625—706），字孟将，范阳方城（今廊坊市固安县）人［此据《固安文献志》，旧说为襄州襄阳（今湖北襄阳）人］，唐朝名相、诗人。进士出身，授清源县丞。以贤良方正科入试，擢监察御史、中书舍人。论事得罪武则天，出任合州刺史、蜀州刺史、荆州长史。得到宰相狄仁杰举荐，迁洛州司马，后拜刑部侍郎。再得姚崇推荐，拜中书侍郎、同平章事，成为宰相。

神龙元年（705 年）正月，张柬之联合桓彦范、敬晖等人，乘着武则天生病，发动神龙政变，拥立唐中宗李显复位。拜吏部尚书，封汉阳郡公，累封汉阳王。但遭韦后和武三思排挤罢相，再贬流放泷州（今广东罗定），气愤致死，时年 82 岁。追赠司徒、中书令，谥号文贞。

大器晚成

张柬之年轻时涉猎经书史籍，尤好《三礼》，补太学生。国子祭酒令狐德棻很看重他。中进士后，起初调任清源县丞。（《旧唐书》说是青城丞，此从《新唐书》。）

永昌元年（689 年），朝廷以贤良科目召试，这时他已经 65 岁了。对

答策问的一千余人，张柬之名列第一。授监察御史，累迁凤阁舍人。

这一年，突厥首领默啜上表请以女儿和亲，武则天很想答应他的请求，想让淮阳郡王武延秀娶他女儿。张柬之进言说："自古从无天子求娶异族女子以配中原王侯的事。"因此触犯了武则天旨意。神功初（697 年）被调出朝廷任合州刺史，很快转任蜀州刺史。根据旧例，朝廷每年派兵招募五百人去姚州镇守，路远山险，死者很多。张柬之力陈这样做的弊端，但他的奏议没有被武则天采纳。后累任荆州大都督府长史。

长安年间，武则天问狄仁杰："怎样才能得到一位奇士来任用呢？"狄仁杰说："陛下如果找文章、资历方面的人才，现在的宰相李峤、苏味道足够了。难道是文士拘泥小节，不足以成就天下大业吗？"武则天说："是的。"狄仁杰说："荆州长史张柬之虽然年老，却有宰相之才。任用他，他必定为国家尽心竭力。"武则天立即任命张柬之为洛州司马。

过了一阵，武则天又求人才，狄仁杰说："臣曾举荐张柬之，您没用他。"武则天说："提拔他了。"狄仁杰说："臣举荐他做宰相，您却让他做司马，这不是任用人才。"于是张柬之被任为司刑少卿，迁升秋官侍郎。

此时，夏官尚书姚崇出任灵武军使，即将启程，武则天诏令举荐百官中可任宰相的人，姚崇说："张柬之深沉稳重有谋略，能决断大事，而且他已年老，要赶快任用。"武则天立即召见他，授官同凤阁鸾台平章事，不久，升任凤阁侍郎。

神龙政变

神龙元年（705 年）正月，武则天病得非常厉害，麟台监张易之和春官侍郎张昌宗居宫中执政，张柬之、崔玄暐与中台右丞敬晖、司刑少卿桓彦范，以及相王府司马袁恕己谋划杀掉张易之和张昌宗。张柬之又说服了右羽林卫大将军李多祚共同参与。

不久，姚崇从灵武回朝，张柬之和桓彦范说："大事就要成功了！"于是把商量好的计谋告诉姚崇。当时太子李显从北门入宫向武则天问安，桓彦范和敬晖前往拜见，秘密地把他们的计划告诉李显，李显允许他们这样去做。

癸卯日，张柬之、崔玄暐、桓彦范与左威卫将军薛思行等人率领左右羽林兵五百余人来到玄武门，派李多祚、李湛及内直郎、驸马都尉安阳人王同皎到东宫去迎接李显。此时武则天在迎仙宫，张柬之等人在迎仙宫的走廊里将张易之和张昌宗斩首，然后进入武则天居住的长生殿，在她周围环绕侍卫。武则天吃惊地坐起来，问道："是谁作乱?"张柬之回答说："张易之、张昌宗阴谋造反，臣等已奉太子的命令将他们杀掉了，因为担心会走漏消息，所以没有向您禀告。在皇宫禁地举兵诛杀逆贼，惊动天子，臣等罪该万死!"眼见大势已去，武则天只好于第二天颁下制书，决定由李显代行处理国政，大赦天下。任命袁恕已为凤阁侍郎、同平章事，派遣十位使者分别携带天子的玺书前往各州进行安抚工作。之后武则天将帝位正式传给李显。一场惊心动魄的宫廷政变只诛杀了几个人就成功了，不能不说张柬之等人谋划得很严密周到。

忧愤而终

诛除张易之、张昌宗，张柬之首先设谋。中宗即位后，论功提拔为他为天官尚书、同凤阁鸾台三品、封汉阳郡公，实封五百户。不久迁中书令，监修国史，一个多月后进封汉阳郡王，加特进衔，免除治理政事。

但不久，张柬之遭武则天的侄子武三思排挤，武三思以张柬之等五大臣诬陷韦后为由，向中宗李显中伤他们，李显于是下诏免去他们的宰相职务。张柬之失权后，上表申请回襄州养病，便任命他为襄州刺史。启程前，李显为他赋诗祭路神，还下诏让群臣到定鼎门外给他饯行。

到襄州后，张柬之严格管理属下，即使亲戚故旧也不例外。适逢汉水暴涨侵蚀城郭，张柬之借助营垒筑堤，遏制水流，全境依赖它防洪。不久又被武三思构陷，贬为新州司马，至新州忧愤而卒，享年 82 岁。

景云元年（710 年），唐睿宗追赠张柬之为中书令，谥号文贞，授予他一个儿子官职。开元六年（718 年），唐玄宗下诏张柬之配享中宗庙庭。唐德宗建中年间又追赠他为司徒。

张柬之为人刚直不附会，学术精深，著书数十篇。他为人有谋略，虽然大器晚成，但在重大历史关头能慨然负任，为唐朝政局的稳定做出了自己的贡献。

经历唐朝政局动荡时期的张知謇

张知謇（634—713），字匪躬。他仪质瑰伟，眉目疏朗，晓于玄理，清介自守。

籍贯问题

张知謇的籍贯，《固安文献志》记载为幽州方城（今廊坊市固安县），另有蒲州河东人一说，为什么籍贯问题还有不同的说法？有人推测可能是因为当时世家大族讲究郡望，固安的张氏不是豪门，但是河东张氏却声名显赫。西晋时的宰相张华就是固安人，其子孙在西晋灭亡后迁徙到河东，张知謇家族和张华一族也并非全无关联，攀附有名气的宗族，对跻身上层社会是有利的。

另外，当时武则天掌权，为了巩固统治，不惜重用酷吏，奖励告密，实行恐怖统治。另一方面，武则天出身并不高贵，她父亲武士彟只是个木材商人，所以武则天并不看重门第，甚至有意打压李唐皇室出身的关陇贵族，因此广开才路，大刀阔斧地破格提拔人才，以扩大政权基础，巩固武周统治，新兴的庶族地主子弟得以参与政治。张知謇兄弟就是在这样的社会背景下开始走入仕途的。

步入仕途

张知謇兄弟五人：兄张知玄、张知晦，弟张知泰、张知默，都励志读书，考中明经科。唐代科举分为明经和进士两科，进士科难考，明经科则比较容易，所以有“三十老明经，五十少进士”的说法，进士出身也是仕途晋升的优先条件。虽然张氏兄弟只是明经出身，但是并没有影响他们的发展。因为通晓吏治，清正自守，公卿争相引用并重用他们。调露年间，张知謇任监察御史里行，张知默任左台侍御史。张知謇历任房、和、舒、延、德、定、稷、晋、洺、宣、贝十一州刺史，所到之处执政威严，人不敢犯。武则天曾降下诏书慰问。张知謇自德州刺史入京听候考核，武则天惊异于他的相貌出众，下诏让画工画下他的像，称赞他们兄弟有容貌有才华，称为两绝。他们家门排列戟棨，白雀在庭中筑巢，武则天多次赏赐物品。

兄弟异路

张知謇兄弟也不甘被动地让皇帝当棋子用，政局发展充满变数，他们也有自己的观察和决断，因此兄弟几人在仕途中有不同的选择，只是没法推断是兄弟之间的默契还是有意为之。

先说张知泰。武则天改唐为周，万岁通天年间，张知泰任洛州司马，后奏请设置东都诸关十七所，查问征敛过往的行人。百姓惊骇，柴米价格暴涨，终于停止不用，议论的人羞辱鄙视他。张知泰历任益州长史、中台左丞、兵部侍郎，封陈留县公。中宗重新做皇帝后，张知泰自兵部侍郎授御史台大夫，加银青光禄大夫，封渔阳郡公。后来因为触犯武三思，张知泰出任并州刺史、天兵军使。官终魏州刺史，景龙二年（708 年）去世，谥号定。

再来看张知默。万岁通天年间，张知默任秋官郎中。张知默和监察御史王守慎以及著名的酷吏来俊臣、周兴掌管诏狱，多次陷害大臣。王守慎虽然是他的外甥，也厌恶他审讯的残暴，但不能离职，只好请求剃度为僧人，武则天同意了。而张知默最终也陷于酷吏之手，子孙都被禁锢，成为张氏家族的羞耻。

唐中宗李显以庐陵王的身份贬居房州，被监察极严。张知謇与董玄质、崔敬嗣相继任房州刺史，供应保卫毫不懈怠，中宗很感激他们。神龙

元年（705 年），中宗重新登基做皇帝，张知謇由贝州刺史改授左卫将军，加云麾将军，封范阳郡公，兄弟们到老年一同显贵，当时人以为荣耀。后来张知謇为洛州长史、东都副留守、左右羽林大将军、同州刺史、华州刺史，以大理卿致仕。终年 80 岁，开元年间去世。

张知玄儿子张景升，张知泰儿子张景佚，开元年间都任高官。

张知謇聪敏而且正直，厌恶以请求谒告的方式求取官位的人，士人中有无才而窃居禄位的，他视之如同仇敌。他常常教诲子孙："不精通经书不得参加科举。"家法值得称道。张知謇凭借自己的品行和智慧，在险恶的仕途中稳步晋升，高寿而终，可以说是幸运的了。

进退失据的赵德钧

赵德钧（？—937），本名赵行实，幽州人（今廊坊市三河市），自幼练得一身武艺。后从军。梁开平初（907 年），在沧州节度使刘守文手下做一员裨将。刘守文攻陷蓨县（今河北景县），赵德钧获县令刘邟之子延寿，收为养子。在刘守文被他的弟弟后梁幽州节度使刘守光打败后，赵德钧投在刘守光门下。

转投后唐

后梁凤历元年（913 年），晋王李存勖率兵攻打幽州，刘守光兵败被执。紧急关头，赵德钧逃出幽州，投奔了李存勖，受到赏识，被李存勖赐以国姓李，并赐名绍斌，跟随平后梁，为沧州节度使。后梁龙德二年（922 年），赵德钧在芦台以南十里的卤地碱滩上创建了芦台盐场，在香河地段建立仓储，取名新仓（宝坻）。后唐同光三年（925 年）正月，幽州节度使李存贤病故，二月，后唐庄宗李存勖以李绍斌（赵德钧）为幽州节度使、依前检校太保，镇守幽州。明宗即位，他申请复归本姓，才改名德钧。他的养子赵延寿为后唐明宗的女婿，尚明宗的女儿兴平公主，任忠武军节度使，所以赵德钧也备受倚重。

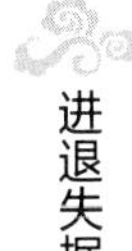

镇守幽州

后唐天成三年（928 年），义武节度使兼中书令王都据定州反叛，王都曾暗中勾结其他节度使，并向赵德钧求婚。后唐朝廷派王晏球为北面招讨使，发诸道兵讨伐王都。契丹遣精骑五千来支援王都，在曲阳，被王晏球打败，契丹军死者过半。赵德钧又在半路拦截，此战契丹的援军全军覆没。

后来，契丹又派遣酋长惕隐带领七千骑去救定州，王晏球在唐河北大破契丹军，并追到易州。赶上连日阴雨，道路泥泞难行，契丹败兵人困马乏，在幽州境内，赵德钧派牙将武从谏率精兵在半路拦截，捉住惕隐以下的首领数百人，逃脱回到契丹的不过数十人。赵德钧将俘虏献给朝廷，明宗为了牵制契丹，赦免了惕隐等酋长五十人，剩余的六百人都杀掉了。从此，契丹的士气受到严重打击，不敢轻易进犯边塞，而赵德钧等将领也成了契丹的眼中钉。第二年，王都叛乱被平定，赵德钧加侍中，授东北面招讨使。

为防范契丹侵扰，赵德钧上奏调用河北数镇丁夫，开王马口到游口，以通水运，共有二百里。又在阎沟筑城垒，以兵戍守，得名良乡（今北京良乡）。长兴三年（932 年），赵德钧在三河构筑城池以防契丹入侵。城方四里，内筑土基，外砌砖石，高、宽各两丈，有垛口 1300 多个，设有东南西北四门，南门两侧建有水门，护城壕宽三丈，深一丈五。三河城北接幽州，成为扼守幽州东部的要塞。方便了交通，巩固了边防，所部的百姓得以从事生产。

赵德钧镇守幽州十余年，很有作为，累官至检校太师兼中书令，封北平王。

逗留团柏

五代十国时期，战乱频仍，朝代更迭频繁，藩镇节度拥兵自重，赵德钧也怀有异志，想趁乱取中原称帝。当时北方的契丹屡次进犯边境，禁军多在幽州和并州。并州节度使石敬瑭和卢龙节度使赵德钧都向后唐朝廷请求增兵运粮。水旱民饥，乱兆已萌。

后唐清泰三年（936 年）夏，石敬瑭在晋阳起兵反唐。辽太宗耶律德光与石敬瑭里应外合在太原击败后唐张敬达部，张敬达收拾余众退保晋安。末帝诏令赵德钧带领本部军队由飞狐路从契丹军后部进击，去救晋安寨。契丹一度因忌惮赵德钧的兵力强盛，考虑不一定是赵德钧的对手，而答应与赵德钧结为兄弟，并放弃幽云地区，但被石敬瑭劝阻。当时，赵延寿为枢密使，末帝让他率军屯驻上党，赵德钧于是率领银鞍契丹直三千人到镇州，这支队伍是赵德钧用投降的契丹骁勇组成的，为赵德钧父子统治幽州以及树立他们在后唐朝廷中的地位与威望作出了重要贡献。赵德钧到了镇州，以董温琪领招讨副使，和他一同出征，自吴儿谷向潞州进发，和赵延寿会师于西唐店。十一月，末帝以赵德钧为诸道行营都统，以赵延寿为太原南面招讨使，派遣端明殿学士吕琦前去宣布诰命并犒劳军队。吕琦向赵德钧传达了末帝委任的意图，赵德钧说："既然皇上以兵相委，我怎敢惜死。"

此时范延光领兵二万屯于辽州，赵德钧想把他的部队也合并了，因此奏请和范延光会合。末帝提醒范延光，怀疑赵德钧有别的图谋，没有同意。于是连续下诏，催促赵德钧进军，但赵德钧逗留不进。赵德钧和赵延寿自潞州引军至团柏谷。

十一月，石敬瑭称帝，建立后晋，以幽云十六州割给契丹，并向契丹主自称"儿皇帝"。辽太宗虽然驻扎在柳林，但是辎重和老弱都在虎北口，一到傍晚就整装待发，以防发生战事而便于撤军。赵德钧却想倚重契丹取中原，到团柏一个多月，也没有出战，离晋安寨才一百多里，却不通消息。赵德钧多次上表请求朝廷授赵延寿为成德节度使，说："臣今远征，幽州势孤，想让延寿在镇州，便于接应。"末帝说："延寿正在抗击贼兵，哪有时间去镇州！等贼兵被灭之后，当如所请。"赵德钧不停地请求，末帝很不高兴，对左右的人说："赵德钧父子坚持要镇州，如果能打退契丹军队，即使要代替我的位置，我也甘心。但是如果他们要借敌人要挟我，那恐怕狡兔和走狗都要毙命。"赵德钧听说此事，很不高兴。

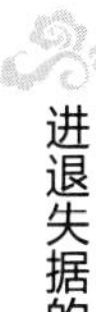

归降契丹

赵德钧此前曾与契丹通好，此时又以大量金帛贿赂契丹，说如果契丹立自己为帝，仍许已经称帝的石敬瑭镇河东。辽太宗考虑到深入敌境，晋安寨没有攻下，赵德钧兵力尚强，范延光在他东部，又担心山北诸州堵截契丹军的归路，便想答应赵德钧的请求。石敬瑭闻讯大为惊惧，急令掌书记官桑维翰去见辽太宗耶律德光，一番陈词之后，说动了耶律德光，听从了石敬瑭的话，拒绝了赵德钧的请求，并指着穹庐前的巨石对赵德钧的使者说："我已许诺石郎了，只有此石烂掉，才可以更改。"

晋安寨被围数月后，援兵不到，张敬达宁死不降，副将杨光远趁机杀了张敬达，以晋安寨降于契丹。契丹军和后晋军合兵与后唐兵作战。赵德钧父子从团柏谷向南逃至潞州（今山西长治），一路上，兵士投戈弃甲，自相践踏，死者数以万计。赵德钧有一位爱将时赛，率轻骑东还渔阳，他的队伍还有一千多人，和逃散的兵卒都聚集在潞州。这一天，石敬瑭派昭义节度使高行周从北边回来，到城下时，看见赵德钧父子在城上，便对他们说："我和大王是同乡人，应该以忠言相告，城中没有粮食了，请大王尽快投降，迎接车驾，自图安计，不要后悔。"

辽太宗耶律德光和石敬瑭至潞州，十二月初，赵德钧和养子赵延寿出降，到马前迎接，石敬瑭因为当初赵德钧曾想和他争当皇帝，心中嫉恨，所以不看他们，也不和他们说话。辽太宗耶律德光问赵德钧说："你在幽州的时候，所置银鞍契丹直现在在哪里？"赵德钧指示给他，契丹在潞州西郊把这三千人都杀了，于是锁赵德钧父子入蕃。

在见到阿保机的皇后述律太后时，赵德钧把所有的财宝和田宅都献了上去。述律太后问："你自求为天子，为什么呢？"赵德钧惭愧不能回答，又说："你如果想做天子，为什么不先击退我儿子，然后再慢慢谋划也不晚啊。你作为臣子，既辜负了你的主公，不能击退敌人，又想乘乱得利，所为如此，还有什么面目活着呢？"赵德钧俯首不能回答。又问："器玩在此，田宅何在？"赵德钧说："都在幽州。"述律太后笑道 ："幽州已经归我了，还用你贡献吗？"赵德钧更加惭愧。从这以后郁郁不多食，逾年而卒。赵德钧死后，辽太宗释放了赵延寿并任用他，封他为燕王兼领幽州节度使，并特赠赵德钧为齐王。赵延寿便把赵德钧的灵柩从辽地迁回幽州安葬。

赵德钧身处五代乱世，手握重兵，不能御敌，反而想倚重外族趁乱邀利，最终延误战机，葬送了后唐王朝，自己也被俘北归，郁闷而死，深为后人耻笑，足以为戒。

辽初的汉族政治家韩延徽

韩延徽（882—959），字藏明，幽州安次（今廊坊市安次区）人。是契丹最早倡导“蕃汉分治”的汉族政治家。

留滞契丹

韩延徽的父亲韩梦殷曾经担任过蓟州、儒州、顺州刺史。韩延徽年少英俊，时值唐末，割据燕地的刘仁恭很欣赏他，召为幽都府文学、平州录事参军，与冯道同在祗候院，迁幽州观察度支使。后来刘仁恭的次子刘守光为后唐节度使，韩延徽奉命出使契丹时被耶律阿保机留用，成为他身边的主要谋士，后来辅助耶律阿保机治理辽国，他的子孙世代在辽为官，开创幽州韩氏一族。

韩延徽

韩延徽初到契丹面见耶律阿保机的时候，因为恪守儒家“夷夏有别”的传统，不认阿保机为正统君主，坚持不肯向阿保机行跪拜之礼，惹得阿保机大怒，将他扣留下来，让他到野外去放马。述律皇后劝谏阿保机说：“这个人奉命出使，不屈不挠，是个贤士，为什么要让他受窘迫和侮辱呢?”于是阿保机召韩延徽并跟他交谈，非常赏识他的才华，当下命他参与军事。在进攻党项、室韦，征服各部落的战争中，韩延徽筹划出力最多，深得阿保机信任。

蕃汉分治

当时战乱频繁，幽州、涿州地区的汉人统治者十分暴虐，不少汉人逃到了契丹境内。于是韩延徽便向阿保机献策，要他建立与汉族王朝相似的官府机构来管理境内的汉人。建立城郭，对城中的各个区域加以划分，让被降服的汉人居住下来。又为这些汉人择定配偶，教他们垦田种庄稼，养活自己，所以很少有汉人逃亡。于是，契丹国内出现了蕃汉分治的状况，即用适合于游牧生活及氏族传统的制度和机构管理契丹人，而用适合农耕生活以及汉族文化习俗的制度和机构来管理汉人。生产恢复发展之后，政府有了租赋收入，契丹的经济实力也增强了。这种分治的办法，对契丹的发展确实起了很大的作用。

复归契丹

在契丹居住很长时间之后，韩延徽因为思念故乡亲人，通过赋诗来表达这种心情，并偷偷跑回后唐。但是不久与另外一位将领王缄有了摩擦，害怕被害，便到幽州探望父母，躲在故友王德明家中。王德明问他想要到哪里去，韩延徽说：“我还要去契丹。”王德明不以为然，认为他去而复返，会引起契丹的怀疑。韩延徽笑着说：“契丹失去我，好比失去了左右手，我回去，他们必定高兴。”之后韩延徽又回到契丹。

当初，韩延徽南奔，阿保机梦见白鹤从帐中飞出；快回来时，又梦见白鹤飞入帐中。第二天早晨，阿保机对侍臣说：“延徽来了。”不久果真如此。到了以后，阿保机问他去而复来的缘故。韩延徽说：“忘记父母称为不孝，背弃君王乃是不忠，我尽管斗胆逃走，但我的心却是在陛下这里，所以我又回来了。”阿保机大喜，便不再追究，并赐名为匣列。“匣列”是契丹语复来的意思。当下命韩延徽为守政事令、崇文馆大学士，内外大事都让他参与决断。

历仕四朝

辽天赞四年（925 年）末，韩延徽随阿保机征讨渤海国，渤海国统治区域包括今东北地区大部和朝鲜半岛北部，虽然经济文化比契丹先进，但是统治者大多腐败无能。辽天显元年（926 年）正月，攻入渤海王都忽汗城，渤海国国王大諲譔请降。阿保机一举灭掉了号称“海东盛国”的渤海国，不久大諲譔又反叛，韩延徽同众将一起攻破他的城池，因功被拜为左仆射。但是不甘心丧失权力的渤海统治阶级和不堪忍受契丹奴役的渤海人，不久又反叛，其中的长岭府战事从三月一直延续到八月，最后才由韩延徽与康默记一起攻下这个渤海国的重镇。阿保机在征服渤海国之后，为使渤海人不再对复国抱有幻想，把大諲譔迁离渤海故地，韩延徽随契丹大军回师。这年七月，阿保机驾崩，韩延徽非常伤心，他的悲哀之情感动了左右众人。

辽太宗耶律德光时期，韩延徽被封为鲁国公，仍然担任政事令。并曾奉命出使后晋，回来之后，改任南京三司使。

辽世宗耶律阮时期，韩延徽改任南府宰相，其间他主持建立政事省，他对于机构设置颇具才识，用尽了心力。

辽天禄五年（951 年）六月，割据河东的刘崇被后周攻打，遣使到辽称侄求援，并请求辽国皇帝对他进行册封，辽世宗耶律阮下诏让韩延徽制定相关的册封礼仪，韩延徽奏请一概遵照辽太宗时期册封后晋皇帝的礼仪，辽世宗同意了他的安排。

辽穆宗应历年间，韩延徽辞官归居。他的儿子韩德枢镇守东平（今辽宁开原西南），皇帝下诏准许他每年东归探望父亲。

辽应历九年（959 年），韩延徽去世，时年 78 岁。辽穆宗耶律璟知道后震惊悲痛，赠为尚书令，葬于幽州的鲁郭，后代世袭崇文令公。鲁郭就是宛平县房仙乡鲁郭里，今北京市石景山区鲁谷，位于石景山区东南部，八宝山南。20 世纪 70 年代末至 80 年代初，韩延徽之孙韩佚、四代孙韩资道等韩家墓志相继在八宝山南出土，其墓志皆称“葬宛平县房仙乡鲁郭里”。值得说明的是，在墓志中都记载韩延徽的名字作“韩熲”。

韩延徽历仕辽太祖、太宗、世宗、穆宗四朝。在辽太祖阿保机建国之初，很多事情都在草创阶段，所有营造城邑，建筑宫殿，正君臣之位，定名分之别，法度井然，都是韩延徽之力。韩延徽倡导蕃汉分治，对固国安民、创设法度、完善吏治起了重要作用，为辽的兴盛强大奠定了基础，是辽国的佐命功臣。

宋初名将张晖

张晖（914—964），大城县南赵扶人。五代至北宋初年著名将领。

张 晖

后唐末帝清泰初年（934 年），张晖在控鹤军（即京城禁卫军）中为名将武行德的部下，因冲锋陷阵，由普通士卒逐步升任为步军弩手都头。

后晋出帝开运末年（946 年），契丹南侵，张晖与武行德在河阳（今河南孟津）夺取契丹运送铠甲的船只，并占据河阳。武行德掌管河阳的军政事务，以张晖为弩手指挥使，让他领兵攻打怀州（今河南沁阳）。契丹的守将逃遁后，张晖便掌管怀州军政。

乾祐初年（947 年），后汉高祖刘知远在晋阳（今山西太原）称帝，迁入汴州（今河南开封）时，张晖到荥阳去迎接，归附于后汉，被刘知远任命为怀州刺史（正四品）。郢州刺史慕容业治多不法，以张晖为缘汉都巡检使，执掌唐州军政，屯兵至郢州（今湖北钟祥），取代慕容业。还京，改任郢州刺史。

后周广顺初年（951 年），郭威取代后汉称帝，原后汉河东节度使刘崇不归附后周，自立为帝，入侵晋州、绛州，郭威发兵征讨，召张晖为步军左厢排阵使。回师后，改任沂州（今山东临沂）刺史。广顺三年（953年），任满三年，由于政绩突出，当地官吏百姓上书朝廷保举留任，不久改任为冀州（今河北冀县）刺史。当时朝廷下诏修筑李晏口、束鹿、安平、博野、百八桥、武强等城，以防契丹的侵扰，命张晖带兵保护这项工程，仅用一个多月的时间就顺利完工。

后周显德二年（955年），世宗柴荣征淮甸，任命张晖为壕寨都指挥使（正四品）。攻克楚州、泗州（今安徽境内），即授泗州刺史。不久，改任耀州（今陕西耀县）刺史，后来又为西南面桥道使。

北宋初年，驻守在泽州、潞州的昭义军节度使李筠叛变，张晖随宋太祖亲征，并任行营壕寨使。他率兵捷足先登，冲锋陷阵，叛乱平息后，升为华州（今陕西华县）团练使（从五品）。在郡颇有治状。建隆二年（961年），太原尚未归附，宋太祖诏张晖入觐问计，张晖回答说："泽、潞经李筠之叛，疮痍未复，军旅一兴，恐怕人力重困。不如戢兵育民，等百姓富庶后再做打算。"宋太祖认为他的建议很好，赐袭衣、金带、鞍勒、马匹等物，让他回到华州任所。朝廷伐蜀前，任命他为凤州团练使兼缘边巡检壕寨桥道使。他把进军路线的地形、道路、关隘都搞清楚后密报朝廷，宋太祖看了非常高兴。乾德二年（964年），宋军征蜀，以张晖充西川行营先锋都指挥使。领兵开辟通往大散关的道路，他逢山开道，遇水架桥，躬抚士卒，一边战斗一边施工，士兵都忘记了疲劳。十二月到达青泥岭，张晖在那里去世，终年50岁。

张晖虽处在乱世，又居高官，然而清正廉洁，家无余财。宋真宗天禧五年（1021年），张晖的妻子已经105岁，由于家贫，向皇帝上书诉苦。真宗诏赐束帛，并录其孙张永德为三班借职（从九品武衔）。

张晖在朝廷危难时有陷阵之功，平时则献息兵之策，忠诚勇果，具有值得崇尚的品格。

“大事不糊涂” 的宰相吕端

吕端（935—1000），字易直，宋代幽州安次（今廊坊市安次区）人，北宋初年宰相、诗人。

吕 端

洊历州郡

吕端是后晋兵部侍郎吕琦之子、尚书左丞吕馀庆之弟，生于官宦之家，自幼聪明好学。最初以他父亲的官位荫补千牛备身。后周时为国子主簿、太仆寺丞、秘书郎、直弘文馆，换著作佐郎、直史馆。建隆元年（960 年），宋太祖赵匡胤建立北宋，吕端调任太常丞、知浚仪县，同判定州。开宝八年（975 年）七月，西上阁门使郝崇信出使契丹，朝廷授吕端为太常少卿，担任副使。同年，吕端出知洪州，还未就职，改任司门员外郎、知成都府，并获赐金紫衣物。吕端为政清廉俭约，使远方的人得以安宁。

屡遭摈斥

秦王赵廷美任开封府尹时，吕端被征召为考功员外郎，充任开封府判官。

太平兴国四年（979 年），宋太宗赵光义亲征北汉，赵廷美受命留守开

封，吕端对赵廷美说：“皇上栉风沐雨，以征伐不义来表明天意，大王您是皇上的近亲而且有贤名，应当首先做表率跟随护卫。现在由您主持留守事务，这是不合适的。”赵廷美于是向赵光义恳请随行。不久后，吕端因受王府亲近官属向管理人员说情违法买卖竹木的案子牵连，被贬为商州司户参军。后调任汝州司户参军，复任太常丞，判太常寺事务。

吕 端

其后吕端出知蔡州，因政绩良好，被官民上奏请求借留一任。后改授祠部员外郎、知开封县，调任考功员外郎兼侍御史知杂事。其间曾出使高丽，船在海中行驶遇到暴风雨，船的桅杆都折断了，操作大船的人非常恐怖，但是吕端却安然读书，好像在自家斋阁里一样。又调任户部郎中、判太常寺兼礼院，再转任大理少卿，不久后拜右谏议大夫。

许王赵元僖任开封尹时，吕端又任其判官。赵元僖去世后，有人告发他被爱妾张氏迷惑，做了许多不法之事，吕端被告辅助有失，朝廷派御史武元颖、内侍王继恩去府中审问。吕端正在处理公务，慢慢站起，等候他们。二位使者说：“有诏旨审问您。”吕端神色自若，对随从说：“拿帽子来。”二位使者说：“何至于如此呢。”吕端说：“天子有制责问，就是罪人了，怎么可以在公堂上和制使应答呢?”随即下堂，回答制使的问话。最后吕端被贬为卫尉少卿。此时设置有考课院，群官有负谴置散秩的，被叫去问话，都哭泣流涕，以饥寒为请。轮到吕端的时候，他说：“臣之前佐助秦邸，因为不检府吏，被谪掾商州，陛下复擢官籍辱用。如今许王暴薨，臣辅佐无状，陛下又不重谴，臣罪大而幸深矣！现在有司进退善否，去做颍州副使，是我的愿望。”太宗说：“朕自知卿。”不久后，吕端被恢复旧职，又任枢密直学士。一个月后，出任参知政事，成为副相。

荣登相位

吕端历任朝内外官职，虽然并没有重大建树，但他沉稳、镇静、有器量、识大体的吏治才干，已日渐为人所知。宰相赵普就曾称赞吕端说："我见吕公奏事，得到皇上的嘉许赏赐，看不见他显出得意；受到挫抑贬谪，也看不见他显出沮丧或恐惧。他喜怒不形于言色，真是做宰相的人才啊！"后来，左谏议大夫寇准也升为参知政事。吕端请求让自己位居寇准之下，太宗却马上授吕端为左谏议大夫，位在寇准之上。太宗宠待吕端，常常单独在偏殿召见他，讨论许久。之后，吕端升任户部侍郎、平章事。

吕端处事理政才华出众，逐渐为宋太宗所喜爱和重用。早在吕蒙正做丞相的时候，太宗就有重用吕端的想法。在太宗与别人商量，打算任用吕端为相时，遭到部分朝臣反对，他们认为吕端"糊涂"。太宗根据自己多年体察，立即说："吕端小事糊涂，大事不糊涂。"其实这个时候已经坚定了任用吕端为相的决心。一次在后苑举行宴会，太宗作了一首钓鱼诗，其中有两句是这样写的："欲饵金钩深未达，磻溪须问钓鱼人。"这诗中的意思是说，对于任用吕端当宰相的事，已无可争议，宰相这个职位非吕端莫属。过后数日，太宗就让吕蒙正改任参知政事，吕端则进官门下侍郎兼兵部尚书，正式出任宰相。当初，吕端的兄长吕馀庆在建隆年间以藩府旧僚的身份参与大政，后来吕端又身居相位，当时人都认为是很荣耀的事。吕端拜相时，已年届六十，太宗曾后悔自己对吕端重用太晚。

吕端任宰相后，办事持重稳当，公道而廉洁，深得朝中朝外各方面的好评。太宗为了平衡各方面的关系，特别是对寇准的使用，采取了一个权宜之计：让时任参知政事的寇准与宰相吕端"分日押班知印，同升政事堂"。也就是说，让吕端和寇准隔日轮流执掌相府人计，他俩平起平坐，太宗则从旁加以观察。

当时送到朝中的奏折很多，而朝中也有各种各样的意见，但是众说纷纭，没有一个统一的决断性的意见，"惟端罕所建明"。经过一段观察之后，宫内传出太宗的亲手戒谕："自今中书事必经吕端详细斟酌，乃得闻奏。"这一道谕旨，无疑是太宗对吕端的更大信任和重用。实际上这时吕

端才成了名副其实的、有职有权的当朝宰相。

北宋时期，天下战事此伏彼起，内部也不够统一。西夏李继迁造反，搅得西部边境不安，宋出兵攻西夏。保安军抓住了李继迁的母亲，宋太宗本来想把她杀了。为此，宋太宗单独召见寇准，询问他有何意见。当时，寇准没有不同意见。在寇准退朝的时候，被吕端看见。吕端猜测朝中一定是有重大事情在谋划，就让寇准留步问个究竟。吕端问寇准："皇上是不是让您不要跟我说什么事情？"寇准说："没有。"

吕端说："边关上平常的事情，不必让我知道，若是有军国大事，商量大的计策，我吕端身为当朝宰相，就不可不知道。"寇准听了吕端这番话，觉得这件事确实重大，就将太宗召见他是为了处置李继迁之母的事情如实地告诉了吕端。吕端问寇准："圣上打算怎么处置呢？"寇准回答："圣上的意思是把她在保安军北门外斩首示众，打算用这种处置方法来镇戒那些造反或叛逆的人。"吕端听后忙说："若是这么处置了，可不是什么好办法。"于是吕端亲自去说服太宗，举楚汉相争时项羽要杀刘邦父亲的故事相劝说，他说："李继迁是个反叛之人，今天杀了他母亲，明天能逮住李继迁本人吗？如果不能的话，不就结下了更大的冤仇了，不就更加坚定了他的反抗之心了吗？"太宗听了吕端的一番话，觉得很有道理，就问道："照你这么说，对李继迁的母亲该当如何处置呢？"

吕端说："以臣愚见，应该把她放到延州去，派人好好护养着她，以此招徕李继迁回心转意，不再造反。这样的话，虽说李继迁不可能马上就降宋，但是，我们终究可以用他母亲在宋来拴住他的心。至于他母亲的生死大权，还不是掌握在我们的手里。"

太宗觉得吕端的说法有道理，并说："没有你的话，差一点误了我的大事。"于是采纳了吕端的意见，将李继迁的母亲放在延州，并派专人侍奉起来，直到病死延州。后来李继迁也死了。李继迁的儿子李德明念在宋朝对待他奶奶的情分上，归顺了宋朝。宋朝任李德明为下传侍郎兼兵部尚书等官职。

拥立真宗

至道三年（997 年）二月，太宗病重时，宦官王继恩暗中串联参知政事李昌龄、殿前都指挥使李继勋、知制诰胡旦等，并与李皇后一起谋立太宗长子赵元佐，企图发动政变。

三月二十九日，吕端入宫问疾。这时太宗已危在旦夕，吕端见太宗左右只有王继恩和李皇后，却不见太子赵恒。他担心王继恩别有他意，急忙回府，暗中写信，让赵恒赶快入宫，以防不测。

正在这时，太宗驾崩，李皇后让王继恩来到中书省告知吕端。吕端知道有变，抽身出阁，反手将王继恩锁在中书画阁中，并派人看守，然后进宫。皇后对他说："皇上不在世了，按长幼来立后嗣也是合乎情理、顺理成章的事情，现在应该怎么办才好呢？"意思是要立年长的赵元佐为帝，吕端听完皇后的话，毫不犹豫地说："先帝立太子就是为了今天，现在先帝弃天下而走了，我们怎么能做违背先帝之命的事情呢，对于这么事关国家前途命运的大事，不能有什么异议。"最后拥立赵恒即位，是为宋真宗。赵恒即位后，垂帘引见群臣。吕端平立殿阶，请求侍臣卷帘，他登殿审视，确认是赵恒后才退降殿阶，率群臣拜呼万岁。

接着真宗对阴谋另立太子的那几个奸佞，一一做了处置：贬李继勋为使臣，到陈州；贬李昌龄为忠武军司马；贬王继恩为右监门卫将军，在均州安置；胡旦从朝中除名，流放到浔州，抄没了他的家产。两年后王继恩就死在了贬所。

真宗每次见辅臣入对，只有对吕端肃然拱揖，不称呼他的名字。又因为吕端身材高大，宫廷的台阶高峻，特意命令工匠为他做纳陛，方便上下。真宗曾在便殿召对，访问军国大事经久之制，吕端陈述当世的急务，都很有条理，真宗很欣赏并予以采纳。加右仆射，监修国史。咸平元年（998 年）夏，因吕端久病不愈，下诏免去他每日朝拜的礼仪。吕端请求辞去官职，真宗不批准。十月，以太子太保致仕。告假三百日后，有司说按规定应该免掉吕端的俸禄，真宗仍命照常供给他俸禄。之后，真宗亲自探望吕端，当时他已病重，真宗对他倍加抚慰。咸平三年（1000 年）四月初三，吕端逝世，享年 66 岁。朝廷追赠司空，谥号"正惠"，并封妻荫子。

吕端仪表俊秀，有器重，善谈谑，处事宽厚忠恕，善交朋友，讲义气，轻钱财，好布施。虽屡经摈退，却未曾以得失介意。为相虽无大作

为，但他宽厚沉稳，谦逊礼让，政事清明，为北宋前期的社会安定、经济发展提供了良好的政治基础，堪称一代名相。毛泽东主席晚年在一次召见叶剑英元帅时，口述了一句诗相赠：“诸葛一生惟谨慎，吕端大事不糊涂。”使吕端的行事风格得到了更广泛的流传。

《金史》留名的刘枢

刘枢（？—1164），字居中，金代通州三河县（今廊坊市三河市）人。出身平民，年纪很小就从军，在河间驻扎。其他人在军旅间隙都喜欢骑射，只有刘枢喜欢研习经史。金熙宗天眷二年（1139年），刘枢得中进士，被朝廷派任唐山县（今河北邢台隆尧县）主簿（原为掌管文书的佐吏，隋唐后为官署或地方的事务官），不久转任蔚州（今河北蔚县）飞狐（今涞源县）县令。

蔚州为“燕云十六州”之一，后晋天福元年（936年），后唐河东节度使石敬瑭为了当皇帝，把幽州、蓟州、蔚州、云州等十六州割与契丹，自此，这些地区属于少数民族政权统治长达三百余年。刘枢出生的年代，属于金朝统治的鼎盛时期，此时北宋已灭，南宋向金称臣，金朝统治疆域包括东北、华北、关中以及俄罗斯远东地区。

当时的蔚州刺史（州行政长官）是个恃功自傲，横征暴敛，贪污勒索，无所顾忌的人，下属各县深受其苦。然而刘枢却不畏强权，爱护百姓，拒绝刺史的搜刮，一件事都没答应。刺史因此记恨他，竟摘举其他的罪状将刘枢抓捕入狱。幸而郡中有人同情刘枢，帮助他逃走，并将刺史等人的恶劣行径上告朝廷。廉察使到这里彻查此案，刺史和同流合污者都被论罪免职，而刘枢则因治理有方被越级提升为奉直大夫（金代为六品）。礼部尚书张浩营建燕京宫室，选派刘枢管理工程修建，任务完成之后升任刑部员外郎。在刑部期间，刘枢负责审理太原尹徒单阿里出虎谋逆大案，

半个月就结案，以办案迅速出名，又转任工部郎中，不久晋升工部侍郎。

金大定初年，海陵王的暴政被金世宗推翻，作为海陵王的旧臣，御史台奏道："刘枢等在正隆年间时皆以巧进，败法蠹政，人多怨嫉。"但金世宗认为刘枢等人办事干练、颇有成绩，仍然任用，但告诫他说："你如果能诚心改过，一定会擢升。不然，则要予以贬斥。"刘枢与左司郎中王蔚、右司员外郎王全俱出补外，刘枢出任南京（今河南开封）转运使，这时，阿勒根彦忠为南京都转运使，不熟悉吏事，所以由刘枢辅佐他。之后刘枢转任山东路转运使，迁中都路（燕京）转运使。大定四年（1164 年），刘枢卒于任上，墓在三河城西。

刘枢是金代一位个性鲜明的官吏，起于微末，但不阿谀奉上，甚至敢于与强权抗争，获得官民的同情和支持，使奸人受到惩治，同时德才兼备，吏治出色，最终名留青史。

蒙古骁将史天倪

史天倪（1187—1225），字和甫。燕京路永清（今廊坊市永清县）人，史秉直长子。金末，举进士不第，跟随父亲归降蒙古。授万户，统诸降卒。随从木华黎攻城略地，取蓟州、高州及金北京诸地。授马步军都统，管领二十四万户。太祖十年（1215 年），授右副都元帅。十五年（1220 年），取真定，任河北西路兵马都元帅，行府事，以降将武仙为副。后为武仙所害。

史家崛起

史天倪的曾祖史伦，年少时就好扶弱抑强，见义勇为，在建房时从地下发掘出大量金银，因而成为富豪之家。金朝末年，中原连年战争，人民生活在水深火热之中，史伦在家中设立私塾，请学者为师，许多豪士依他为生，士族中有沦为奴隶者，史伦出钱为他赎身为民，河朔地区称他为侠义之士。金熙宗皇统四年（1144 年）遇到大灾，史家发粟八万石赈济饥民，所以许多人都争相归附于史家。祖父史成珪也很豪爽，有他父亲的风度，战乱年月，盗贼四起，史成珪把家财散给平民，自己只留下一些粮食

史天倪

度日。

史天倪父亲叫史秉直（1160—1230），好读书，重义气。1206 年，铁木真即蒙古汗位，称成吉思汗，建立蒙古国，随后开始进攻金朝。由于世祖忽必烈之前的几位皇帝都没有年号，所以史书只以即位的年数或干支纪年来称述。太祖八年（1213 年），蒙古四杰之一的木华黎统兵南伐，大军所到之处，残破不堪。史秉直知道只有投降蒙古军才能保存全家百口之众，于是率领同乡老幼数千人到涿州向蒙古投诚。木华黎想任用史秉直，史秉直辞谢，而推荐他的长子史天倪。于是木华黎以史天倪为万户，命史秉直管领降人家属，聚居于霸州。史秉直将他们安置得很好，远近闻知前来归附者有十余万家。不久，蒙古人担心归降的人反叛，就把他们迁往漠北，路途上这些降民饥寒交迫，史秉直把赏赐给他的牛羊全给降民分食了。太祖九年（1214 年），史秉直随木华黎攻北京大定府，次年，北京降，木华黎任吾也而为北京路都元帅，史秉直行尚书六部事，史氏家族的政治军事地位开始确立。史秉直主管军饷供给，他在任期内，军饷从没有缺乏过。太宗二年（1230 年），史秉直告老回乡，去世时 71 岁。史秉直有三个儿子：长子史天倪，次子史天安，三子史天泽。

战功卓著

史天倪童年就体格魁梧。长大好学，能日诵千言。金卫绍王大安末年（1211 年），史天倪应试考进士落榜，他叹息道：“大丈夫处世岂能单靠文章求取功名！如果我闻鸡起舞，发奋进取，统率百万大军，功名唾手可得。”

太祖十二年（1217 年），成吉思汗把攻金战争委付木华黎，封其为太师、国王。木华黎成为蒙古对金作战的全权统帅。木华黎很器重随父亲归顺蒙古的史天倪。史天倪以万户之职统领归附的降卒，随木华黎攻城夺地，自三关以南至于东海的各地城池，攻无不克。他向木华黎建议道：“金人弃幽燕，迁都于汴梁，这是失策。辽水东西诸郡是金国的腹心，我若得大宁（今河北和辽宁交界地带）就是卡住他们的脖子，金人虽然还占据辽阳，但最终还是保不住的。”木华黎认为他的意见很对。

在史天倪曾祖史伦去世时，河北诸郡组织“清乐社”四十余个，拥有群众近千人，每年在祠中对史伦的像祭祀。这时，史天倪从清乐社中挑选壮勇万人组成义军，号称“清乐军”，任堂弟史天祥为先锋，所向无敌，分兵攻占三河、蓟州，诸寨望风而降。太祖九年（1214 年），史天倪在燕地帐篷里朝见成吉思汗，所献的都是奇谋良计，深得成吉思汗赏识，赐给他金符，授马步军都统，管领二十四万户。这一年，史天倪随木华黎攻高州、北京，都不战而胜。

太祖十年（1215 年），史天倪被授予右副都元帅，改赐金虎符。他奉诏南征，围攻平州，金经略使乞住投降。进军真定时，真定主帅武仙固守，史天倪围攻不下，转而围攻大名。从西南角进攻，史天倪身先士卒，登上城墙，守军惊退，大名被攻克。太祖十一年（1216 年），史天倪与木华黎在燕南会师，清州监军王守约、平州推官合达相继反叛，策划共同沿海道投向金朝。史天倪追击至乐安，合达派益都行省忙古率军来抵抗，被击败。史天倪杀了王守约，活捉忙古，斩首万余。

太祖十二年（1217 年），史天倪率军攻占山东诸郡，他的部卒中有人杀了百姓家的猪，立即被他斩首示众，因为军纪严明，远近响应，中山李明、赵州李瑀、邢州武贵、威州武振、磁州李平、洺州张立都相继投诚。太祖十四年（1219 年），史天倪随木华黎攻取河东，攻克绛州。那里的团楼用石头围着，牢不可破，史天倪想出了一个办法，把团楼旁边的地挖空，楼往下陷，于是攻下了。木华黎大喜，赏给他绣衣、金鞍和名马。太祖十五年（1220 年），史天倪回军第二次攻真定，武仙投降。木华黎承制授史天倪为金紫光禄大夫、河北西路兵马都元帅、行府事，以武仙为副都元帅。

史天倪对木华黎说道：“现在中原已大略平定，而大军所过之处还掠夺百姓，这不是王者吊民伐罪的本意。大王奉天了之命为天下除暴安民，岂能效法那些暴君的所作所为？”木华黎认为他说得对，于是下令：敢有掠夺百姓者，以军法从事。太祖十六年（1221 年），金怀州元帅王荣、潞州元帅裴守谦、泽州太守王珍都相继开门投降。第二年，攻克了济南水寨。

太祖十八年（1223 年），史天倪率军攻夺山西，克三关，不到十二天

连下四十余寨。大兵到河卫，与严实会师。严实请求自己去攻河卫。史天倪说："合达、蒲瓦都是劲敌，不能轻视。"严实说："他们都容易对付，保证为您攻破此城。"第二天，严实出兵，受蒲瓦与合达夹击，兵败被俘。史天倪说："合达今晚必定会把严实送去汴京。"急命冯存、杜必贵率壮士一千三百人于延津柳渡伏击。果然不出史天倪所料，当晚合达军捆绑着严实过延津，遭遇冯存等人，合达军战败，救出了严实，而杜必贵却战死。不久，成吉思汗命史天倪回军真定。

真定遇害

太祖十九年（1224 年）夏，宋大名总管彭义斌进军河朔，史天倪迎战于恩州，彭义斌战败后退守大名。太祖二十年（1225 年），史天倪还军于真定，听说武仙旧部占据西山腰水、铁壁二寨反叛，史天倪直捣其巢穴，杀尽叛军。武仙大怒，也图谋反叛，设宴邀请史天倪，想借机杀害史天倪。有人知道这是阴谋，劝史天倪不要去。但史天倪不听，果然被武仙所杀。

史天倪赴真定时，他父亲史秉直曾暗自告诫他说："看武仙的言辞语气，终究不会为我们效力，还是防备为好。"史天倪说："我以赤诚之心待人，别人负心，天必不容，不需要有什么顾虑。"史秉直于是带着孙子史楫、史权回北京去了，躲过了这次劫难，史天倪死后，人们认为史秉直有先见之明。史天倪死时年仅 39 岁。他的夫人程氏听说丈夫遇害，恐怕被贼人所污，自杀而死。五个儿子，三个小的都死于武仙之叛，只有史楫、史权被史秉直带走而幸免于难。

史氏家庭墓碑—碑首

史天倪作为蒙古立国初年的杰出将领，攻城略地，立下汗马功劳，但时值壮年便被奸人杀害，使得功业未成，让人叹惋。

能征善战史天祥

史天祥（1191—1258），燕京路永清（今廊坊市永清县）人。父亲史怀德，是尚书史秉直的弟弟。史天祥年幼时就有大志，身材高大，膂力过人。史书上还说他“骈胁”，就是肋骨连成一块，是天生的异相，春秋时期的晋文公重耳就是骈胁，似乎预示他将有不同寻常的作为。他生性不嗜酒，喜种田，好施舍。在史家归附蒙古后，长期跟随木华黎征战各地，是一员得力大将。

鏖战大宁

太祖八年（1213 年），太师、国王木华黎跟随成吉思汗伐金时，史天祥随伯父史秉直在涿州归顺蒙古，木华黎命史怀德在其帐下统领黑军，任命史天祥为都镇抚。选了二百个身长武勇的降卒交给他统领，后来又招收了一万多名壮丁。史天祥随大军攻取霸州、文安、大城、沧滨、长山等二十余城，向东夺得淄州、沂州、密州三州。所到之处，史天祥都是身先登城，因功获赐银符。又随大军攻燕，但没有攻克。

太祖九年（1214 年），木华黎率军攻取高州，连克惠和、金源、和众、龙山、利州、建州、富庶等十五城，只有大宁（今河北省和辽宁省交界地带）没有攻下。城池连攻不下，木华黎也很恼怒。一次战斗后，史天祥俘获金将完颜胡速，木华黎要把他杀掉泄愤，史天祥劝道：“杀一个人对于敌人并没有多大损失，却正好使天下人与我们为敌。他投降时我们曾答应

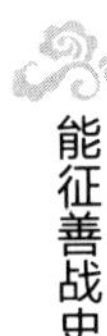

不杀，现在如果杀了他，就没办法取信于后来的人，不如任用他为我们效力。”木华黎听从了史天祥的建议，不但没杀完颜胡速，还任命他为千户。后来完颜胡速成为史天祥的助手，也屡立战功。

木华黎又调集兵力合攻大宁城，在一次攻城时，史怀德老当益壮，率先登城，擒住了金军两员将领，却被流矢所中而阵亡，他所统率的黑军交由史天祥统领。史天祥因父亲战死，悲愤交集，攻城更加凶猛，但始终没有攻克。

随后木华黎改变策略，转战辽东，在攻取金东京辽阳府后，率军折回再攻大宁。太祖十年（1215 年），史天祥和大帅吾也而招降金北京留守银答忽、同知乌古伦，进攻北京附近的军寨。磨云山王都统首先来投诚，史天祥命他入列崖，擒住了金都统不刺。史天祥亲自给他松绑，向他讲明大义。不刺感激不杀之恩，愿为蒙古军效力。史天祥看出他是真心降顺，准许他和王都统去说降城子崖的王家奴。又命这三个人带领各自的旧部和空白的任命状去招降楼子崖等二十余寨，得老幼数万人，精兵八千。金西干河的答鲁、五指山的杨赵奴独坚守不降，史天祥多次攻击，大小百余战，最后是赵奴战死，答鲁败逃，得其百姓二万。史天祥因功被授为西山总帅兵马。兴州节度使赵守玉反叛，史天祥和吾也而分兵讨平。答鲁后来又聚众攻龙山，吾也而被刺中胸膛落马，幸亏由史天祥救回才捡了一条命。史天祥等整顿军队再次出战，大败敌军，斩首八千级，答鲁战死。

蒙古大军进克兴中府（今辽宁朝阳）。张致盘踞锦州以抗拒蒙古势力，史天祥随木华黎讨平了他。和契丹、汉军会师，生擒关肃，收复利州，杀刘禄于银冶，斩首五十级，平定了尖山、香炉、红螺、塔山、大虫、骆驼、团崖诸寨，俘虏百姓万余人，收降锦州旧将杜节及黑军五百人，就任命杜节统领黑军。

攻克真定

太祖十一年（1216 年），成吉思汗在鱼儿泺召见了史天祥，赐给他金符，授提控元帅。这一年，他率军队攻克盖州、金州、苏州、复州等州，俘金将完颜奴、耶律神都马。因功升为镇国上将军、利州节度使、所部降民都总管、监军兵马元帅等职。太祖十二年（1217 年），山贼祁和尚率领一支人马占据武平，史天祥率军讨平，俘金将巢元帅。又在兴州的车河歼灭重儿反蒙军万人。太祖十四年（1219 年），暂任兵马都元帅，蒙古军、汉军及黑军都受他统领调遣。这一年，史天祥攻克河东、平阳、河中、岢岚、绛州、石州、隰州、吉州、鄜州等八十余城。

太祖十五年（1220 年），蒙古大军再次来到真定城下，五年前史天倪率兵攻打，因为守将武仙的顽抗，未能攻下，这一次木华黎令史天祥攻城。史天祥请示说："攻城恐怕会杀伤无辜平民，不如先派人去说服他们投降，如果不听，再派兵攻城不晚。"木华黎同意他的意见，于是史天祥亲自去见守将武仙，说明祸福利害，武仙为形势所迫，愿意投降。吾也而建议留史天祥镇守真定，木华黎说："天下未定，智勇之士怎么可以离开我。我将另外派人镇守。"于是决定以史天祥的堂兄史天倪为河北西路兵马都元帅，镇守真定，以史天祥为左副都元帅，领兵屯驻于邢州西边的遥水山下。当时，武仙的哥哥武贵率万人在山上建立营垒，顽强抵抗。史天祥与完颜胡速率黑军百人由险峻而狭窄的山路攀援而上，全俘金军。得知这个消息的武仙不禁惊异地说："您好像是长了翅膀，不然怎么能上此高山。"接着蒙古军攻下邢州、磁州、相州，战于黄龙冈，破单州、胜州、兖州。

木华黎围攻东平（今山东东平），久攻不下，斥责吾也而不尽力，要亲手杀了他。史天祥觉得临阵斩杀大将是兵家大忌，便请求代吾也而攻城，木华黎大喜，给他皮甲一副，又将自己的铁铠甲披在史天祥身上。史天祥与金军鏖战不分胜负，陷入胶着状态，木华黎见状，让他收兵回营，对他说："你已经竭尽自己的力量了，应当休息一会儿再战！"虽然没有取胜，但又送给他金鞍名马，可见他对史天祥爱护备至，吾也而也因此免罪。太祖十六年（1221 年），史天祥随大军攻取绥德、鄜州、坊州等五十余城。第二年，木华黎攻青龙、金胜诸堡，花帽军顽强抵抗。攻破后木华黎要大肆屠杀，史天祥极力谏止，将五千壮士收编到旗下。

遇袭负伤

太祖十八年（1223 年）春，蒙古大军回到河中，木华黎上报史天祥战功，赐金虎符，授蒙古汉军兵马都元帅，总领十二万户，镇守河中。这年冬季，史天祥攻占西夏，破贺兰山，回来时途中遇贼，额头被流矢射中，导致眼睛受伤，视力受损。可惜屡经沙场的大将，在攻城略地中未曾损伤毫发，却在战场外意外受伤，这次意外对史天祥的后半生产生了非常不利的影响。太祖十九年（1224 年）史天祥回到北京，授右副北京等七路兵马都元帅。

太宗二年（1230 年），史天祥于卢朐河朝拜继位后的太宗窝阔台，因为眼盲请求辞官，太宗不允许，这一年史天祥才四十岁，正当壮年。次年，太宗进军河南，让史天祥勉强随行，因为眼睛损伤，让他在后方负责漕运军饷。太宗四年（1232 年），朝廷命史天祥带领汴京百工数千人屯驻在霸州的益津，行元帅府事，并赐锦衣一袭。这里离他的故乡永清也很近。

史天祥自中箭之后，箭镞一直在面颊中没有拔出来，此时创口溃烂，箭镞从口中掉了出来。睿宗拖雷很心疼他，授他海滨之和众、利州等处总管，兼领霸州御衣局人匠都达鲁花赤，行北京七路兵马都元帅府事。宪宗八年（1258 年）九月，史天祥病逝，卒年 68 岁。

史天祥是史家众兄弟中非常杰出的一位，能征善战而且心怀仁义，太宗年间清查户口，他释放奴婢千余口为良民。他为蒙古政权的巩固立下了汗马功劳，也因此得到了元朝几代皇帝的格外重视。晚年虽然失明，但他忧国忧民之心一直未减。若不是因为眼睛受伤，应该可以立下更多的战功，这是深为可惜的。

元初名相史天泽

史天泽（1202—1275），字润甫，燕京路永清（今廊坊市永清县）人，史秉直第三子。他身高八尺，说话声如洪钟，善骑射，勇力过人。太祖八年（1213 年）随父亲史秉直归降蒙古。后灭金伐宋，功勋卓著。元世祖忽必烈即位后，官拜中书右丞相。曾从征阿里不哥，平定李增叛乱。至元十年（1273 年），与阿术共克樊城（今湖北襄阳），降襄阳（今湖北襄阳）。第二年，又奉命与伯颜统军伐宋，至郢州（治今湖北钟祥）病还，至元十二年（1275 年）病逝于真定（今河北正定），终年 74 岁。

史天泽

收复真定

太祖二十年（1225 年），史天泽护送母亲回北京。不久，武仙叛乱，他的大哥史天倪遇害。府僚王缙、王守道等在燕地追赶上史天泽，劝他南行，收拾散失的部众，史天泽说："兄弟之仇，一定要报，责无旁贷，即使冒着生命危险也要去做，何况不一定就会死呢！"于是毅然南还，把所有的银两都用来招兵买马。到满城时已经聚集了很多部众。史天泽暂时代理军事，派遣监军李伯祐向蒙古国王孛鲁（木华黎之子）请求援助。

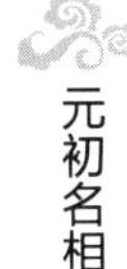

史天泽当时是帐前军总领，国王孛鲁命史天泽继承大哥史天倪的职位为都元帅，又命笑乃歹率三千蒙古军援助史天泽，两军联合进攻卢奴。武仙部大将葛铁枪率万人来战，史天泽迎面进击，身先士卒，将士们勇气增加百倍。葛铁枪部退阻沠河，趁黑夜逃走，史天泽率部紧追，葛铁枪被活捉，余部溃散，俘获了兵甲辎重，军威大振。史天泽随即下中山，略无极，拔赵州，进军野头，与前来赴援的二哥史天安所部会合，共同攻击武仙，武仙战败，逃到双门，于是一举收复真定。

不久，宋大名总管彭义斌联合武仙想要夺回真定。史天泽和笑乃歹扼守赞皇，武仙不能进军。彭义斌势单力薄，焚山自守。史天泽选拔精锐士卒五十人为先锋，亲自率领铁骑紧随其后，擒住了彭义斌。彭义斌是南宋的将领，史天泽很敬佩他的为人，想劝他投降，但是彭义斌不肯屈服，最后被杀。

之后，武仙令奸细在真定城中大历寺纠结同党，里应外合，趁黑夜斩关入城，夺取了真定。史天泽只率部众几十个人从城东逃走，到藁城向董俊求援，董俊把精锐数百人交给史天泽。史天泽率军连夜赶赴真定，笑乃歹领兵也赶到了，武仙抵挡不住，带领数十骑人马退保西山抱犊寨。史天泽率军急攻，武仙弃寨逃遁。接着，蚁尖、苍峪、马武等寨以及相（今河南安阳）、卫（今河南汲县）等州相继投降。真定局势得以稳定。

史天泽

灭亡金朝

太宗元年（1229 年），窝阔台即位，商议立三个万户，分别统领汉兵，决定全力伐金。第二年秋天，窝阔台、拖雷率主力攻山西，破代州（今山西代县）、石州（今山西离石），十月围攻屯兵卫州的武仙军。这时，已被封为真定、河间、大名、东平、济南五路万户的史天泽率领诸军合围武仙。金将完颜合达率众十万援救武仙。双方激战，蒙军败退。唯独史天泽所部千人绕出敌后，打败一都尉军。随即又和大军合攻。武仙逃走，卫州被攻克。

太宗三年（1231 年），窝阔台在官同召集会议，决定兵分三路伐金。次年春，窝阔台从白坡渡河，令史天泽军自孟津进入河南与拖雷军会合。史天泽军赶到时，拖雷军已于钧州（今河南禹县）三峰山大败完颜合达军，金军主力全部溃灭。史天泽军乘胜取京东，连续招降了泰康（今河南太康）、柘县（今河南林县北）、瓦冈（今河南滑县南）、睢州（今河南睢县）。在阳邑（今河南登封东南）斩金将完颜庆山奴。夏，太宗北还，留拖雷总兵围攻汴京。

太宗五年（1233 年）春，金哀宗从汴京突围奔归德（今河南商丘），令完颜白撒从黄龙岗来袭新卫。获知这个消息，史天泽立即率轻骑驰援解围。但是金军已完成对新卫城的合围。史天泽奋戈突至城下，向守军大呼："你等勉力奋战，援兵很快会到。"随即又杀出重围，与赶到的蒙古大军夹击，完颜白撒等败走蒲城，史天泽军紧追不舍。完颜白撒率领的兵丁还有八万，被蒙汉军斩杀俘虏殆尽。

金哀宗到归德后，史天泽追到归德，和诸军会合。新卫的达鲁花赤撒吉思不花想靠近城墙背水扎营，史天泽说："这里哪是驻扎军队的地方啊？如果敌方进攻，就会进退两难。"撒吉思不花不听劝告。此时史天泽因为有事去汴京前线，等到回来的时候，撒吉思不花已经全军覆没了。

金哀宗于六月间逃到蔡州（今河南汝阳）。太宗命元帅倴盏率大军围攻。史天泽军从北面进攻，遇汝水阻挡，史天泽命军士结筏偷偷渡河，和金军血战数日。太宗六年（1234 年）正月，蔡州城破，金哀宗自缢，金朝灭亡。史天泽率军回到真定。

参与伐宋

蒙古灭金以后，又将进攻目标指向南宋。太宗七年（1235 年），史天泽跟随皇子曲出南征。进军到枣阳（今湖北枣阳）时，遇到宋军顽强抵抗。史天泽率先强攻登城，终于攻克了枣阳。进攻襄阳时，宋军在峭石滩陈船数千。史天泽亲率两艘战船，满载死士，勇往直前，径冲宋阵，宋军大乱，落水者数以万计。太宗九年（1237 年），跟随宗王口温不花围攻光州（今河南潢川），又是史天泽率军先破外城，又破子城。复州（今湖北天门）之战，宋军以舟船三千封锁湖面为栅，史天泽亲执桴鼓，督率勇士四十人猛攻，宋军栅破，复州守军畏惧请降。寿春（今安徽寿县）之役，史天泽军独当一面。宋军乘夜袭营，史天泽单骑迎战，手刃数人，将士们相继赶来助战，宋军被尽数驱入淮水淹死。史天泽军乘胜南进，攻无不克。

到了宪宗二年（1252 年），宪宗蒙哥赐史天泽卫州五城为分邑，又命他为河南经略史。宪宗八年（1258 年）秋，宪宗由西蜀进军伐宋。次年春，宪宗亲统大军攻合州（今四川合川），宋将王坚凭借钓鱼城坚守，蒙军数月不能破城。夏季，军中疫病流行。正在商议回师，宋将吕文德率艨艟巨舰千余艘，溯嘉陵江而上，蒙军迎战失利。宪宗急命史天泽抗御。史天泽分军为两翼，跨江反击，亲统舟师顺流纵击，三战三捷，夺得宋舰数百艘，追至重庆而还。

1260 年，忽必烈在开平（今内蒙古正蓝旗东）即帝位，年号中统。留守的阿里不哥也在和林（今蒙古人民共和国哈尔和林）称汗。双方开始了激烈的汗位之争。中统二年（1261 年）五月，史天泽官中书右丞相。同年，阿里不哥率众突袭移相哥军，乘胜南下。十一月，忽必烈与阿里不哥军战于昔木土。诸王合丹、丞相线真等率右军，诸王哈必赤率中军，诸王培察儿和史天泽等率左军，合势进攻，斩阿里不哥大将合丹火儿赤，阿里不哥败走。

中统三年（1262 年）春，山东李璮发动武装叛乱，李璮是叛降蒙古的义军首领李全之子。李全死后，李璮继承父职，辖地称益都行省。忽必烈即位后，加封李璮为江淮大都督。忽必烈北征阿里不哥，李璮借口防御南宁，拒不出战，后来又乘机叛乱，占据济南。忽必烈派亲王哈必赤总兵讨伐，继而命右丞相史天泽出征。史天泽听说李璮退守济南，笑着说：“他自投罗网，没什么作为了。”并对哈必赤说：“李璮多谲诈而且兵精，不宜直接对抗，应当把他拖延到疲惫再打。”于是深沟高垒，以防李璮突围。李璮被围困四个月，城中粮尽，军队溃散出降，李檀和为首的数十人被斩杀。

李璮落败后，一些言官上书说之所以会发生叛乱的事，是因为诸侯的权力太重。史天泽于是上奏："兵民之权，不可并于一门，行之请自臣家始。"史氏子侄即日解除兵权的有十七个人。至元元年（1264 年），史天泽加光禄大夫，右丞相如故。至元三年（1266 年），史天泽为辅国上将军、兼枢密副使。第二年，复授光禄大夫，改中书左丞相。

忽必烈在稳定了中原的统治后，又继续攻宋。当时，宋朝已日益衰朽，兵疲财溃，势在必亡。至元六年（1269 年），元廷议取襄阳，诏命史天泽与驸马忽剌出筹划经略。史天泽等选要害之地，筑城堡工事，作攻宋准备。至元八年（1271 年），进开府仪同三司、平章军国重事。至元十年（1273 年），与平章阿术等进攻樊城，元军用回回炮攻破樊城。二月，襄阳宋将吕文焕出降。至元十一年（1274 年），史天泽和丞相伯颜总领大军二十万乘胜伐宋。大军自襄阳水陆并进，史天泽到郢州生了病，回到襄阳，世祖派侍臣赐给他葡萄酒，并传谕慰问，之后史天泽回到真定，病情加剧。逝世前上奏世祖忽必烈说："愿天兵渡江，慎勿杀掠。"并没有说其他的事情。至元十二年（1275 年）二月七日史天泽去世，享年 74 岁。朝廷赠给白金二千五百两，赠太尉，谥忠武，后累赠太师，进封镇阳王。

治政方略

史天泽不仅战功卓著，而且治民有方。早在武仙二次占据真定被击退后，主帅笑乃歹怨愤百姓反复，将城中居民万人驱赶出去，想要杀众人示威。史天泽说："他们都是我们的子民，不过是被叛贼胁制，有什么罪过呢？"最后只抓捕了叛变的三百多人，无辜百姓都获释放。史天泽在真定修缮城池，加强武备，招抚流散民众，慰问穷苦的百姓，使真定发展成北方重镇。

金朝灭亡后，蒙古大军继续南伐西征，赋税繁重，急如星火。百姓不能立刻完成，官府于是代借西域商人钱代输，利息很高，称羊羔利。事后又验户籍向百姓征敛，百姓中有的卖尽田产、妻子都偿还不完。史天泽奏准朝廷，由官府代替百姓偿付了本息而废止了这种做法。

之后连年蝗旱，当地又借贷充贡赋，积银达一万三千锭。史天泽认为百姓经受不了再度的困境，于是倾其家资，与族属官吏共同偿还了这笔债务。又请选中等户入军籍，上下户为民，所征赋税按贫富而定，著为法令，境内得以安宁。

宪宗二年（1252 年），忽必烈还在藩邸，就知道汉地不好治理，河南尤其突出，于是请求宪宗蒙哥命史天泽、赵壁等为经略使治理河南，此时的河南，百姓流离失所，军无纪律，常抢夺百姓财物，百姓无可奈何。史天泽到河南后，兴利除害，百废俱兴，诛杀了两个郡邑官吏中最贪横的人。不久，河南大治，民安商乐，军备也得到加强。

中统元年（1260 年），忽必烈即位，诏问治国方略，史天泽上疏说："朝廷当先立省部以正纲纪，设监司以督诸路，霈恩泽以安反侧，退贪残以任贤能，颁俸秩以养廉，禁贿赂以防奸，这样就能上下相应，内外休息。"忽必烈表示赞许，并一一采纳。中统二年（1261 年）夏五月，史天泽拜中书右丞相后，立即实行他的治国方略，并定省规十条，以保证政务畅通。史天泽在任期间，还免去了一些诸色差役，统一了赋税制度，在一定程度上减轻了农民负担。

当初，武仙害死都元帅史天倪，史天泽继任其职。史天倪之子史楫长大后，史天泽立即奏请朝廷，请求任史楫为都元帅。太宗感叹说："过去争官的人多，让职的人少，你这样做，实在应该称赞。"于是下诏任史挥为真定路兵马都总管。史天泽又请求朝廷任命他的次侄史权为唐、邓军万户。宪宗进驻六盘，诏令征兵，原拟任史天泽之子为师，史天泽又保奏其二哥史天安之子史枢充新军万户。宪宗三年（1253 年），史天泽上奏："先前臣任先兄军民之职，天倪有二子，长子史揖管民政，次子史权掌兵权，一门之内，担任三个重要职务，按说应该推辞，臣可以退休了。"宪宗认为这是史天泽的美好品德，不同意他的退休请求。

史天泽见客不避，勇于承担责任。宪宗七年（1257 年）春，宪宗命左丞相阿蓝答儿掌管诸路财赋，阿蓝答儿性苛刻，罗织罪名，无所不至，许多官吏受辱。史天泽说："我是经略使，是非功罪，理当由我负责，不该责罚他人。"许多人因此获释。

中统三年（1262 年），世祖忽必烈委任史天泽节度诸将出征李璮。史天泽自始至终都未曾把诏旨给别人看。平乱后入朝，世祖慰劳，史天泽又把功劳都归于众将。

史天泽平居未尝自夸其能，每临大节，论大事，毅然以天下之重自任。他四十岁才开始读书，尤其熟于《资治通鉴》，对是非成败常有自己独到的见解。史天泽告诫子侄：史氏家族起于陇亩，如今声名显赫，宗族昌盛，何以报答累朝盛恩？如果因为朝廷的事身死边野，马革裹尸归葬，是我的夙愿。你们要谨遵此训，如若违背，等于是揭我坟墓。

史天泽知人善任，求贤若渴。当初，史天泽攻打卫州，问卫州名士蒲察辅之："金朝有才干的人，你认识谁？"答以近侍局副使李正臣。等到攻破归德，史天泽见有数人被缚，便问其中一位是谁，那人说是李正臣。史天泽不仅免除了他的罪，而且派人护送他到真定，让他做参谋，把真定路所有公事都全权交付给他。每当南征北战，史天泽必签数十张空名委任状，有可任用者可立即委任。卫州成为史天泽食邑后，史天泽命军前参议王昌龄治理，罢除了以前的一切蠹政。有失职者诬陷王昌龄，史天泽却更加信任他。

史天泽器量涵弘，识虑明哲，知时识势，应变制宜。自中统建元以来，中书省官员少则五六员，多至六八员，列坐一堂，凡有政事商议实行的时候，往往各持己见，要国相一置可否，然后决定。史天泽每到这个时候，都要仔细斟酌，如果没有弊端，就施行不疑；如果有失当之处，就心平气和地详细分析，以期合于事理。所以在中书十余年间，或奉行上意，或更张事宜，多方周旋，天下受益者很多。史天泽出将入相近五十年，上不疑而下无怨，人们将他比作唐朝的郭子仪和宋朝的曹彬。

大儒兼隐士的杜瑛

杜瑛（1204—1273），字文玉，霸州信安人。生于金章宗泰和四年（1204 年），卒于元世祖至元十年（1273 年）。他的父亲杜时昇是金朝的著名学者，是以“伊洛之学”授徒讲学的重要人物。

杜 瑛

淡泊名利

杜瑛身高七尺，长着好看的胡须，气质相貌魁伟高大。金朝快要灭亡的时候，一些读书人还打算凭借文章言辞积极进取，杜瑛独自躲避到河南缑氏山中。当时的战乱之后，礼乐制度被破坏，杜瑛搜集到了很多书籍，并且都阅读了，读后就不忘记，而且探究文章的主旨，古往今来的得与失都了如指掌。他辗转迁徙，在汾、晋间教授学业。中书粘合珪在相地开府，被杜瑛的聪达睿智所折服，聘他入府，杜瑛于是就在那里安了家。粘合珪知道杜瑛家境不好，便慷慨相助，给他一千亩良田，这是让人羡慕的丰厚赏赐，但是杜瑛推辞没有接受。之后，一位风水先生说杜瑛的住处下面有别人埋藏的金子，家里人听说后激动不已，想挖开看看，杜瑛却拿定主意，不是自己的钱财分文不取，直到全家搬迁也没有让家人挖掘。后来住在这里的人闻知此事，在风水先生所说的地方果真挖到了百斤黄金。别人不理解杜瑛的做法，但他就是这样“临财不苟得”。

宪宗九年（1259 年），忽必烈向南征伐到了相地，召见杜瑛询问统一天下的计策，杜瑛言语得体地回答说：“汉、唐以来，君王依仗用来治理国家的就是法令、军队和粮食罢了。国家没有法令不能立国，百姓没有粮食不能生存，动乱时没有军队就不能守国。现在宋朝对这三者都蔑视，大概将要灭亡了，振兴天下就在圣主了。如果进攻襄樊的军队，把军事交付手下人，来攻打对方的背后，平定天下的大业就可确定了。”忽必烈听后非常高兴，说：“读书人中竟有这样人才！”杜瑛又在几件事上劝说忽必烈，认为事情不像这样做的话，以后一定会出现那样的后果。忽必烈接纳了他的意见，认为杜瑛是贤能的，可以重用，让杜瑛跟从他前行，后来杜瑛因病没能成行。

中统初年，诏书征辟杜瑛。当时王文统正主管事务，杜瑛推辞没有前往。王文统虽然身居中书平章的高位，却是个好弄权谋的奸佞之徒，后来因李璮起兵反元而以通谋罪被杀，杜瑛没有入朝为官，也免去了一场陷入权谋的危机。

左丞张文谦上奏荐举杜瑛为怀孟、彰德、大名等路提举学校官，又被杜瑛推辞掉，他送给执政者一封书信，大略说：“先王的主张不明确，那是一些歪理邪说伤害的，人们肆意而为，天理受到威胁，形势危急。如今天子圣明，人才聚集，言听计从，正是恢复和光大先王的礼乐教化的大好时机。有一个很好开端的不一定就有好的结束，如果不能追根溯源，明确法令，端正世风，兴起教化，培育良才，来拯救几百年来的祸患，我恐怕将来的恶果，是一言难尽的。”有人勉励他出来做官，杜瑛说：“如今虽然距离古代很远，但是先王的所作所为，还可以考察出来。因此执政的人最重要的是要恢复前人的主张。如果沿袭已有的弊病，来要求合乎先王的意旨，不也太困难了吗！我又不会察言观色、投机取巧，做官又有什么用呢！”从此杜门谢客，专心著书，完全不因为困窘、通达或得与失而动摇他的志向，悠闲自得于学说与技艺之间，来终了一生。

杜瑛在七十岁临终前，对儿子杜处立、杜处愿立下遗言：“我快要死了，死后在墓碑上写上‘缑山杜处士之墓’。”天历年间，朝廷追赠他为资德大夫、翰林学士、上护军，追封魏郡公，谥号文献。

诗人学者

杜瑛著作丰富，有《春秋地理原委》十卷、《语孟旁通》八卷、《皇极引用》八卷、《皇极疑事》四卷、《极学》十卷、《律吕律历礼乐杂志》三十卷及文集十卷等，流传于世。杜瑛对音律、礼法颇有研究，许多见解发前人所未发。他的诗歌也很有特色，顾嗣立所编的《元诗选》收录了他的十一首诗作。他的诗效法杜甫，气象雄浑，题旨深远，法度森严，达到了较高的艺术水准。例如他的七律《邺南城》：

王气销沉井径荒，北风日夜刮枯桑。
羖飞天上河声断，犬吠陵头日色苍。
陆地百年沧海变，西陵千古暮云长。
呜呜敕勒平川水，寒绕阴山恨未忘。

对仗工整，用典巧妙贴切，体现了儒家学者的仁义襟怀和悲天悯人、关注国家命运的积极入世态度。

杜瑛身为一介书生、学者、隐士，不慕名利，以道德学问闻名当世，值得后人尊敬、纪念和学习。

元初猛将张禧

张禧（1217—1291），元大都路东安州人（今廊坊市安次区）。元朝镇国上将军、都元帅。金朝末年随父亲张仁义迁居到益都（今山东省青州市），后随父亲一起归顺元朝。

英勇善战

张禧从 16 岁开始，就随从元军大将阿术鲁、元帅察罕，转战于河南、山东、安徽等地，屡立战功。因他为人刚直、治军严厉，被上司嫉妒诬陷，要按法治罪。当时王鹗在忽必烈王府中任职，张禧私下里去找他，王鹗请左丞阔阔向忽必烈推荐张禧和他儿子张弘纲，得以入见忽必烈，父子二人便留在了忽必烈麾下。宪宗九年（1259 年），张禧父子随忽必烈进攻南宋。渡江后，和宋兵刚一接战，就捉住了一员宋将。在攻打湖北鄂州时，战斗非常残酷，各路军队挖地道攻城，宋军就在城内树起栅栏阻挡，元军因此进攻受阻，忽必烈下令出重赏组建敢死队，张禧和儿子张弘纲踊跃参加。由城东南攻城，将要打到城下时，忽必烈觉得如果这父子俩全都战死，未免太残酷了，于是派遣阿里海牙告诉张禧，父子俩留下一个，只能一人参加攻城！但是张禧父子谁也没有退缩。张禧拿的枪被箭射断，他一把夺过儿子的枪继续猛冲。张弘纲没了武器，转身发现有十几个人，站在原地不敢向前冲，就夺了一条枪，跟着父亲冲进了城内。战斗持续了很长时间，张禧身上中了 18 箭，有一枚箭头射穿了他的腹部。他苏醒过来后

说："如果能喝一些活血散瘀的'血竭'，排出淤血，我就有活命的可能！"忽必烈赶紧派人去取血竭，让人救治他。创伤愈合后，张禧又跟随大将纳剌忽和宋兵战于金口、李家洲，都取得了胜利。

忽必烈当皇帝后，赐给张禧金符，任命他担任新军千户。中统三年（1262 年），张禧随从元军征讨在山东叛乱的李璮，当时宋军趁李璮叛乱的时机，派遣夏贵袭取蕲县、宿州等城，张禧移兵攻打，夏贵败走，又收复了被宋军占领的城池。至元元年（1264 年），张禧升唐邓等州卢氏保甲丁壮军总管。宋军攻打均州，总管李玉山败走，忽必烈命令张禧代替他。至元三年（1266 年），张禧与宋将吕文焕战于高头赤山，乘胜收复了均州。四年（1267 年），张禧改任水军总管，他对朝廷新增的 2500 名水军严格训练，战斗能力大为提高，相继在襄樊、襄阳战役中发挥了重大作用。五年（1268 年），跟随进攻襄樊。六年（1269 年）七月，夏贵率兵支援襄阳，张禧随元帅阿术出战，打退了他。八年（1271 年），江水暴溢，宋朝派遣范文虎带领一千多艘战舰来支援。元帅阿术命张禧率轻舟，趁黑夜衔枚进入宋军阵中，插芦苇来标记水的深浅。打探好以后，阿术即命张禧率四翼水军进战，宋军溃败，追至浅水，夺得战舰七十余艘。九年（1272 年），攻打樊城，焚毁了宋军的串楼，在鹿门山打败宋将张贵。十年（1273 年），行省聚集众将询问破襄阳的策略，张禧说："襄、樊夹汉江而城，敌人横铁锁、置木橛于水中，现在断锁毁橛，以绝其援，则樊城必下。樊城下，则襄阳可图。"行省用他的计策，攻破樊城，襄阳随即投降。忽必烈派遣使者记录众将的功劳，授张禧宣武将军、水军万户，佩金虎符，丞相伯颜因而任命张禧为水军先锋。

至元十二年（1275 年），张禧在丁家洲打败宋将孙虎臣，不久移屯黄池，以断绝宋军的救兵。九月，他跟随阿术和南宋都统姜才对战，有功，加信武将军。十三年（1276 年），攻下温、台、福建。十四年（1277 年），加怀远大将军、江阴路达鲁花赤、水军万户。十六年（1279 年），张禧入朝，进昭勇大将军、招讨使。十七年（1280 年），灭亡南宋后，加镇国上将军、都元帅。

征讨日本

至元十七年（1280 年），朝廷商议征讨日本，张禧主动请缨，即日拜行中书省平章政事，与右丞范文虎、左丞李庭同率舟师，泛海东征。次年抵达日本海岸后，张禧率部离船登陆，立即在平湖岛修建堡垒，同时命令将各战船相距五十步停泊，以免受到风浪冲击。八月，海上飓风大作，范文虎、李庭因为没有海上常识，看到台风前兆不知躲避，率领的战舰全被风浪毁坏，只有张禧率领的船只完好无损。

范文虎是从南宋投降元朝的败军之将，一向贪生怕死，毫无胆识，见此情景便商议撤军。张禧说："虽然将士们溺死过半，但活下来的都是身强力壮之人，为何不趁他们还没有返回的想法时带领他们，夺取敌人的粮食向前进攻呢？"

范文虎等人执意不从，说："只管回朝！如果朝廷问罪下来，自有我们负责，不会让你受连累。"张禧无奈，只好把自己的船只拨付一部分给他们。最终，范文虎把元军将士遗弃在海岛上，自己乘船取道高丽逃回。日军上岛后，元军大部分将士战死，数万士卒被俘，逃归者仅三人。

当时，平湖岛上驻有 4000 多名战士，没有足够的战舰往回运。有人说咱走吧，不用管他们了。张禧说："我能忍心抛下他们不管吗？"命令抛弃已经装上船的 70 匹战马，将那些士兵运送回来。

回国后，范文虎等人上奏：遇风坏舟，将士沉溺。世祖忽必烈也没有治他们的罪。直到第二年才真相大白，范文虎被革职查办，张禧没有被追究责任。至元二十八年（1291 年）张禧去世，享年 75 岁。

一门三将

张禧的父亲是金朝的将领，元太宗带兵攻打山东时，张仁义回到信安，当时燕蓟一带已被元军占领，只有信安还在金军的掌握中，守卫信安的主将知道张仁义有勇有谋，把他留在自己身边。元军围困信安时，张仁义率领三百人的敢死队开门出战，打败了元军，解了信安之围，张仁义因功被封为军马总管。此后，张仁义在信安防守了十多年，考虑到大势已

去，难以支撑下去，就和主将一起归附了元朝。张仁义率领部队跟随宗王合丑平定河南，授管军元帅。后来在攻打归德时被箭射中，箭从嘴里进入，打断了两颗牙齿，又从脖子后边出来，不幸阵亡，朝廷赐爵县侯。

张禧的儿子张弘纲字宪臣，他十八岁时，父亲张禧被主将诬陷，投入监狱，要被处死，张弘纲闯进狱中，也被狱卒抓了起来。张弘纲装疯卖傻，胡言乱语，让看守放松了对他们的防范，有一天趁看守们睡熟后，和父亲张禧逃走了。后来跟随父亲张禧攻城略地，屡建功勋，自昭信校尉、管军总把，佩银符，换金符，为千户，升总管、广威将军、招讨副使，加定远大将军、招讨使，袭镇江阴。安吉出现了盗匪，张弘纲率兵去捉拿，不到旬月之间就捉住了。他跟随参政高兴破建德溪寨诸贼，后赐三珠虎符，授昭勇大将军、河南诸翼征行万户。跟随右丞刘深征八百媳妇国，师次八番，与叛蛮宋隆济等力战阵亡。朝廷赠宣忠秉义功臣、资善大夫、湖广等处行中书省左丞、上护军，追封齐郡公，谥武定。

张禧父子三代人处于宋元交替的战乱时代，父亲张仁义、儿子张弘纲也都是猛将，冲锋陷阵，英勇无畏，并最终战死沙场。张禧参与元灭南宋的战役，屡立战功，是元朝的功臣，在重大的历史事件中发挥了自己的作用。

元初大儒郝经

郝经（1223—1275），字伯常，祖籍泽州陵川（今山西省陵川县），金末元初，为避战乱，随父亲迁居霸州信安镇。宋末元初著名学者。

幼遭兵乱，家贫好学

郝经生于一个诗书传家的名门望族，他的祖先自八世祖以下都是教授乡里，以授徒为业。他的祖父郝天挺是著名的经史学者。

郝经出生时已是金末乱世。金正大八年（1231 年），他随父母避难于河南鲁山。有一次，郝经和母亲还有一些乡民躲在窑里，被乱兵用柴草熏烤，许多人被烟熏火烤而死，郝经的母亲也昏死了过去。乱兵退去后，郝经用寻找到的蜂蜜和咸菜汁灌入母亲的嘴里，把母亲救活，当时他才 9 岁。次年，蒙古兵锋南下，郝经又随父母北渡，徙居顺天（今北京），辗转来到霸州信安镇。他父亲郝思温主要靠教授生徒勉强维持一家人的生活。当时郝经已经 12 岁，“始知学”，开始就读于铁佛寺僧张仲安的南堂，前后共五年。他“以兴复斯文，道济天下为己任。读书则专治六经，潜心伊洛之学，涉猎诸史子集”。

郝　经

由于郝经的学问品行逐渐出众，乃马真后二年（1243 年）以后，他先后被蒙古元帅贾辅和张柔聘请，在他们家中设馆教书。张柔家中富有藏书，郝经得以随意观览，眼界更加开阔，学识上也有了极大长进。在贾、张二世侯家做教师期间，郝经结识了金朝遗老元好问和理学大师赵复。元好问是郝经祖父郝天挺的门徒，于是和他一起讨论作诗作文的方法。郝经赞赏元好问的学问和为人，称其为“一代宗匠”，并执弟子礼。元好问很欣赏他，勉励他说：“你的相貌都很像你的祖父，才器非常。”郝经多次拜见赵复，与他交游论道。赵复十分赏识郝经，称“江左为学读书如伯常者甚多，然似吾伯常挺然一气立于天地之间者，盖亦鲜矣”。

出仕为官

元宪宗二年（1252 年），忽必烈开府于金莲川。郝经受举荐，忽必烈遣使两次召见，后随使奉诏北上。宪宗六年（1256 年）正月，见忽必烈于沙陀，忽必烈向郝经问以经国安民之道和帝王当行之事，郝经“援引二帝三王治道以对，且告以亲亲而仁民，仁民而爱物之义”，忽必烈很认可他的议论。“自后连日引对论事，甚器重之，且命条奏引欲言者”。郝经上《立国规模》三十余条。忽必烈又问当时的急务，郝经“举天下蠹民害政之尤者十一条上之，切中时弊”，忽必烈都认为很好。郝经的建议，有些虽不能立即实行，但后来元朝建立后，“凡更张制度”，采纳郝经建议“约十六七”。

自从灭金以后，蒙古军就开始南下，力图尽快并吞南宋。郝经对此持否定态度。他向忽必烈讲述“古之一天下者，以德不以力”的历史经验，同时通过对蒙宋双方情况的分析，认为蒙古国是“诸侯窥伺于内，小民凋敝于下”，而南宋当时则是“君臣辑睦，政事修明，无衅可乘”。因而主张不要立即伐宋，应把主要精力放在革除弊政，遵用汉法，选贤用能，创法立制，减轻赋税，屯田垦殖，巩固内部上，使“天下一新”。

宪宗八年（1258 年），当蒙哥命忽必烈分兵征鄂州，大举南侵之时，郝经一再向忽必烈致论，亟言不当南下。忽必烈先是以已经和蒙哥约定联合攻宋，不能中止为辞，否定了郝经的建议。但当蒙哥死于合州钓鱼山，阿里不哥图谋篡位，威胁到忽必烈汗位继承权的时刻，忽必烈开始采纳郝经的建议。适值南宋奸臣贾似道派间使称臣纳币请和，忽必烈于是班师北上，归定大事。此间郝经被任命为江淮荆湖南北等路宣抚副将。

囚徒生活

元中统元年（1260 年），忽必烈在开平即汗位，授郝经为翰林院侍读学士，令其出使南宋议和。郝经临行前，仍胸怀经邦济国的大事，写成便宜新政奏疏十六条上奏忽必烈，都是元初应做的大事。

郝经一行，以何源、刘仁杰为副使，高翿为参议，苟宗道为书佐。郝经此行，引起了蒙古国内部一些汉人世侯的妒忌，平章王文统平时就妒忌他的才德，私下指使将军李璮侵扰宋境，企图假南宋之手破坏和议。南宋奸相贾似道也对郝经一行的到来极度恐慌。害怕过去冒功鄂州（今湖北省武汉市）却敌的劣迹败露，极力反对郝经进入宋境。

郝经原计划经涟州入宋，但李璮劝他们返回，理由是他先前派往南宋通报的两人已为宋楚州安抚所杀。郝经不为所动，转道宿州五河风餐露宿，迁延近五个月，才于当年秋末进入宋境。可是一入宋境，贾似道便密令淮东制置司以李璮兴兵犯境为借口，把郝经一行拘禁于真州（今江苏仪征），从此身陷囹圄长达十六年。在此期间，郝经曾多次上书南宋君臣，但在贾似道的阻止下，一切努力均付之东流。为了策反郝经，贾似道谎称元廷兵乱，几次派人诱降，均遭郝经痛斥。贾似道又派人假扮强盗夜闯囚所威逼、断绝生活供应等，但都没能动摇郝经的意志。随从人员四十人，死者过半。

获救北归

至元十一年（1274 年）六月，忽必烈命丞相伯颜率兵伐南宋，又命礼部尚书中都海牙和郝经之弟行枢密院都事郝庸入宋，责问信使无故被拘一事。南宋朝廷理屈词穷，再加上元军所向披靡，不得不派总管段佑以礼送郝经一行北归。元世祖忽必烈也派枢密院官及内臣近侍远道迎接。

至元十二年（1275 年）夏，郝经一行回到了阔别十六年的大都，忽必烈赐宴于廷，赏赐有加，并向郝经咨以政事。十六年的软禁生活，使郝经

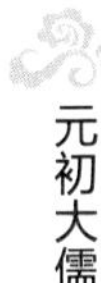

的身心备受摧残，这年七月，郝经病卒，时年 53 岁。赠昭文馆大学士、荣禄大夫，追封冀国公，谥文忠。

郝经精通经史，著述颇丰，有《续后汉书》《易春秋外传》《太极演》《原古录》《通鉴书法》《玉衡贞观》等，主要收于《陵川集》四十卷中。

郝经为人尚气节，为学思致用。作为政治家，郝经反对“华夷之辨”，推崇四海一家，主张天下一统；作为思想家，郝经推崇理学，希望在蒙古人汉化过程中，以儒家思想来影响他们，使国家逐步走向大治；作为学者文人，对后世的影响更为深远。

灭宋骁将史格

史格（1234—1291），字晋明，号裕斋。左丞相史天泽长子，永清人。史格虽然生在元初盛族史家，但是他的青年时期却屡受挫折，中年后才领军灭宋，建功立业。

早年经历

史格是史家第三代的重要人物，宪宗三年（1253 年），宪宗蒙哥赐史天泽卫城，授史格节度使。宪宗八年（1258 年），蒙哥征讨南宋，史天泽、史格随军出征。第二年，在攻打钓鱼城时，蒙哥受重伤去世。史格奉命护送蒙哥的灵柩北归，就此滞留谦州，五年后才返回。

史格回到中原时，又赶上李璮叛乱。忽必烈对汉族大臣心生顾忌，此时史天泽自请解除兵权，史家子侄十七人因此赋闲，史格也在其中。当时蒙古统治阶层内部也是矛盾重重，忽必烈和阿里不哥争夺汗位后，由于上层蒙古贵族分裂，不再维持对忽必烈所代表的汗位的忠诚，所以在蒙古南下击灭残宋汉族政权的战争中，汉族军队及将领发挥了重要作用，并成为决定性力量，其中包括早期投降蒙古的汉军世家，以张弘范、刘深、史格等人为代表，也包括南宋陆续归顺的文臣武将如王积翁、范文虎、蒲寿庚等新附军将领。

直到至元六年（1269 年），蒙古再次商议攻打襄阳，汉军将领才又得以任用。史格被任为邓州旧军万户。不久，为了防止汉将拥兵自重，忽必烈让史格与张弘范易兵而将，代替张弘范为亳州万户，而以原来所带领的邓州旧军交给张弘范。

南下激战

在攻打襄阳时，史格奋勇争先，被压抑已久的才能充分释放出来，史格在战场上大显身手，斩杀宋将张贵，攻下樊城，襄阳随之被攻下，获赐白金、衣裘、弓矢、鞍马。大军渡江，平章阿术带领二十五万户居前，每五万户选择一人做统帅，史格是其中之一。史格率军先行渡江，被宋将程鹏飞阻退，史格身上受了三处伤，损失了二百人。很快又和程鹏飞大战，史格被流矢射中。程鹏飞也受了七处伤，于是战败逃走。之后枢密院奏请史格轻敌冒进之罪，忽必烈念在他的战功，没有治他的罪。又让他跟随阿里海牙攻潭州，火炮击中栅木，史格的肩膀被碎屑所伤，又被箭射穿了手，但是他毫不在乎，裹创先登，攻下了潭州，于是史格留戍安抚当地军民，为蒙古灭亡南宋立下大功。

至元十三年（1276 年），南宋都城临安被攻陷，灭宋战争取得决定性胜利。史格随阿里海牙觐见世祖忽必烈，忽必烈封他为定远大将军，并把史天泽佩戴过的玉带赐给他。史格不敢接受，忽必烈说："这是你父亲生前用过的东西，你佩戴它是理所当然的，有什么顾虑呢？"史格只好接受，当时朝中的各位将领，只有史格穿着一品的官服，这是极为优宠的。

之后，史格又跟随阿里海牙率元军攻静江（今广西桂林）。各路军队都是用战车作掩护来凿城进攻，但是城上炮礌蔽地，战车无法靠近，史格就利用宋军炮石稀疏的间隙，冒死攀援而上，攻下了静江城。元军攻占静江后屠城，城中居民多被杀，民舍毁坏几尽。元军将士掳掠百姓为奴婢，远运北方，途中逃回有籍可查者不下三千。当时湖广行省命令把所掳百姓再次运往北方，史格将年龄相宜的男女配成夫妻，列入民籍，免其为奴。其所辖广西十八州、广东三州蠲免田赋三年，并开仓赈贫，人心才稍稍安定。静江被围之初，溪洞的少数民族都来归降，史格派人告谕他们，来归附的有五十个州，云南地方来争抢归降的人，事情传到朝廷，下诏令听史格节度。升史格为广西宣抚使、改镇国上将军、广南西道宣慰使。

灭亡南宋

临安被元军攻占后，南宋的陈宜中和张世杰等人保护着益王赵昰、广王赵昺到福州，拥立益王，传檄岭海，想要恢复大宋江山，并诈言夏贵已经收复了濒江的州郡。驻守在广西各地的元朝将领担心江路被阻断，不能回到北方，都借口商议对策而回到了静江。史格洞察时事，对众人说："大家也被谣言震慑住了吗？即使夏贵过了五岭围困我们，如果确实不能北归，我还可以和你们一起取道云南回去，未尝不可，现在怎么能轻易放弃戍守的本职呢?"

南方暑湿，元军非常不适应，加上南宋残余的军队反攻势头猛烈，行省商议放弃广东的肇庆、德庆、封州，合兵一处戍守梧州。史格说："弃地撤备，是向宋朝显示怯懦，万万不可以，相反，应该增兵戍守。"流寇苏仲收集溃败的兵卒，占据镇龙山称王，在外劫掠，在内耕植，到秋天收获了不少粮食。听说元朝大军来了，假装出降，元军怕暑热天气，也不敢深入腹地去讨伐他，横州、象州、宾州、贵州四州，深受其害。史格筑城堡，让士兵防守，让官军烧他的庐栅，百姓践踏他的庄稼，苏仲无寨可居，无粮可食，情况窘迫，被迫投降。这一时期，南宋的反攻非常凶猛。益王余众攻破浔州，斩杀了李辰、李福。静江北抵全州、永州，都闭城坚守。罗飞围困永州，前后七个月没有攻下。判官潘泽民走小道来告急，史格分兵去救，消灭了南宋的军队。

至元十五年（1278 年），益王死，卫王继立。逃到广州，在崖山驻扎，派遣曾渊子据守雷州。雷州之战成为南宋灭亡的最后一战。元军招谕他投降，曾渊子不听，于是进兵攻打，曾渊子跑到硇洲，雷州失陷。张世杰带领数万宋军想要夺取雷州，守将刘仲海打败了他。后来张世杰又带兵来围困，城中绝粮，士兵以草为食，史格运钦、廉、高、化诸州的粮草来供应雷州，张世杰眼看攻城无望，就解围而去。此后，史格亲自戍守雷州。至元十六年（1279 年），张弘范率军进攻崖山，交战月余，宋军被围困到饮用海水，二月初六，万念俱灰的陆秀夫背着小皇帝投海自尽，南宋彻底灭亡。广东、广西全部平定，元朝完成了全国统一，成为我国历史上第一个

实现统治全中国的少数民族政权。

南宋灭亡后，张弘范请求带领亳州军，把邓州旧军还给史格。史格官拜参知政事、行广南西道宣慰使。入觐，拜资德大夫、湖广行中书省右丞，进平章政事。

至元二十八年（1291 年）秋，史格去世，卒年 58 岁。

史格作为蒙古军中的第三代汉军将领，在灭亡南宋的战争中发挥了重要作用，有人将他和张弘范视为覆灭汉族南宋王朝的罪人，其实放到中华民族的整个历史进程来看，各为其主，征讨厮杀，史格和张弘范只是随历史大势做了自己应该做的事情而已，也无可厚非。

明朝山西布政使纪谆

纪 谆

纪谆（1369—1444），字克诚，东安人（今廊坊市安次区）。纪氏出于平阳，素有好的名声，居住在东安的纪氏人口繁盛，崇尚德义。他祖父叫纪仲祥，父亲叫纪延年。纪谆生于明朝建立之初，小时候就很聪明，不和其他孩子一起玩耍。他七岁时跟随老师受学，昼夜不懈。乡里的老人认为他是人才，说："这个孩子颖悟好学，将来一定会成就大的功名。"进入县学之后，纪谆补弟子员，更加致力于学业，每天都有精进，同门学子都很佩服他。

任职睢宁，按察山东

洪武二十八年（1395 年），贡礼部，纪谆升入太学，因为才识著名，被选入都察院，不久晋升为山西道监察御史。他在任上纠察贪邪，办理冤案，风纪振肃。当时的言官认为，县令之职不适合他，便把他调到京城任职。任命他为睢宁（今江苏睢宁）县令。明朝初年建都南京，所以睢宁为近京地区。

当地百姓中有个父亲告儿子败坏自己的名声，纪谆查清了实情，对那位父亲说："父亲对于儿子应该言传身教，能正其身才能治家。听说你暴

戾乖张，大概是儿子对你有所劝告，你就认为是说自己的坏话了。我作为县令，不贪赃不严酷，百姓有说我坏话的吗？只要自身言行端正，不要担心儿子不孝。”那人惭愧服从而去。

明成祖即位后，擢升纪谆为湖广道监察御史，风纪更加严谨。后迁山东按察使，行政倡导清正严明，和吴姓御史一同勘查郡县的重案，没有一件不是推原事情的原委，委曲辩论，平反了很多人的冤狱。吴御史不高兴地说：“我奉命办理案件，自有体统，你在一边喋喋不休地参与，把我置于何地呢？”纪谆说：“刑狱是重大的事情，一旦处置不公平，就会置人于死地，我所以说那些话，是想要刑罚得当，怎么敢用言语来轻慢你呢？”吴御史任期满后，到山东下属郡县任职，职位低于纪谆，担心由于以前和纪谆的争执而被打击，心里很不踏实，纪谆和他并无私人恩怨，所以毫不计较，反而待他更好。

远赴交趾

不久，纪谆因故被贬为浙江道监察御史，扈从远征，还朝后因功获赐银币，升为交趾按察使。

纪谆墓表拓片

交趾的百姓归附不久，他推诚相待，体恤百姓，禁止官吏侵扰，百姓感念他的恩德。迁交趾（今越南）左布政使。在交趾时，张侍郎和王郎中因罪被贬为从事，纪谆以礼相待。王郎中死后，他为其置办棺椁装殓，并安抚其妻子。纪谆到京城朝见时，载着王郎中的棺木，渡海时遇到暴风快要把船倾覆了，大家都认为是船里有死人骸骨导致的。纪谆仰天祷告说：“人死于异乡，想要回乡归葬，希望老天爷怜悯他。”风居然停止了，大家都觉得很神奇。

明仁宗即位后，纪谆改任山西布政使。政事修举，吏民怀服。后因父亲去世还乡，纪谆由于过度忧伤而得病，于明英宗正统九年（1444 年）二月十六日去世，卒年 76 岁。

纪谆为人孝友，识度弘远，勤于职事，生活简朴，不图享受。以才德升到显要的官位，历年既久，声望日盛，卓然为一时名臣。最终因居丧致病，孝行尤为笃厚，他的一生也可以说没有缺憾了。

明朝工部尚书王复

王复（1416—1485 年），字初阳。顺天府固安县沙垡屯（今廊坊市固安县大沙垡）人。明朝成化年间官至工部尚书。

出城迎驾，面折也先

王复的父亲王骐官至裕州同知。王复天性宽厚，沉静寡言。他三岁的时候丧母，长大后侍奉继母以孝顺闻名乡里。知县刘敬见他器宇磊落而庄重有威仪，博学强记而不喜欢游戏，他日必为经邦济世之才，所以很器重喜爱他。补弟子员，入县学。为文冲淡，善于讲解，同列称他为“王训诂”。正统六年（1441 年），王复中举人，七年（1442 年）成第二甲第十名进士。九年（1444 年），授刑科给事中。史书中称他“声容宏伟，善敷奏”，即声音洪亮，容貌俊美，善于陈述自己的想法。

王　复

正统十四年（1449 年）五月，王复由刑科给事中升为通政司右参议，十月，升左参议。土木之变后，瓦剌部也先挟持被俘的明英宗进犯京师，要求大臣出城相见，大臣们都害怕发生危险，不愿前去。只有王复无所畏惧，请求前往，于是假充礼部右侍郎（或说为右通政），为正使，中书舍人赵荣为太常寺少卿，偕同出城去见也先。到德胜门外，王复等人见到了英宗，于是顿首泣拜，也先发怒，让两旁的人抽出刀来要挟，但王复不为所动，还和也先辩论。

英宗见状，让王复不要和也先争论。并向王复要纸笔，要写信给皇太后。但是王复说仓促出城，没有带纸笔。英宗说："好秀才官，连纸笔也没有。"于是让他带口谕回朝，说也先等人没有善意，是借机窥探明朝的守备，让王复他们赶快回城，告知朝臣，以社稷为重，不要接纳英宗，不要中了也先的计策。王复他们刚走，也先就下令攻城。

景泰五年（1454 年），王复升为左通政。这一年，王复的继母去世。天顺元年（1457 年），任兵部左侍郎，因为右侍郎空缺，所以王复行使工部尚书事。

经略北疆，屡出良策

成化元年（1465 年），延绥总兵官房能上奏追赶袭击河套部众，皇帝降旨奖励犒劳。王复认为七百里奔赴作战并不适宜，并担心因企求意外成功而挑起争端，请敕令告诫晓谕，皇帝认为他说得对。晋升为兵部尚书。锦衣千户陈珏，本来是画工。到去世时，他侄子陈锡请求继承百户。王复说："世袭虽然是先帝的命令，然而不是战功得来的赏赐，不应许可。"于是没有同意陈锡的请求。

王复墓谕祭碑拓片

毛里孩扰乱边境地区，朝廷命王复出视陕西边备。对于经营守御宁夏，王复上书说："中路从灵州向南的地区，本来就没有烽火亭。东西二路，则营堡之间距离非常遥远，互相情报不通，导致敌人每次入侵都得以深入内地。也请皇帝在宁夏像延绥一样建置墩台，总计五十八座。"

对于经营防御甘肃，王复上书说："洪武年间建立东胜卫，它的西面直达宁夏，一路上都设置了烽火台。从永乐初年以后，北方的蒙古远远地逃

走，于是边防军转而驻扎在延绥，放弃了黄河沿线不予不守。假如能使这一地区兵强粮足，并且仍然按照祖先的规定，据守黄河，那将是万全之策。可是现在连河套地区都没有平定，怎么可能马上完全恢复到洪武年间的局面呢？但也应该依据当前的局面，部分恢复洪武年间的旧制度。延绥镇的军官和士兵比别的边镇少，不够征调差遣，请皇帝在延绥增加设置两名参将和九千名士兵，使他们驻扎在重要地区，互相援助接应。这是当前亟须解决的事务。”奏章呈上去后，皇帝听从了他的建议。王复在边境建立的新堡垒，设置的新机构，大多都顺应实际情况。等到他返回北京，言官们却上书皇帝说管理军队不是王复的强项。皇帝于是专门命令白圭代替王复，成化三年（1467 年），改派王复到工部任尚书。王复严格遵守法令制度，声名超过在兵部时的声名。当时中官请求修筑皇城西北面的回廊，王复提议放缓这件事。给事中高斐也说灾害频繁，不宜役使万人做无益的事情。皇帝都不许可。中官率领腾骧四卫军的，请求发给棉上衣和鞋裤。王复坚持不许可，说：“朝廷制造这些东西，本来是给出征的士兵，使得即日出发，不用烦劳去缝制。京军则每年供给冬衣的布和棉花，这是已成的制度，怎能改变?”大应法王劄实巴去世，中官请求建寺造塔。王复说：“大慈法王都只建了塔，没有建造寺庙。现在不应该创立这个制度。”于是只是命令建塔。

成化十四年（1478 年），加太子少保。

王复好古嗜学，遵守廉洁约束的准则，跟人相交没有城府，当官识大体。临事审处，绰有条理。王复在工部任职十二年，多有建树。后来发生灾害变异，谏官说他衰老，王复请求退休，皇帝不许。过了两个月，又被宦官汪直攻讦。皇帝于是传旨，命令他和其他几位官员退休归乡。

成化二十一年（1485 年）六月，王复去世，赠太子太保，谥庄简。崇祀固安乡贤祠。

王复墓原址位于固安沙垡村，他父亲王骐葬于固安西门外一里。王复因谥庄简，故称庄简公，他的墓也称为王庄简公墓。王复墓现遗存石人二、诰命碑一，是沙垡村在建设房屋时挖出来的，为了便于保护，移至固安县城西，涿固路边的永安公墓门口保存。

王复在明朝天顺、成化年间筹划边备，多有良策，深孚众望，可谓一位名副其实的名臣。

文安盛族纪常

纪常，字元正，号西皋。文安县纪屯村人。他的祖先是山东人，明朝永乐年间他的曾祖父纪寿不愿当官吏，开始在文安居住。他祖父纪亨做过经历，父亲纪紘做过长史。

少年时代

纪常小时候和其他人就不一样，那就是说话晚，到五六岁时还不会说话，当时他家里人很担心，好在他的其他方面都很优秀。八岁读书，十三岁会写文章，往往有惊人的语句。县学的马大章先生认为他是奇才，就定下婚约。马大章家里贫困，后来又去世了，于是有人怂恿纪常悔婚，父亲试探地问他的意见，他流着眼泪不肯答应。父亲很高兴地说："小孩子能知道大义，将来一定能出人头地。"

纪常十八岁进县学，明英宗天顺六年（1462 年）乡试中第十三名举人。宪宗成化二年（1466 年）会试中二甲赐进士出身，官拜户部主事。因为到兰州督饷，纪常取道长安去探望父亲，想顺便接父亲回家颐养天年。他父亲说："王爷待我不薄，我怎能忍心一下就离开呢？等你办完公事回去，让你大哥来接我也不迟嘛。"纪常的大哥叫纪勋。不久纪常又到天津督粮，夜里梦见父亲坐在官署前面的浣溪亭上，招呼他说："我今天到家了，却没有安身的地方，你们兄弟怎么不念我终生辛苦……"话没说完就一甩袖子转身走了。纪常有一种不祥的预感，果然过了几天，父亲去世的

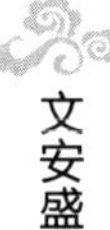

讣告到了。纪常悲痛欲绝，日夜兼程十七天赶到陕西，护送灵柩回归故乡安葬。守孝三年期满后，补缺到刑部任职。

政绩卓著

纪常精熟法典，办案公正，被同僚们称为“老法司”。凡是大案遇到疑难问题的，都来请教他。后来到陕西补任佥事。当时陕西抚、藩、臬三处衙门都缺人，并且都是难干的差事，纪常毅然赴任，毫不躲避。陕西地近边塞，远离京城，不遵守法令的人很多。清水县豪门强族，凭借山势险峻聚乱不法，纪常一经查办，把这些家伙尽数捕获。另外，这里山谷险峻，成为盗匪聚集的地方，纪常亲自进入深山和盗贼对阵，指挥策划，不过三天就把匪乱平定了。这时又赶上秦州起了盗匪，朝廷设置一名官员专门负责剿匪，于是纪常改任秦州，又转任汉中。汉中知府生性骄傲偏狭，喜欢包庇部下。纪常到任后秉公执法，雷厉风行，如风扫落叶一般，使当地官府风气有了很大改变。通过考核政绩，纪常在这一地方为第一等，晋升为中宪大夫。

后来纪常转任苑马寺卿，当时马棚破败坍塌，草场和马匹数量每天都在减少。纪常到任后竭力整修，使马场的面貌焕然一新。安宁、会定等地的马场养殖尤其繁盛，马匹数量能满足国家需要，朝廷赏赐给他金银和锦缎，并升任湖广按察使。

湖广的积案和已经拘捕尚未定案的人犯最多，纪常到任后精心裁决，一个多月后，积案和久押不决的案犯解决一空。后来赶上祖母去世，纪常离职，守孝期满后补官到四川任职。他去四川时清贫如洗，连找仆人运行李的脚费都是从亲友处借的。到四川后，纪常主管科举，岐山袁先生敬重他，凡是录取人才必定请纪常权衡高下。成化二十三年（1487 年）升河南右辖，不久又转任左辖。这时纪常就托病辞官，归隐林下了。

归隐

回乡归隐之后，纪常过着平淡安闲的生活。每天赋诗教子，和大哥饮酒下棋，怡然自乐。他还盖了一个小亭子，逢年过节就在亭子上和兄弟们一起喝酒。他对待兄弟的孩子就如同自己的孩子一样，贫困的亲族他也时常周济。有一年大灾到了人吃人的程度，纪常作了一首《荒年行》长诗，对百姓的困苦生活寄予无限同情。其中“少妇鬻身悲生别，夫妻掩泪满腔血”“啼饥号寒不忍听，呻吟尽是断肠声”等诗句催人泪下。并拿出粮食赈济灾民，家乡赖此保全性命的人很多。

纪常病危的时候梳洗更衣，把儿子们叫到床边，对他们说：“我回顾一生，不敢欺凌他人，也没有轻易服输于别人，现在都结束了。”

家教

纪常诚直刚正，不阿谀依附他人，刚见时似乎使人觉得不容易接近，处久了便没有不敬重他的。纪常曾经亲手抄录父亲纪紘的《长史家训》，告诫二儿子纪诫说：“一个家族的兴衰不在于富贵贫贱，即使贵至公卿，富比石崇、王恺，如果不懂得礼义，那也不能说是兴盛。如果粗茶淡饭生活困苦，衣服破旧却能礼义为先，也不能说是衰败。你的曾祖父不愿为官，他老人家有学问而没有得到运用，我本人的作为更是不值得效法的。我看你们兄弟都很勤奋，没有超出礼法的行为，希望你们对天发誓不改此心。你不同于其他兄弟，我希望你能为孝子、做忠臣，来激励后辈，以至影响子孙万代，这里边的道理可不浅啊！如今我即将八十岁，很惭愧不能体察我父亲万分之一的心意，我怎么能不把早年你祖父嘱咐我的话再嘱咐给你们呢。”后来因为儿子纪诫的官职显贵，赠纪常为通奉大夫。

纪常品德高尚，始终如一，当官时不计较担子的轻重，不畏惧地方势力，因此能立身扬名，有功于百姓。而且他家教严谨，良好的家风家教影响长远，使纪家后辈人才辈出，成为文安的望族之一。纪常可以说是树立了榜样，流芳后世了。

明朝户部尚书梁材

梁材（1470—1540），字大用，号俭庵，明顺天府大城县（今廊坊市大城县）旺村人。明弘治进士，历任德清知县，刑部主事，嘉兴知府，浙江右参政、按察使，云南、贵州、广东布政使，都察院右副都御史兼江西巡抚，刑部右侍郎，户部尚书。

任职杭州

梁材于弘治十二年（1499 年）中三甲第八十五名进士，选授浙江德清县知县，因廉政勤政，改为监察御史。正德五年（1510 年）八月，一代权监刘瑾被诛，狱词处决图示天下及录付史馆都出自梁材的手笔，为当时人所称道，升为刑部主事（正六品）。其后，任嘉兴知府（正四品），再调杭州任。长期以来，杭嘉赋税重，各地田租标准参差不齐。地方豪强勾结吏胥里甲，隐瞒田亩丁户，农民赋税越来越重。梁材到任后，在清查田亩数量与质量的基础上，规定田租标准，将常例徭役、杂税分出轻重，与田赋统一计算，并可折银缴纳。他的做法稳定了农业经济和政府财政收入，被各地效仿，这就是正德年间“一条鞭法”的由来。梁材以廉能之名，升任浙江右参政（从三品）。

梁　材

梁材任提刑按察使（正三品）时，宁王朱宸濠谋反，镇守中宫的太监毕真和南昌的朱宸濠私下联络，将举城相应。梁材和巡按御史张缙等发现后，劫持毕真，夺了他的兵权，制止了叛乱。此后因父亲去世，梁材守孝去职。

按察云南

嘉靖初年（1522年），梁材起用补任云南按察使。当地少数民族的土官相互仇杀多年，地方很不安宁，梁材召见他们的首领说："你们按罪应当处死。现在赦免你们，但要用牛羊来赎罪。"御史惊讶判决的太轻，梁材说："如此足够了，操之过急会发生变故。"当时这些首领衣服里面都穿着铠甲准备叛乱，见梁材以宽仁相待，于是就打消了闹事的念头，地方也太平了。

嘉靖五年（1526年）任广东布政使时，右布政使林富每天大鱼大肉，奢侈无度。梁材叫来他的家人并劝诫他，林富怒骂而去。梁材仍然像往常一样处理公务，林富感到惭愧，主动向梁材道歉，表示痛改前非。

梁材在任贵州按察使、广东左、右布政使时，发现农民纳粮缴物时，官吏差役总是在称量上搞鬼，官府令行难禁。于是他宣布，官府收缴粮物一律由百姓本人称量，吏差只在旁边监督统计，违者开除查办。办法一出，百姓纷纷叫好。此举有效防止了官吏勒索百姓，大大减轻了农民的负担，他廉洁奉公的行为受到广泛的赞扬。当时天下布政使廉洁之名最显著的只有梁材和姚镆两个人。

嘉靖六年（1527年），梁材拜都察院右副都御史，巡抚江西。两个月后，便被任命为刑部右侍郎（正三品）。嘉靖七年（1528年）十二月，接替邹文盛为户部尚书（正二品）。不满二年梁材就从地方官员荣升到六卿的高位，他自感皇恩深重，更加尽职。

当时朝廷年收银一百三十万两，支出却高达二百四十万两，再加上催征不积极，边关军费开支没有节制，赶上凶荒之年又有许多地方要求豁免，国库出现很大的亏空。梁材经过调查，发现弊端主要有五个方面：一是宗藩（受封的皇族），二是武职（军事），三是冗食（无事人员吃空

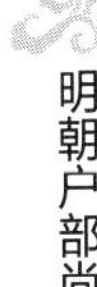

饷），四是冗费（虚浮的开支），五是逋负（拖欠赋税）。于是他毅然上书建言，请求皇帝召集大臣，让他们有针对性地提出解决的办法，除宗藩、武职外，其他的支出要严格控制。皇帝很重视他的建议，认为可行而采纳，开源节流，才使国库充盈起来。

限制勋戚庄田

嘉靖八年（1529 年）四月，户部左侍郎王軏在奏言中提出限制勋戚庄田的办法，他在清查各处庄田时，发现勋戚之家多占民田，多者达数千顷，而且占据的都是肥沃的良田，跨连郡邑，建议朝廷根据等级来进行限制。

王軏的奏疏呈上后，明世宗不置可否，下户部议处。梁材在王軏建议的基础上，进一步提出具体办法："自周朝时就规定，功臣贵戚的俸禄来自赏赐的土地，如今他们的俸禄已远远超过标准，仍不断向朝廷提要求，百姓的耕地越来越少。请皇上禁止功臣贵戚再请求赐予土地。除原来特赐土地外，清量他们的土地，只留存三分之一供祭祀用，其余收回。"最后嘉靖皇帝决定说：以往赏赐的田土，也应该查明，有分外强占者，都归还给原主。从今往后勋戚大臣务必各安本分，以保禄位，不许妄行陈乞。清查勋戚庄田的工作，自此得以逐步展开。一些权贵也不敢再任意侵占土地，此举大大缓和了土地矛盾，国家支出费用大减。

京城周围地区屯田的管理，一直由御史督理，正统年间才改由佥事来负责，但佥事权力小，导致屯田事务日益松弛。为了加强管理，梁材请求仍由御史代替佥事来管理。并建议皇帝下诏只对难以查考的田亩进行清量造册，避免对所有田地都进行丈量而造成对百姓的烦扰，皇帝全都批准了他的建议。

三任户部

梁材任户部尚书时，正值吏部尚书张璁为首辅，张璁为人刻薄，对同僚往往意气用事，却唯独不敢蔑视梁材。嘉靖十年（1531 年）九月，梁材因母丧丁忧去职，三年服丧期满后，起用恢复原职。

大同巡抚樊继祖请求增加兵饷，梁材回复说大同岁饷七十七万多，例外发放的又有好几万，较以前已经增加了数倍，如果每天每月都要增加，那么国库都不够供给一镇的，更不要说全国了。樊继祖多次申请，也没有批准。

当时翊国公郭勋修建两宫七陵，劳役京军七万，郭勋请求供给月粮和冬衣，梁材说不符合惯例，而且冬衣应该由内库来发，不是户部的事，没有发给。郭勋发怒，弹劾梁材耽误公事。皇帝责问梁材，最终还是按郭勋所奏的办理。郭勋又建议三件事，请求开矿资助工程，余盐全部输送到边镇，漕运粮饷的士兵可以携带货物。梁材议后，没有全部施行，郭勋更加愤怒。两人相争数次。

梁材初任户部，正值皇帝勤政，极力祛除积弊，他的建议多被听从。到此时多次触犯权贵幸臣，不得志，请求改调南京。被给事中周珫弹劾，交给吏部，尚书许赞等请求挽留他，皇帝不高兴，下令和梁材一起受审。梁材谢罪得以宽恕，而许赞等因此获罪扣发官俸。梁材由此失去皇帝信任，嘉靖十七年（1538 年）三月，两任尚书六年期满，就令他退休。

第二年，接任的户部尚书李廷相被罢官。皇帝认为还是梁材廉洁勤政，大臣也多举荐，就召令他恢复原官职。梁材三次担任户部尚书，砥砺气节，奉公守法如一日。这年秋天，考察京官，特命由他监察，他大刀阔斧地淘汰了数百名平庸的官吏。刑部有大案不能判决，又命令他兼管刑部事宜。皇帝见梁材如此能干，感叹说："假如尚书像梁材这样的有十二人，我就不用为天下忧虑了。"十月，加封梁材为太子少保。

当时大工程频繁兴起，役使在京师外卫班执勤的军士四万六千人。郭勋登记没有到来的人，责令他们交付银两雇用役工，供给口粮如同班军。李廷相任职时酌量给一些，但梁材接任后坚持不给。郭勋弹劾梁材，皇帝命令补发。郭勋又因为班军不足，登记逃亡班军布棉折合为饷银招募役工。梁材说："现在京城班军四万多，已足够使用，不应找借口耗费国家储备。"皇帝听从了他的奏请。郭勋更加愤怒，弹劾梁材变乱旧章，侵牟职掌。当时斋醮坛场要使用龙涎香，因物稀价高，梁材迟迟未能购进，皇帝很不高兴，于是斥责梁材"沽名误事"，于嘉靖十九年（1540 年）六月，令他免官闲住。

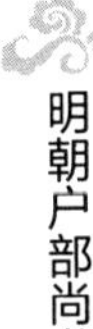

梁材落职闲居在南京秦淮河武定桥之南。他不置房产，息交绝游，只是读书，所以“门庭萧然如寒士”。而广信府检校管景同时罢归，却是银箱锦笼，大造楼房豪宅，结交地方官员，宴集不息，门庭若市。武定桥两边是店铺热闹之处，站立桥头南望梁尚书寒舍，北望管检校雕楼，老百姓反称：“梁检校，管尚书。”同年十月初四，梁材去世，时年 71 岁。隆庆初复名官，追赠太子太保，谥号端肃。

在嘉靖中期，大臣有的阿谀媚上取宠，唯独梁材正直不屈，因此终究不被皇帝所容。自从梁材离去，边防储备、国家财用大为窘迫。世宗后悔不迭，感叹说：“如果有梁材在，应当不至如此境地。”

梁材去世多年后，时为户部云南清吏司主事的海瑞上了一道千古名疏《直言天下第一事疏》，其中将梁材与奸相严嵩做了对比：“言顺者之未必为道也。即近事观：严嵩有一不顺陛下者乎？昔为贪窃，今为逆本。梁材守道守官，陛下以为逆者也，历任有声，官户部者以有守称之。虽近日严嵩抄没，百官有惕心焉，无用于积贿求迁，稍自洗涤。然严嵩罢相之后，犹严嵩未相之前而已。诸臣宁为严嵩之顺，不为梁材之执。”说明了梁材的刚正不阿为后人做出了表率。光绪《大城县志》评价道：“梁材存心制行，皆峻伟可法，任督宪抚绥有方，掌户曹会计允当。”

如今南京秦淮区武定桥畔有一座纪念梁材的廉轩，紧邻夫子庙核心景区，建筑风格古朴，周边环境优美。廉轩旁建有照壁，照壁嵌有大理石浮雕，以图文并茂的形式介绍梁材为官的清廉勤政事迹。廉轩两侧楹联道：“国计三持堪大用，朝疏五上栋梁材”，意思是梁材三任户部尚书，能够担当重任，他向朝廷多次上表提出重要建议，证明了他是国家的栋梁之材，楹联把梁材的名和字嵌入其中，概括了他的一生功绩。

明朝状元杨维聪

杨维聪（1490—1550），字达甫，号方城，固安县城内（今廊坊市固安县）人。

状元及第

杨维聪的父亲杨和为明成化二十二年（1486 年）丙午科举人，任国子监学正，平生不务积蓄，唯严于教子。杨维聪是杨和次子，生于弘治三年（1490 年）。他自幼入塾读书，学习刻苦。杨维聪于正德十四年（1519 年）以乡试第一名中举，即解元，次年成第十名进士，正德十六年（1521 年）中辛巳科状元。此次殿试本来应该在正德十五年举行，且由皇帝亲自主持，但因为正德皇帝南巡没有回到京城而延期，又赶上正德皇帝驾崩，实际上是由嘉靖皇帝于五月十五日主持的。及第者三百三十人（明顾鼎臣《状元图考》说是三百三十三人），榜眼陆釴是浙江鄞县人，探花费懋中是江西铅山人，这一榜被称为

杨维聪

龙飞第一科。

杨维聪中状元后被授翰林院修撰。嘉靖二年（1523 年）充会试同考官，迁右春坊右中允。嘉靖三年（1524 年）七月十二日，朱厚熜通知礼部，十六日为父母上册文、祭告天地、宗庙、社稷，群臣哗然。七月十五日，杨维聪与舒芬、杨慎等二百二十人伏左顺门哭争，嘉靖皇帝大怒，将为首八人投入大狱，四品以上罢俸，五品一下廷杖，编修王相等十八人被打死。杨维聪被廷杖后，外调为山西按察司副使（正四品）。嘉靖四年，武宗皇帝实录修成，杨维聪等人获赐金帛，并升为右春坊右中允。嘉靖六年，皇帝命内阁选择翰林诸臣称职者留用，不称职的量除他官，杨维聪因“政务疏通”，外补为山西按察司副使（正四品），明沈德符《万历野获编》认为这是皇帝假手权臣所为，当时京师“十可笑”中有“翰林个个都外调”之说。嘉靖九年（1530 年），杨维聪任河南学正。嘉靖十年（1531 年），由河南按察司副使为山东布政司右参政（从三品）。十三年（1534 年）升山西布政右使（从二品），十五年（1536 年）转山东布政左使（从二品），嘉靖十七年（1538 年）授南京光禄寺卿。第二年任太仆寺卿。

及第佳话

据《玉堂丛话》记载，当时固安县大水崩岸，断桥边出土一石碑，题道：桥倾天子过，碑出状元来。当年明武宗朱厚照南巡，经过固安。第二年，杨维聪状元及第。《明状元纪事》记载，杨维聪幼年时随父亲杨和任长史，他在书塾读书，每当饭熟摆好时，他都准时回到家，母亲张氏问他怎么知道该吃饭了，他说：耳边总能听到有个声音说状元可以吃饭了。长大后在京城，他梦到崇文坊迎金字辛巳状元牌来，说：送给固安杨秀才。杨维聪醒后很高兴，但是根据当时的惯例，寅甲巳亥不是开科之年，因而心存疑惑。之后已卯乡试、庚辰会试接连考中，因为武宗南巡，没有时间廷试，当年武宗驾崩，世宗即位，五月才举行廷试，正是辛巳年，杨维聪被擢为状元，也正应了梦中的情景。杨维聪弟兄三人，他哥哥杨维杰为嘉靖已丑科（1529 年）一甲第二名（榜眼），官至左春坊左庶子兼翰林院侍读。弟弟杨维诚为举人。此类家庭在北方读书人中很少。有明一代状元共

89 名，河北只有两名，杨维聪就是其中之一。

杨维聪辑有《性理诸家解》三十四卷。

杨维聪作为廊坊乃至河北都很少见的明代状元，不仅学识不凡，做官也很有风骨，不愧是深受儒家思想影响的士子。

三朝尚书刘体乾

刘体乾（？—1574），字子元，号清癯，明朝北直隶东安县（今廊坊市安次区）人，历任行人、兵科给事中、户部尚书、南京兵部尚书。

刘体乾

持身耿介，谏言献策

刘体乾于嘉靖二十三年（1544 年）中进士，为官生涯，两次起落。起初授行人，掌管传旨、册封等事，改兵科给事中，在内廷服务，秩从七品。刘体乾一上任就积极谏言，司礼太监鲍忠去世，鲍忠的党羽李庆替他的侄子鲍恩等八人请求升迁，皇帝已经同意，刘体乾上谏说：“国家所以奔走天下激励人心者，惟有爵与禄，予与夺。予夺公则人无渎志，爵禄慎斯国无滥官。太祖之令，非有军功，不轻升授。”因为刘体乾的谏言只录用了三人。之后刘体乾转左给事中，秩从六品。

嘉靖时期，皇帝因财政费用不足，诏令朝廷大臣集中讨论。大多数请求追索以往的拖欠，增加赋税数额。唯独刘体乾上奏说：“宋朝苏轼曾说‘丰财之道，唯有清除损耗财资的人事’。如今最妨碍生财的问题有两个，就是过多的官吏和过多的费用。历代官员数量，汉朝是七千五百人，唐朝是一万八千人，宋朝最多时是三万四千人。本朝从成化五年以来，武官已

刘体乾神道石刻

经超过八万，加上文职，总数有十万多。如今边功升授，勋贵求请，曹局添设，大臣恩荫，加上厂卫、监局、勇士、匠人等，每年甚至每月都有增加，不可枚举。多一位官吏，就多一份费用。请求朝廷严格限制各署请授，清退冗余官员，减少俸资。又听说光禄库金自嘉靖改元至十五年，积累到八十万，自二十一年以后，供应日增，库里的储藏都消耗尽了。供给皇家的果蔬并没有固定的份额，只由内监随意一写，就如数供应，被侵吞的很多，甚至转手卖给其他人。其他官吏侵吞盗窃的也很多，应该定为法令，并安排专门人员按照规制经办，年终让专任官员严格核算，以便清除冗杂的费用。这两点革除以后，国家的收入自然会丰裕。舍弃这两条不办理却督促补收积欠、增加赋税，这是扬汤止沸。”于是提议请求各部淘汰各监局的人员工匠。皇帝听从了他的建议。

奉
天承運
皇帝制曰國家優禮大臣始終罔間故既嘉其茂績必追錫以崇階匪示
私恩用昭鉅勸也爾原任南京兵部尚書劉體乾稟猗介之操抱經
綸之略奉使光持憲節給諫時有建明久任銀臺恭勤無斁歷司國
計裨益良多暫爾懸車旋司留鑰
三朝祗事允稱耆碩之賢八座載登弗替清修之譽慨老成之淪逝宜邮
典之并頒兹特贈爾為太子少保錫之誥命於戲秩晉宮僚己亞孤
卿之列恩宣綸綍永垂奕世之光冥漠有靈寵章是服
萬曆五年四月

刘体乾墓神道碑拓片

刘体乾升职为通政使后，调迁刑部左

侍郎。改任户部左侍郎，总管粮仓草场。隆庆初年，提升为南京户部尚书，秩正二品。南畿、湖广、江西的银、布、绢、米累积拖欠二百六十多万，凤阳园陵九卫官军四万人，而仓库存粮不够一个月的开销。刘体乾两次上疏请求皇帝责令有关官吏解决，又分条上书六件事，皇上都回复同意照办。

积忤帝意，竟遭夺官

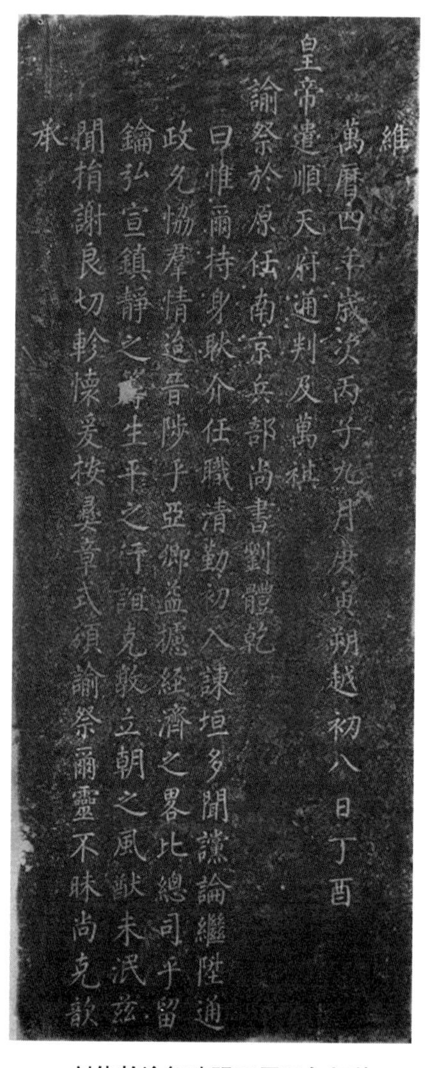

刘体乾谕祭碑明万历四年拓片

马森离职后，刘体乾改任北京户部尚书。穆宗诏令提取太仓的银资三十万两。刘体乾劝谏：“太仓的银资库存三百七十万两，但是九边的年例就达二百七十六万多，驻扎京师的军队的粮饷依市场价需要一百多万两，蓟州、大同诸镇另外的奏请尚未计算在内。如果又索取供应皇上，经费怎么筹办?”皇帝不听。刘体乾再次上奏：“现在国家财力匮乏，是大大小小的臣僚都知道的事情。即便库存的数额，也是最近派遣御史搜刮的，明年就没有办法了。现在全数供给了无益的靡费，万一仓促间起变故，国家将怎么办呢?”因此，给事中李已、杨一魁、龙光，御史刘思问、苏士润、贺一桂、傅孟春纷纷上书请求皇帝依循刘体乾的谏言，内阁大臣李春芳等都上奏疏恳请，皇帝才下令只提取十万两。刘体乾又奏请太和山的香火税仿照泰山的办法，由有关部门负责办理，不归属太监负责。因为违背了皇帝的旨意，剥夺了刘体乾半年的薪俸。

穆宗询问九边的军饷、太仓的年支出额以及四方送解交纳的资财数额。刘体乾上奏称：“祖宗朝只有辽东、大同、宣府、延绥四座边镇，之后增加了宁夏、甘肃、蓟州三地，后来又增加了固原、山西，现在密云、昌平、永平、易州都列入边镇。每镇有当地屯兵防守。后来增加招募的数额，增派了客兵，使闲坐食饷的人越来越多。各镇有屯田筹集粮饷。后来增加民用粮食，增加盐税，增加输送京师的数额，使中间的靡费滋生很多。”于是陈列隆庆以来每年的支出数额。并上奏：“国家每年入不敷出，但是额外陈书请求的人很多。请求将朝廷内外一切应当保留或革除的经费，刊印成文书。”皇上同意施行。

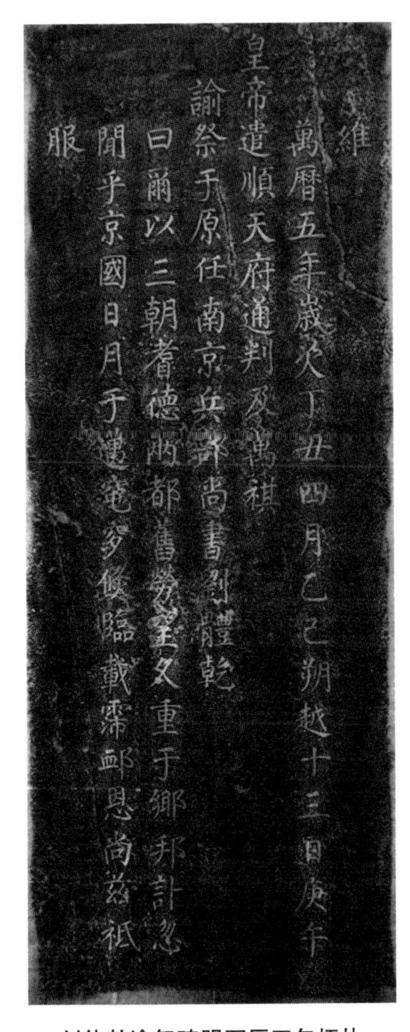
維
萬曆五年歲次丁丑四月乙巳朔越十三日庚午
皇帝遣順天府通判孫禹祺
諭祭于原任南京兵部尚書劉體乾
曰爾以三朝耆德兩都舊勞望文重于鄉邦訃忽
聞乎京國日月于邁窀穸候臨載霈卹恩尚茲祇
服

刘体乾谕祭碑明万历五年拓片

皇帝又诏令购买二万五千斤丝绵，刘体乾奏请等候湖州的上贡以后再决定此事。皇帝没有听从，急迫催促此事。给事中李已劝谏说：“三月不是用丝绵的时节，不宜加重对商户的侵扰。”刘体乾也再度争辩，才只购入一万斤。过了一年，皇帝又下诏催促进贡金花银，购买猫眼、祖母绿等奇珍异宝。李已上奏皇帝极力劝谏，刘体乾恳求皇帝听从李已的谏言，但是没有被采纳。内承运库以白条子索要户部银十万两。刘体乾执意上奏，给事中刘继文也称白条子事不合体制。皇帝答复有圣旨，竟然提取了银两。刘体乾又请求承运库减少二十万的税额，被宦官崔敏阻挠，不能奏请。当时皇宫的供给已经很多，还屡次降旨户部提取太仓的银两，购买各种珍珠宝玉。

刘体乾清正刚直，性格执拗，每每上疏争辩，屡屡逆拂皇帝的心意，

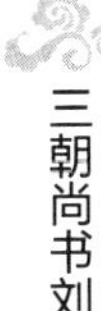

竟然被剥夺官职。给事中光懋、御史凌琯等人纷纷上奏恳求皇帝留用他，皇帝没有听从。

神宗即位，再度起用

神宗即位，起用刘体乾任南京兵部尚书，他又上奏称："留都是国家的根本性重地，以往的军队数额为九万，马匹五千多匹。现在军队只有二万二千，马匹仅仅达到半数，势单力弱很令人忧虑。应当挑选诸卫所的多余兵丁，跟随部队一起操练，拨调贮库草场的银资购买马匹。"又逐条上奏防守的四件事。皇帝都依从了。

万历二年（1574 年），刘体乾退休，之后去世，追赠为太子少保。

刘体乾一生经历嘉靖、隆庆、万历三朝，留意于边防松懈，经费贫乏，建言献策，有经邦济世的才略，万历皇帝称赞他"持身耿介，任职清勤"，先后两次派遣顺天府官员谕祭并立圣旨碑，对刘体乾生前的政绩给予了充分肯定。

书画家高松

高松（1510—1575），字守之，号南崖子，又号我山、遁山，文安县寇岗里（今叩岗村）人。生性聪颖，喜读诗书，酷爱书画，研习刻苦。科考不中，在明嘉靖年间花钱买了个官，又不在意官场，只是更加着意练习馆阁体。他善写山水小景，并梅、菊、兰、松、墨竹，勾勒竹甚佳。有《竹谱》等行世。工诗文，能书，兼真、草、篆、隶，大字，著变化永字七十二法。

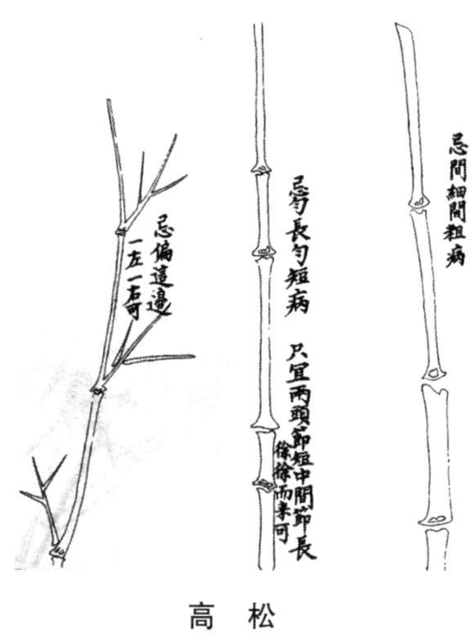

高　松

绘画艺术

高松在绘画艺术上，继承宋、元绘画的优秀传统，并师法自然，重视写生和创作。他的作品构思精巧，气韵生动。他擅长画山水小景、梅兰竹菊和翎毛，特别是他画的勾勒竹和葡萄更为出色。历代书画评论家和鉴赏家对高松的画作都予以高度的评价。

高松在绘画方面的著作，今天能见到的有《竹谱》《菊谱》和《翎毛谱》。

《高松竹谱》是一部很有价值的画谱，对后世有深远的影响，是研究

我国古代绘画史和画论的珍贵资料。谱中虽然有些篇幅是根据元代李息斋的《竹谱详录》画成的，但并非因袭成书，高松在谱中有很多地方提出了自己的独到见解。如李息斋《竹谱详录》中提出“竹忌十病”，而高松提出的是“竹忌二十八病”，并且所增加的内容都是当时人们在画竹中最易犯的弊病。另外，他还把画竹的很多种方法编成易学易记的口诀，给后学者大开了方便之门。

《高松菊谱》中介绍了100种菊花的画法，前有“引言”和“菊花下手歌诀”，歌诀后附图解说明，通俗易懂，便于学习掌握。谱中百幅菊花都有配诗，非常精妙。

《高松翎毛谱》开卷有“写翎毛下手口诀”，讲述了画翎毛的整体步骤，简单明了，后附图例说明。谱中列举了禽鸟飞、鸣、食、宿的72种姿态，生动传神，情态尽致。

书法艺术

高松在书法方面有很高的成就。他精研“六书”，善写大字，对字形、字态有深刻的研究，真草隶篆，各体兼擅。他把前人的“永字八法”扩充变通为“七十二法”，即点变为十四法，横变为十法，直变为六法，钩变为十三法，横画斜上的变为七法，撇变为十法，右上方的短撇变为四法，捺变为八法。清乾隆年间，邹圣脉把“七十二法”收入其所编的《笔法源流》一书中。

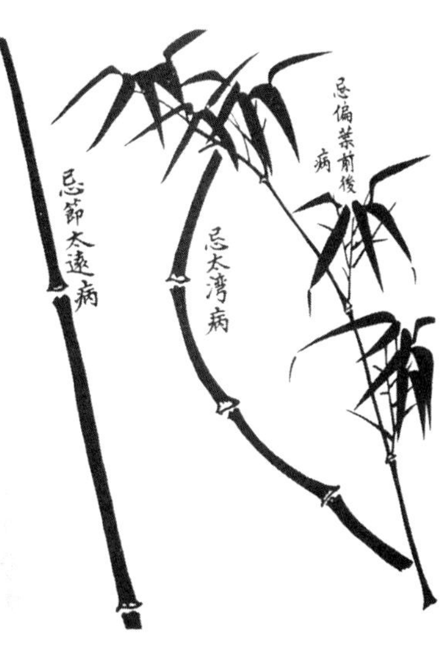

高松书画作品

高松对“字忌八病”即牛头点、鼠尾撇、光脚、鹤膝、勾努、折木、柴担似的横画、竹节棱角的转竖等，各写了形状和评论。并对上自汉章帝，下至李阳冰的文字结构，作了精辟详尽的论述。他还取仓颉以下一百余位善书者的姓名，模仿勾勒成法帖，附于书后。这是空前的创举，对后世影响很大，可谓“一时精思，流传百代”。

高松的名声很快传遍全国，乡里没有不收藏他几本拓帖的。井兰溪后来回乡访问高松的后人，派人去购买他的书画作品。高松的子孙都是农民，不懂书画，只说家里有一摞纸，存放在阁楼上已经多年了，井兰溪用几斗米换了来。拿到京城把画幅装裱后，分送给大家，都大加赞赏。他又选择精美的作品珍藏在家里。明朝灭亡时，高松的许多画作也烟消云散了。高松的才华，书画的品格，一时间非常著名，各地好事的人都把他的名字和作品刊印在画谱里，他的作品流传甚少，不能不说是书画界的损失。

秉公为民的乔伊

乔伊（1517—1583），字良相，别号起莘，顺天府三河县（今廊坊市三河市）人，生于明正德十二年（1517 年）六月十七日，卒于万历十一年（1583 年）十一月初五。乔伊为官期间，公正廉明，颇受百姓爱戴，官至奉议大夫、南京户部郎中。1988 年 5 月，三河市扩挖红娘港工程中，在五百户村北出土了乔伊的墓志。通过墓志志文，可以更加完整地了解他的生平事迹。

安庆青天秉公执法

乔伊祖籍山西灵石县，其祖乔克政于明初大移民时迁居三河县，乔克政之子乔友中举人，至乔伊已为第六代。乔伊于嘉靖三十四年（1555 年）乡荐中举，次年中进士，被授为安庆府推官。乔伊的弟弟乔傅也中举，登进士第，封汾西县令。

乔伊墓志铭志盖拓片

按明制，推官为七品官员，一般由进士担任，推官的主要职责是：听审百姓递交的案件；审理上级各机构批发下来的案件；对州县案件进行复核，类似现在的法官。当时，官场护强欺弱，重视刑讯而不探察案情，造成了很多冤狱。乔伊心系百姓，深知判案攸关百姓性命，不是儿戏，因此认真钻研律法，断案仔细审慎，他说“寓德爱于刑名，不斤斤以骋察，不悻悻以恣威，不居居以徇偏，不仳仳以诛微，盖以钦恤为念”。不靠发怒显威，不因居官偏袒，不以小事而乱加刑杖。当时有一个案件轰动一时，有人用重金收买重囚犯做伪证诬陷其仇家，说是被仇人的侄子打断了四肢，身体多处受伤。乔伊通过调阅案宗，采访多个证人，最终弄清楚是告状之人颠倒黑白，诬陷无辜之人。当案件大白于天下时，安庆府“六县之人莫不称之青天”，乔伊因此名声大震。一时间推举他的官员很多，朝廷给事中张宪臣每当到各地查案，必定带乔伊同去。不久他升迁南京户部广东司主事，离任安庆府推官时，送行的人站满了路边、江边。

尚书器重转任多岗

户部是管理钱粮、税务、户口等的重要部门，乔伊先后任职广东司主事、杭州北新关抽分厂主事、浙江司员外、湖广司郎中等。杭州北新关是明代运河沿岸的七大税关之一，税收官员是人人争相前往的美差、肥差，有一些想要贪污钱财的官员都盼着这个差事落到自己头上。当时的户部尚书刘体乾唯独看中了乔伊，认为他能担当重任，为朝廷管理好税收工作，所以派他前去。乔伊知道这个职位重要，又有多位官员紧盯不放，几次请辞，刘体乾认为他越是请辞越值得信任。乔伊也没有辜负刘体乾的重托，在这个岗位上工作突出，很快又被调任浙江司员外，负责管理国库银两。在此期间，他力求做到收支平衡。不久，又被调任湖广司郎中，管理钱粮收支。不管在户部的哪个岗位上，乔伊都是“立规谨，画簿书，抑豪右，节浮靡，秋毫无犯，公私兼裕”。

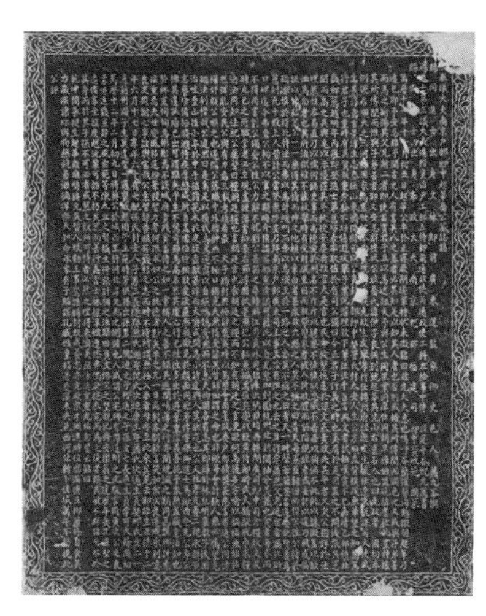
乔伊墓志铭志石拓片

振武营兵变平乱安民

嘉靖三十九年（1560 年），乔伊任职南京户部期间，发生了振武营兵变。振武营是南京兵部尚书张鏊召募的一支抗御倭寇的部队，由地方健儿组成。按照旧制，南京军士有妻室者月给粮饷一石，无妻室者六斗，每石米折银五钱。南京户部尚书马坤奏减每石折银，督储侍郎黄懋官又奏革募补军士妻室的月粮，引起军士怨愤。继而发饷拖期，振武营士卒于是鼓噪哗变，杀死侍郎黄懋官。许多民众不明实情，加之对朝廷不满，也加入了兵变队伍。实际上，振武营很多士兵妻室吃空饷，户部尚书和黄侍郎上奏本意是查清实有人数之后再发粮饷，没想到士兵等不及就鼓噪闹事发生了兵变。在这种严峻形势之下，乔伊挺身而出，先以公理正义之声震慑动乱军士，然后以祸福利弊劝慰，终于使众人服帖，平息了兵变。当时受到牵连的官员很多，甚至户部尚书都因此辞职。乔伊在危难之际不顾个人安危，有谋略有胆识去平定兵乱，在同僚中一时传为佳话。

虽然乔伊不久就被权贵构陷落职回乡，但他在任期间的体恤爱民，清正廉洁，恪尽职守，深深地留在官民心中，公道自在人心。晚年乔伊退居在家，儒雅淡泊，孝亲养孤，一如既往。

明代兵部尚书王遴

王遴（1522—1608），字继津，霸州煎茶铺人。生于明嘉靖元年（1522 年），卒于明万历三十六年（1608 年），享年 87 岁。明嘉靖二十六年（1547 年），25 岁的王遴考中进士，可算是英发优秀的少年进士。授任的第一个官职是浙江绍兴推官。继任兵部主事，升员外郎。后调任山东佥事，再调任山西岢岚兵备副使。嘉靖四十五年（1566 年），以右佥都御史统率延绥等西北边关，勋名卓著。十年后升任右副都御史。不久任兵部右侍郎、京营提督。万历初，皇帝赐“飞鱼服”，奉命督导陕西四镇。自万历十年（1582 年）起，前后任南京工部尚书、兵部尚书，63 岁时升任北京户部尚书，65 岁调任北京兵部尚书。晚年尤为万历皇帝所倚重。去世后获赠“太子少保”，追谥“恭肃”。

王　遴

不畏权贵铁骨忠魂

王遴在兵部任员外郎时，正是严嵩执掌朝政大权的时期，王遴的好友杨继盛做了一件惊天的大事，弹劾当朝首辅严嵩，给严氏父子列举了十大罪、五大奸。这下捅了马蜂窝，严氏党羽一窝蜂似的弹劾杨继盛，最终被

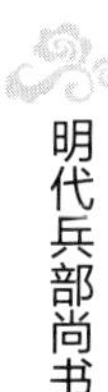

判死罪。王遴作为杨继盛密友，为杨收尸、安葬，收养了杨的家小，并且将女儿许配给他的儿子杨应箕。严嵩父子大为愤恨，找借口将他投入诏狱，后经多方营救，才恢复官职。严嵩也特别怵王遴这样又倔又硬又抓不住把柄的人。找个机会把他发出了京城，调任山东兖州佥事，再调任山西岢岚兵备副使。岢岚是山西西北部边关，王遴根据此地山川地理形势，领导修建了多处要塞防御工程，建立了联防、侦察组织，操练士卒，积极备战。他还组织军民兴修水渠，令士兵屯田自补，历年有余，敌人不敢进犯，军民皆大欢喜。山西巡抚是严嵩的爪牙，忌恨王遴的声威，上疏弹劾王遴只种地、不打仗。也正合严嵩父子之意，于是对他降职处理，降调南京兵部主事。这是王遴第一次被贬。过了一年，官民争相为他诉讼冤屈，皇帝下诏准许他再度起用，到岢岚镇守。

殚精竭虑戍守边防

嘉靖四十四年（1565 年），严嵩父子倒台，转年，王遴升为右佥都御史，出任陕西延安、绥德两镇边防的巡抚。敌寇大举入侵定边、固原，总兵官郭江战死，明军大败。刚到任的王遴也被官降一级，罚俸一年，这是他第二次被贬。隆庆元年（1567 年），敌寇六次入塞，都战败而逃。而陕西巡抚温如玉不断抨击王遴，上疏弹劾王遴“疏于防范、致寇累窜”，诏令王遴解官罢职，“回籍听勘”，这是王遴第三次被贬。后来御史杨鈐核查汇报了他的功绩，于是又恢复原职，管辖宣化，他的部下马芳骁勇，敌寇不敢深入。十年期满，他升任右副都御史。不久被任命为兵部右侍郎并提督京营，负责京城防务。

万历元年（1573 年），神宗继位，张居正执政，当时边关防务紧要，鞑靼屡寇北边，朝议需派一位干臣去巡察督导边关防务，王遴请行，上命巡视陕西四镇，皇帝特赐“飞鱼服”壮行。明制，着飞鱼服巡边者即为边关统帅，王遴以视师大帅身份督导陕西四镇，历时两年，回京述职。后告病回到霸州。

改任北京兵部尚书

万历十年（1582 年），张居正去世，皇帝起用王遴出任南京工部尚书。

不久，改任兵部尚书，参与机要事务。万历十三年（1585 年），皇帝召见并任命他为北京户部尚书，此时他已 63 岁。

王遴在户部任上，积极开源节流，增蓄国库。皇帝举行婚礼、太后寿诞，都要占用接济边关的军费，王遴执意争辩。还上疏奏请皇帝崇尚节俭、重视农业、督促偿还欠款、惩治贪官污吏、扩大储蓄、整治贡市等措施。王遴还奏请将身强力壮的和尚还俗务农，解决了国家劳力不足、税收减少的问题。

辞官退休后的王遴，回到家乡，面对霸州连年水患，整修、加固了霸州城东、南、西、北四面的大堤，总长 120 里，减轻了水患的影响，为家乡做了一件大好事。

王遴年少为官，古稀致仕，历任嘉靖、隆庆、万历三朝，守边二十余载，历大小百余战，一次入狱，三次被贬，可见其才华超群。《明史》评价他是“峭直矜节，概不妄交”，是明朝中后期著名的骨鲠忠臣。

明兵部侍郎、辽东巡抚李松

李　松

李松（1525—1598），字子节，别号小峰，顺天府霸州大城县（今廊坊市大城县）东陈村人，生于明嘉靖四年（1525 年），卒于万历二十六年（1598 年）。嘉靖三十七年（1558 年）顺天府乡试举人，嘉靖四十一年（1562 年）壬戌科进士，历任浙江归安县知县，河南邓州判官，山东滕县知县，工部虞衡司主事，兵部武选司主事，兵部车驾司员外郎，整饬辽东宁前兵备山东按察司佥事（简称“辽东宁前兵备佥事”），宁前兵备参议、兵备副使、兵备参政，山东按察使，山东右布政使，辽东巡抚兼都察院右佥都御史，兼右副都御史，加兵部右侍郎衔，加兵部左侍郎衔。

文武双习，幼显天资

李松的父亲李淮为嘉靖年间的岁贡，曾任河南郾陵县主簿。李松自幼受到良好家庭教育，加上天资聪颖，两三岁便识字。五岁时母亲病逝，由继母王氏抚养，百般疼爱，父亲看到说：小孩子不要娇惯，要让他读书知上进。于是父亲成了他的启蒙老师。李松自幼卓而不群，不足十岁成了

“孩子头”，指挥同窗演习兵法，被老师罚写诗，他问以何为题，老师说以你名字“松”字为题，他略微沉思便吟道：“小小青松未出栏，枝枝叶叶耐霜寒。时人不识凌云树，待到苍天仰面难。”一时传为人小雄心大的“大丈夫”。

有胆有识，清廉刚正

李松考中进士之后，初次做官是任浙江归安县知县，据光绪《大城县志·李松传》记述，李松为官“严明清介”。一次，监察御史巡按浙江，考察当地官员，立“清”“廉”“贪”“酷”四块牌子，要求被考核官员自审政绩，立于各牌之下。一时间，接受考察的官员争相趋往“清”字、“廉”字牌，只有李松独自站到了“酷”字牌下。御史十分诧异，诘问缘故，李松答道：“卑职读圣贤书，承蒙皇上恩典成为进士，颇知自爱，贪则断不敢为，而清、廉自认为尚不能做到，归安豪门势族非严厉不能整治，酷有时是有的。”御史为之感动，异常惊奇，密嘱缉捕豪绅势力。李松墓志也有记述：“初授归安令，持节甚苦，以爱惠得民心。独请谒不行，即权贵家以事居间，公盛气待之，不为礼。以此诸权贵家不能无觖望，争媒蘖其短……”李松刚直不阿，拒绝地方豪绅势力的拉拢收买，从而触怒了他们，结果遭到他们的竞相诬陷，几乎断送了仕途。对此，在《明世宗实录》“嘉靖四十五年九月庚戌”条里可以看到相关的记载，称李松“著酷声”，“峻急过之，而廉不如”，而被下于“巡按御史问奏”。最终李松被贬职，改任河南邓州判官。虽经此挫折，李松仍秉持节操，墓志称李松“苦节如初”，光绪《大城县志·李松传》称其：“正直之气不以微官故少贬”，不久便擢升滕县知县，又进入工部、兵部担任部曹。

李　松

建功立业，镇守辽东

李松墓志铭志盖拓片

万历二年（1574年），李松出任辽东兵备佥事。当时蒙古兵和女真部落不断进犯，辽东兵力空虚，威胁着辽西走廊。李松亲自观察地形，在山海关外沿山修建了八十余里的长城，边防巩固，民心遂安。此段长城在今辽宁省绥中县，长城脚下獐狼村有一形似大将军的“将军石”，李松为此写了一首《题将军石》诗抒怀：“莫把将军平等看，出头羯虏胆应寒。天生柱石今东北，昭代威灵赖指南。”

一次，敌人五万骑兵来犯，明军不足万人，众将畏惧不敢上前，李松于是上马迎敌，众军见此纷纷跟随，夜驰九十里，和敌人遭遇。敌人不知虚实，自乱阵脚，李松指挥将士且战且追，锐不可当，逼迫敌人退避数十里，相持数日，敌人支撑不住就逃走了。其后李松在辽东又任兵备参议、兵备副使、兵备参政、提刑按察使、右布政使。万历十年（1582年）任都察院右佥都御史巡抚辽东地方赞理军务（简称巡抚）。《明史》记载：李松在辽东任职十二年，与敌交战百十次，斩敌5080余级。尤其在任辽东巡抚时，与总兵李成梁共同作战，配合默契，终日鞍马，屡挫敌兵，因功加兵部右、左侍郎衔。

重修边墙，抵御外侵

始自正统二年（1437年），终于万历三十七年（1609年），明朝为了防御东部蒙古和女真各部的侵扰、内犯，确保辽东汉族地区的安全生产，巩固在东北地区的统治，建成了西起山海关，东至鸭绿江，全长约1118公里的明代辽东长城（明时亦称“边墙”）。因建筑过程中边吏偷工减料，经年失修和蒙古部族的毁墙等缘故，边墙残损严重。李松在辽东任职期间，对现存辽宁省葫芦岛市范围内的边墙进行了督修，小虹螺山山口和东山下，仍然存有部分以石墙为主的辽西边墙的残迹。对安定边民的生活，保障生产，防御外族，消除边患，起到了一定的作用。在李松墓志中提到“遂出为辽东兵备佥事，时虏数躏辽左，镇城空虚，滋不支。公至，周视形胜，规画便宜，拓虹螺山为内地，凿山筑边墙，遥接山海关，连亘八十余里。曰：‘此辽数世利也。’墙既成，边人始有固志。”对此，在《明神宗实录》有相关记载：“兵部又覆阅视侍郎汪道昆奏：阅过辽东全镇修完城堡……得报巡抚张学颜、总兵李成梁、兵备李松、参将马文龙等各升赏有差。”“先是，阅视蓟辽侍郎汪道昆、刘应节等累有修筑宁前一带台墙之议……至是，总督侍郎杨兆复议……且言宜允任宁前副使李松以重，责成于是。部议覆听焉。”“兵部覆御史安九域，查勘宁前永安、铁场二处修完坚固，参政李松实心任事，宜记录叙用或久任加衔，以示激劝。从之。”

李松墓志铭志石拓片

万历十四年（1586 年），李松调回朝廷，专任兵部左侍郎。在职时，兵部尚书数年空缺，实际由他主持兵部工作。万历二十六年（1598 年）初，因继母丧，回乡守孝。四月二日，偶病成疾逝于故里，朝廷诰封他“通议大夫”。

李松为人平易，退处林泉之后，和乡人相处毫无当官的习气，为官尽职，为人本分，实在是人伦楷模。

明代司寇王应霖

王应霖，字德征，号梦岩。文安县人。少年时就沉稳而有器量，他的父亲王宗宝很看重他。从师读书很聪慧，就好像从前学过似的。二十岁中秀才，考试成绩优异，督学官看过他的文章后，认为他日后必成国家大器，还亲自为他改了名字。嘉靖四十年（1561年）中举。不久，他的父亲去世，想到生前未能尽孝，痛不欲生。万历八年（1580年）成进士。他的应试文章被刊印，同榜进士无锡的顾宪成为其作序，十分钦佩他的文才。

任职徽鲁

王应霖当初到安徽任桐城知县时，深知百姓疾苦，磨炼节操，一心奉公，为政力求廉洁公平，时常依照纲纪准则来确定所应兴废的事项，使赋租不再有滥收的余额，狱讼不再有用钱抵罪的现象。他曾清查出长期在征税中侵吞的银子一千余两，掌管库的官吏把这些钱送给他，被他呵斥出去。他还为百姓建常平仓十座，贮粮三百石，作为赈荒之备。

桐城百姓有聚讼的习俗，结伙设计陷害好人的事时有发生。王应霖全部掌握为首的人的名字。当时有一个案子，有人借算卦的机会把算卦先生杀死了，这个凶手为了灭口还把算卦先生带的小孩也杀死扔到枯河中。算卦人的妻子找不到丈夫，就到王应霖这里来告状。王应霖悄悄拿出好讼的人的名单，察得其中的一个人曾在发案的那天跟算卦先生喝过酒，把这个人传来一审便结了案，从河里捞出小孩的尸体，将凶手依法惩办。又赶上丈量土地的工程，以往官吏多采取虚报亩数的方法来迎合上司的意旨。王应霖剔除富户强加给贫户的虚假地亩，使贫弱户得以苏息。当时叶龙潭做安庆知府，对王应霖的才干大为赞赏，行文晓谕其他县学习这里的经验，又让王应霖到别的县检查指导这项工作。

王应霖很注重兴办教育，安徽一带素来文化发达，人才众多，王应霖就大力破格选才，经他提拔的人有许多成为知名人士，如何氏、吴氏等人都以进士高第成为名卿。适逢他进京朝拜，上路时囊中空空，有一个富人在半路上送银子给他，王应霖拒绝说："作为百姓不安分守法，难道想玷污朝廷命官吗？"那人感动得流泪而去。

当时普遍崇尚治政严厉，一时官吏们都力求严酷，以求合乎当时官吏考核的标准，王应霖却偏偏坚持汉代循吏治政的诚信温良。终因前任县令的事而受牵连，被调任山东观城县。观城这地方长期以来通过科考考中的人很少，王应霖到任，第一件事就是振兴教育，培养了很多人才并加以品评，文风一兴起，本县读书人中了第一名举人。他又为百姓均徭役，裁冗费，使百姓得以休养生息。又像在桐城一样建起社仓，只是比那时的规模更大些。之后赶上连续两年闹灾，道殣相望，王应霖就拿出储备的粮食，仿照宋代富弼的"青州法"加以赈济，邻近的郡县赶来就食的人很多，先后救活大量灾民。有不法之徒趁灾年作乱，王应霖发布禁令，瓦解党羽，最终平定了叛乱。

王应霖历官五载，因政绩出色，其家人按例给予封赠。不久升任户部陕西司主事。观城人立碑颂德，还把他的事迹详细记载在县志上。

户部主政

王应霖在户部曾主管验粮厅，一概拒绝送礼，又严禁索取贿赂，商货税够征额而止，商人得以方便。万历十八年（1590年）转任户部山东司郎中，负责督辽饷。当时辽东正饷七十万两，客饷十二万两，盐税六万两，屯粮六万两，饷额多而繁杂，侵耗漏洞百出，收支不明，难得一清。贪吏侵吞，或被指挥将领乘机肆意侵占。部下兵丁有一半只是空名而冒领实饷。又频频虚传警报，以骗取出征的粮饷，有时足不出驻地却称远征，或

一出即回却称十天或一月。这种坏习惯相互沿袭，司饷部门全年亏空，往往今年便借支来年的一半，习以为常。王应霖便与藩台、臬台商议，跟各将领约法："饷须核实，空名邀饷的予以除名，不予颁饷；边警征伐须核算时间，谎报军情的罢免，也不予颁饷。"王应霖亲自核对账簿，清除弊端，而又砥节首公，就像当初在桐城、观城一样。诸将领、属吏一想起来无不吓得咬着指头发抖，再不敢舞弊谋私，一旦发生就立即追究。兵饷供给一律平衡收支，没有高低差误，辽地军兵非常感激。在盐屯方面也存在官商勾结、吏胥为奸的现象，漏洞不亚于兵饷作弊。王应霖也全部加以铲除。三年之中除纳赋足额外，还从除弊补缺中得到盈余有二十多万两，户部尚书杨本庵为其上奏记录。朝廷从国库中拿钱赏赐他。

万历二十二年（1594 年），王应霖的母亲去世，他像当初丧父时一样悲痛，守孝三年后仍到户部任职。

不久，王应霖升任陕西参议，驻在西安，主持五个道的公务，他整治纷乱，裁决公允，没有积压的公案。对于边俸和兵饷，还像当初督辽饷一样，全部平衡出入，毫无亏减。有一个矿使肆虐不法，王应霖采纳诸生建议严加约禁，地方上才免受骚乱。一时吏民敬畏，就连那些宗室贵族也津津乐道。临潼百姓有戏弄县令的恶习，多次聚讼赶走县令。正逢一位新县令上任，不久，百姓聚众告他状的有几十甚至上百人。王应霖前往调查，得知是诬告，又知道是有人唆使，就说："大伤体统的风气，绝不可以助长!"就把聚讼百姓召集到公堂上，对他们说："县令才新到任，何至于如此议论纷纷？你们如果愿意告状就告好了，难道就不想想治下百姓诬告命官该当何罪吗？属于被牵连的站到左边去，属于被胁迫的也站到左边去!"话没说完，就剩下两三个领头的人默默站在右边，审讯后这几个人都认罪伏法，刁蛮的风气至此而息。

湖广治乱

没有多久王应霖接到委任令入朝进贺，升任湖广按察副使，在湖南辰沅一带备兵。正逢遵义府一带部落首领杨应龙叛乱猖獗，气焰嚣张，云南、贵州一带交通阻绝。当地以偏桥为要塞，其东北方向是通往南京方面的要道，过了白泥关就是贼军的占领区了。此时贼军正重金收买九股苗，假使偏桥没有备兵，贼军得以长驱直入，就连旧都南京也会受到威胁，而且大举进兵又会有腹背受敌的危险。于是王应霖招募丁壮武勇，磨砺器械，储备粮饷，选拔精锐三千人，移驻偏桥。贼军头领杨应龙让他的儿子杨朝栋领兵进攻偏桥，王应霖传令偏将乘贼兵尚未列好阵势攻打他们。众将士与敌人殊死奋战，贼兵退却重新列阵，官军再次攻打。王应霖又多设疑兵，旌旗烽火遥映于林岭之间，杨朝栋才惧怕而撤退。这时督府还驻扎在省城，后援部队还没有到齐，王应霖率领孤军迎敌，迫使贼兵退守海龙，不敢再出来骚扰，这都是他的功劳！还有以后攻克播州叛贼之役，以及征剿皮林叛乱时所有兵饷、武器，实际无一不是沅州供应，都是王应霖预先准备好的，紧要时运到军中。派都护于继勋驻守偏桥，预备接应也都是王应霖提前布置的。

王应霖与胡、魏二位兵使进入白泥关，运饷道路险阻，士卒没有隔夜之粮，各处公文如雨，贼兵又想半路劫饷，王应霖又制定接运法，使军中没出现粮饷的问题。大军到海龙后，王应霖奏请堵截要塞，防止敌人奔逃，使逆贼就歼，其中也有王应霖的功劳。

不久就有皮林平叛之役。当初皮林地区苗人骚乱，王应霖正驻扎在偏桥，因播州戡乱之事牵扯不得分身。参将黄冲霄急于进剿，王应霖说："这边战事刚开始，又去攻打苗人，不是周全之计。等播州事平之后，趁着战胜的余威去扫平叛乱不更容易吗?"但是黄冲霄求功心切，暗自调兵征剿，失败后被幕府抨弹，唯独评价王应霖是"能正确估测敌情，只是鞭长莫及罢了"。黄冲霄战败后企图贿赂王应霖，被王应霖拒绝了，上呈都察院和理藩院，两院批道："部下洁白如冰雪，黄冲霄不过是自己加重罪过罢了。姑且容其待罪从军，以观后效。"王应霖部下军纪肃然。播州平复后，就商量剿伐叛乱的苗人。中丞江铎因逢丧守孝，闭门不理公务，而中丞支可大又不想越俎代庖。王应霖上书敦促说："苗人罪不可赦，如果长期不进兵，这样处于绝境的叛逆势必会困兽般拼命挣扎的。"于是才决计进兵。不过一个月就平息了皮林之乱。这时又有些好大喜功的人建议对各部苗民整个来一次征剿。王应霖进见中丞说："叛乱就镇压他，臣服就使其安居，这是情谊呀。如果罪行还未显露出来，就先用兵对付他们，怎

么能使远方的人心服呢？况且一概剿杀，玉石俱焚，也有伤天地好生之德呀！同时也是违背朝廷的本意的。”中丞大加赞赏，于是作罢。

当初，大将军把降服的苗人安排在督府附近的有三百人，王应霖说：“唐朝裴度平蔡之后收留投降蔡人为牙兵，是因为他们是被胁迫才参加叛乱的，实际上还是我方的人。苗人的情况则不同，如今能把叛逆的苗人安排在卧榻的旁边吗？”后来果然在夜间发生哗变，就是这些苗人做内应的。大家这才佩服王应霖的远见卓识。大中丞称赞王应霖时，有“料敌御变，绰有胆识”的话。

王应霖在沅州任职三年，两经大战。不单是过问军事，调度粮饷，冲锋于飞石羽箭之中，就是在整顿军纪，绥靖我方之人方面，也不比指挥军事方面的功绩小。他考虑到苗民土司滋事，多因骄横成习而未能在初起时及时弹压，就乘征服播州叛乱的余威，对各土司从廉洁公正方面加以整顿。有一个宣慰司叫彭应昆的倚仗兵力和资财而骄横，想让他的非嫡出的儿子袭任他的职位，还请出有权势的人来说情，王应霖严厉地告诫他们，不予采纳。又考虑到各部苗民单弱容易受惊扰，不比土司。况且在大兵挫创之后，正如受惊的野兽一样，王应霖就走遍各个部落，晓之以利害，安排一些对他们有好处的事情。在那里逼近苗人部落的地方设有八卫十三哨。哨官总得不到合适的人选，每每成为苗人的祸害。这些哨官又常常是靠贿赂或请要人说话等手段来谋求职务的，因此哨官多不称职。王应霖择选智勇而有技能的人担任哨官。适逢有一个百户长用钱来求职，把钱放在装茶叶的筐里，王应霖严厉地斥责了他，不予任用。于是他下令：“各部苗人不可侵犯朝廷所设卫哨之地，哨官也不可骚扰苗民。”并把这些话刻在石头上。中丞多次称赞王应霖的做法，说：“功劳宏大，意义深远！”这年王应霖凭考绩与资格已达四品阶，又逢皇上推恩降职褒赠王应霖的父亲为中宪大夫、湖广按察司副使，母亲及妻子加赠恭人。不久，朝廷准备委任他为贵州参政，正在等候旨意时，因触犯了新任的直指使而被弹劾丢了官。后来评议征剿播州的功绩，都从优叙功，王应霖因而得到朝廷的赏银。有人说事情已说清，可以出任新的官职了，王应霖笑而不答，并不计较。

慈惠孝友

王应霖风度潇洒，胸襟宽广，写文章多表现深沉的思考。他任职所到之处，振兴教育，勉励学业，堪称做人的楷模。至于识拔人才方面，更可以在读书人中传为佳话。王应霖尤其笃诚真挚，怀有对先父未及奉养的遗憾，四十年之中始终如一，对母亲奉养备至。每到年节祭祀省墓，亲表诚敬，到老年时更加殷切。

王应霖对待同胞弟兄及族中弟兄侄辈都恩惠有礼。他最小的弟弟叫王应期，王应霖常和他观摩切磋，使他考中进士。在王应霖到西安任职时，他弟弟因是陕西蒲城县令须回避，归途中与王应霖在华阴相遇，驿馆中联榻住了两宿，弟兄手足之情洋溢于关中。王应霖原有祖上遗留的田地，等到做官后就让给了诸弟中贫困的人了。宗族中遇到婚丧嫁娶无力承办的，全是从王应霖那里得到资助。亲友中有需要王应霖帮忙的，他都会尽力而为，而且不一定非让对方知道。乡里的人十分尊敬信服他。有时偶然遇到意外的事，王应霖处理时也是心平气和。当时的人把他比作宋朝的韩琦。

辞归二十年，王应霖除读经史外没有别的嗜好。早晚看着小孙子咿呀学语来自娱，绝不做干谒奉迎的事。至于对地方有大利害的事就诚恳地指出来。执政王锡爵甚至嘱咐出任文安知县的薛继茂说："这县里有某人，这人是贤士，可以取法。"王锡爵素来不轻易赞许哪一个人，薛继茂又是深有见识的人，他们的话自然是可信的，由此也可见王应霖的品行和威望。

直言敢谏的明朝御史傅好礼

傅好礼（1534？—1613），字伯恭，号约斋，固安县马庆里人。明万历元年（1573 年）举人，二年（1574 年）进士。任陕西西安府泾阳知县，爱民如子，礼贤下士。在任内修葺官署、文庙、学宫，并聘请同乡人魏恭襄纂修县志。

直言进谏

傅好礼曾上疏建议六件事：第一，皇帝和大臣之间的沟通渠道应该畅通；第二，欺骗奸诈的人应该被追究；第三，停止外戚世代分封的制度；第四，停止在宫中操练士兵；第五，停止到山陵去巡幸；第六，减少后宫的饮宴。又上《崇实》《杜渐》等奏疏，建议勤讲学，修实政，禁止大兴土木，恢复日常朝会，要轻视财物，不要轻易花费国库的银两。言辞恳切、直爽，不避嫌疑。因为这些建议触及的都是皇帝身边亲近的权贵的利益。至于请求诛杀恃宠的宦官，免掉跋扈的外戚，更是他人所不敢说的。万历十四年（1586 年）四月，傅好礼由山东道御史补为监察御史，仍在山东道任职。

赈济灾民

万历十五年（1587 年）七月，傅好礼巡按浙江。十六年（1588 年），发生大灾害，傅好礼分列度过荒年的对策上奏给朝廷。六月，他到湖州，动用漕折银一万两，留下漕粮一万石，赈济饥民。之后才向朝廷上奏，报告了擅自发仓赈济的罪过，并且说如果等到朝廷的命令到了再做，百姓已经饿死于沟壑中了。万历皇帝特别宽宥了他。

傅好礼巡按山东时，泰安州同知张寿朋应当降职，文选郎谢廷寀起用他做永平推官，说州同知为六品，而推官是七品，是降职处理了。傅好礼上疏弹劾谢廷寀误用制度，谢廷寀被停发俸禄，张寿朋改调到他处任职。傅好礼不久因病回家。后来起用为光禄寺少卿，再迁翰林院提督四夷馆，万历二十一年（1593 年）八月，升任太常寺少卿。

谏罢税使

当时矿税使到处出动，天下很不安定。万历二十六年（1598 年）冬天，奸民张礼等伪装成官吏，派一百多人分别把守京城附近的要地，对民间杂物都收税，倘若不给，就把人打死。傅好礼向皇帝上疏极力论证矿税使的害处，说："自从对朝鲜用兵后，京畿的百姓富裕的变得贫穷，贫穷的甚至要饿死了，想要发动暴乱已经很长时间了，为什么还要征税呢？朝廷即使财政困难，也不应该搜刮百姓维持生计的那点钱粮；况且奸徒所得千万，缴纳给朝廷的才十分之一而已，陛下哪里得到什么好处了。"上疏后，四天没有回复，傅好礼又在文华门请求面见皇帝，跪了三天，左右的人劝他，他也不走。万历皇帝大怒，宦官又从旁陷害他，几乎要被处死。随后传旨降三级，调到京外。大理寺卿吴定上疏解救。皇帝更加愤怒，贬傅好礼为山西大同广昌（今涞源县）典史，再降杂职，吴定降三级，调到边远的地方。言官还上奏章为他们说话，结果吴定被罢官为民。万历皇帝把傅好礼的名字写在屏风上，表示不再任用。但是不久，万历皇帝又想到傅好礼上疏中的话有道理，命令厂卫严加缉拿、逮捕张礼等二十八人付镇抚司拷打讯问，矿税使的弊端才得以消除。

晚年生活

傅好礼去被贬的地方上任没多久就请长假回归故里。归园家居，布衣蔬食，就像田家老翁一样，虽然清素，仍然好急人危难。他精神矍铄，79

岁时还和相知者下围棋，彻夜不倦，饮酒稍有醉意，就吟诵邵雍的《安乐歌》和岳飞的《满江红》来抒发自己的情怀。家居十五年去世。天启二年（1622 年），吏部为他请求谥号，得赠太常寺卿。遗著有《王蔡岩公异政录引》《重修知子营真武庙碑记》《重建知子营药王庙碑记》《固安县新置学田碑记》《新建北关药王庙碑记》《永清县高七村兴隆寺碑》等。

傅好礼直言进谏，不顾个人官职甚至性命，为民请命，有古代循吏的风范，晚年退居在家，恬淡自如，人生的境界也是很高的了。

边才之最卢友竹

卢友竹，字居素，号素甫，明代顺天府三河县（今廊坊市三河市）人。

卢友竹于万历三十四年（1606 年）中举，始任卢龙县教谕（主管教育官员），累迁山西按察副使，渐升广西按察使（司法官），凡十一任（大体三年一任），为官之地政绩卓著。

建老牛湾堡

卢友竹担任要塞兵备，驻扎岢岚州（今山西岢岚）时，云中和太原两地巡抚交互上奏，称赞卢友竹为边才之最，争为己用。卢友竹于崇祯九年（1636 年）建了号称黄河第一堡的老牛湾堡，该堡位于山西省偏关县、内蒙古清水河县、伊盟薛家湾的交界处，有黄河入晋第一村、天下长城第一墩、一唱雄鸡闻天下的美喻。老牛湾堡是明长城山西段的重要关隘，《山西通志》记载“堡周一百二十丈，高三丈五尺”，周长 560 多米，外墙用石块砌成。有城门洞和瓮城，内有青石板铺就的街道长二百米，铺屋二十多间，庙两座还有戏楼。堡内原有守城器械 16 件，兵器 147 件，火炮 8 门，火筒 20 多件，弓箭若干。偏关县也因此被誉为“中国古堡第一县”。

著书传世

卢友竹好读书，博学，为政之余，手不释卷，所著之书都是有关经世济民的，著有《彝伦法戒录》《武库千秋鉴》《卫兵绪论》等，呈送给朝廷后，皇帝下诏令存入史馆。

另外还有一部卢友竹参与编撰的著作《折狱要编》值得一说。《折狱要编》著于明天启六年（1626 年），卢友竹时任延安府同知。此书由明张九德辑评，书后由卢友竹做《〈折狱要编〉后跋》并刻印。该书选编历代和当朝典型案件 398 件，其中疑狱 48 件，平反 57 件，执法 51 件，敏断 51 件，谳议 54 件，用术 43 件，德化 40 件，神异 24 件，法外 21 件，失刑 9 件。这些案件记述了先贤公正执法、平反冤狱的事迹，记录了他们有关断狱的刑法思想和办案智慧，同时也揭露了因失刑造成的危害。编者于诸多案件后写有评注，阐发见解。《折狱要编》刊印于明末，和前代所编此类文献相比内容更加全面，并因评注得当而闻名，这里也有卢友竹的心血。

卢友竹晚年曾因年高请退，但上级重视他的才能，极力挽留。他于 65 岁时卒于任上，临去世仍然不停地著书。

卢友竹虽然只是一名普通官吏，然而他清勤努力，博学多识，每一任工作都出色完成，因此成为被两地巡抚争抢的人才，也使自己名留青史。明末清初的思想家、教育家李因笃就盛赞卢友竹为“先朝贤大夫”，并有晚生未能谋面的遗憾。

不合流俗的明朝驸马杨春元

杨春元（1582—1616），字仁甫，号明宇，固安县西辛里人。明朝洪武年间，杨春元的七世祖杨景和从河南迁居固安，杨春元出生于明万历十年（1582 年）三月十四日，兄弟五人，他排行第四。明神宗万历二十五年（1597 年）正月，尚荣昌公主，拜驸马都尉、特进荣禄大夫、上柱国。

荣选驸马

当时的万历皇帝一共有十个公主，但是只有荣昌和寿宁两位公主长大成人，其他八位未成年就夭折了。而荣昌公主是万历皇帝与皇后王娘娘所生的长女，万历皇帝对这两个女儿的宠爱就不用多说了。

杨春元

万历二十三年（1595 年）四月，礼部奉命在京城为荣昌公主择婿，就是民间说的选驸马。选择十四五岁、容貌端庄、有家教的年轻人作为长公主驸马的人选。凡是在规定年龄、符合条件的男子，都可以到礼部报名。虽然是海选，但选拔的程序还是很严格的，经过初选之后，还要再由司礼监、钦天监测算生辰八字，锦衣卫检查身体有没有疾病。经过层层选拔，确定三名候选者由皇帝或者太后决定一名胜出者，有时后妃也会给皇帝一些参考意见。对平常百姓人家来说，能娶皇帝的女儿，也是至高无上的荣耀了。

万历二十五年（1597 年），十五岁的杨春元被选中做了“驸马爷”。大婚之日皇帝颁给公主和驸马每人一道册文。

《明诰诫公主文》：维万历二十五年，岁次丁酉，正月戊辰朔，越十九日丙戌，奉天承运，皇帝制曰：朕惟我祖宗定制，女封为公主。选配及时，礼也。尔为朕女，今封为荣昌公主。下嫁南城兵马指挥司副指挥杨继之子春元，为驸马都尉。尔既入杨氏之门，宜率妇道，以奉舅姑。闺门整肃，内助罔愆。斯于父母生育之恩有光焉。尔惟钦哉。

主要是册封荣昌公主的封号，并且告诫公主婚后恪守妇道，孝顺公婆，报答父母生育之恩。

另一道告诫驸马：

《明诰诫驸马文》：奉天承运，皇帝制曰：夫妇，人之大伦。婚姻，礼之所重。帝女下嫁，必择贤俊为配。此古今之通义也。朕已封长女为荣昌公主，今命尔杨春元为驸马都尉。尔宜循礼遵训，修身齐家，毋慢毋骄，以称朕亲亲之意。钦哉。万历二十五年正月十九日。

杨春元家族墓杨继推恩谕祭碑拓片

册文主要是册封杨春元为驸马都尉，告诫他要遵循礼法和各种规定，修养身心，不要傲慢，不要辜负皇帝的一番美意。《明史·公主列传》记载“荣昌公主，万历二十四年下嫁杨春元”，比圣旨提前了一年，似乎不准确。

成为驸马后，杨春元还担任什么职

务，史书没有记载。按照明朝规制，给驸马的父亲晋升官职之后让他退休，杨春元的父亲杨继得以升任北京南城兵马司副指挥。明代公主的陪嫁非常丰厚，皇帝不仅会在公主下嫁时准备一笔丰厚的嫁妆，还会在公主成婚后每年赐给财物，而且公主还有自己的庄田。这些赐给公主的庄田大多在北京周边，每年地租收入丰厚，公主还有权自行管理庄田，不用向朝廷纳税，独自坐享万贯家财。

夫妻龃龉

在日常生活中，公主与驸马既是夫妻，又是君臣，公主娇生惯养，颐指气使惯了，小两口过日子磕磕碰碰便在所难免。万历三十二年（1604年）三月，杨春元因为和公主发生口角，据理不让，再加上下人从中挑拨，万历皇帝知道后传谕责备了驸马。杨春元竟然穿着青衣，坐着二人抬的小轿，离开京城回原籍固安去了。皇帝闻报，即刻命令锦衣卫去追他。杨春元弃富贵如敝屣的这个举动让万历皇帝大为震怒，责罚惩处他的父亲杨继和教习鲍应鳌，命令礼部送驸马到国子监，交给堂上官教习礼仪，一百天后上奏教习情况。这相当于软禁一百天的惩罚，杨春元只有默默忍受。其间粗茶淡饭，又赶上暑雨连月，官舍没有可以放置卧榻的地方，杨春元就手执书卷坐在几案上，十多个昼夜不能安睡，有贫夫贱隶不能忍受的艰苦。

乐善好施

杨春元性格刚正朴直，砥砺节操，为人谦恭低调，诚实有礼，口碑还是很不错的。没有依仗自己皇亲的身份嚣张跋扈，欺压良善的行径。但也有人觉得他迂阔、执拗，矫情好名，他也恬然接受，并不解释，而且一如既往。

杨春元为人慷慨仗义，扶危济困，尊师重道，热爱家乡。当时故乡固安闹饥荒，杨春元拿出粟米数百石赈济灾民。县学生三百人，每人给一石谷米。

大城县的王生遭人陷害入狱，年纪轻轻就要被处斩。他的妻子在路旁

号哭，呼吁公道，求救无门。杨春元从旁路过，得知了他的冤情，便暗中出力，帮他辩白周旋，帮王生解脱了冤狱。

县尉李奎光要被贬官，而他实际是很贤能的。通过杨春元的帮助，得以转升凤阳主簿。

容城一位割掉耳朵的节妇李氏，年老无依，杨春元赠给她金钱，并按月供给粮米。

同乡贾三槐，父亲去世后守丧期间就在墓旁搭草庐居住，杨春元会合诸大夫表彰他的孝行。诸如此类，崇奖节孝唯恐不及，也是气类相同之故。

杨春元孤意独行于同侪之外，不结宦官，不附权贵，唯乐与贤士大夫交游。听说谁是善士，即用笔记下来，如果可以结交，不惮烦地亲自拜访。乐善不倦，实出天性。

杨春元一生不近声色，更无狎妓之举。贵戚中有人请他赴宴，提前藏妓女于一侧，酒至半酣令妓女出席，他见此情形即刻离席，苦留不住。主人笑着说：何必如此自苦。杨春元回答：你说我苦，我还认为你苦呢。你有你的快乐，我也有我的快乐。可谓自得之言。

杨春元一生尊师重道，不论童年受业之师，还是贵后教习诸公，都赞许他有志气，期望他成就大事业。仪部田大年是教习之师，逝世后杨春元制服为设牌位，斋戒祭奠。有业师母孀居，他为其购置良田，使其老来生活无忧。他以忠报国，以孝报亲，以义方教子。堂中置书万卷外无杂玩，专攻经邦济世之学而无杂书，贤士大夫之外无他交，纲常名教之外无杂言。

英年早逝

万历三十七年（1609 年）七月，杨春元的父亲杨继在北京身故，他哀痛不已，徒步百余里，扶棺椁回故乡安葬。在墓旁边搭建草庐，在庐中守孝。万历四十四年（1616 年）母亲去世，他七天不吃饭，衣不解带达三个月之久，因此导致羸弱发病而死。时年 34 岁。十一月，圣旨赐驸马都尉杨春元祭葬。十二月二十四日，葬于北京石景山的西黄村。固安县祀于乡贤祠。

名门望族

杨春元兄弟五人：杨春华、杨春茂、杨春秀、杨春元、杨春英。杨春元生有五子：长子杨光夔，太子太师、荣禄大夫；二子杨光皋，三子杨光旦，四子杨光益，都在军政中任职；五子杨光龙，任中军都督府佥事。杨春茂生有二子：杨光契、杨光稷，都受业于定兴鹿善继之门。他家的昆弟子侄，都是读书守礼的人，谦谨不敢妄为。诗书之泽垂贻久远，后世子孙蝉联继起，中进士者六人，举人二十余人，县学不下一二百人，成为当地的望族。

悼念诗文

明鹿善继《挽杨明宇都尉》诗二首：

其一

咄怪繁华队，何来清冷云。
圣朝高物色，甥馆焕人文。
感慨君亲重，从容生死分。
山阳掩耳过，有笛不堪闻。

其二

竟是执丧死，谁云灭性宜。
盖棺人品定，观过寸心知。
世为时中误，道从合处离。
何如偏全者，犹近始生时。

编纂《固安文献志》的近人贾廷琳赞道：

烈烈都尉，主尚荣昌。巍峨甥馆，车服辉煌。
公睇富贵，藐若秕糠。维忠维孝，立身之纲。

庭帏侍养，笃念不忘。明垂祖制，主拜姑嫜。
据礼固争，批鳞抗章。国学示罚，屈辱弥强。
羽翼光庙，委曲周详。功钜迹隐，国史弗彰。
孤贞为性，踽踽凉凉。遍交贤哲，鹿孙颉颃。
解推故旧，粗粝自尝。手扶植者，礼义纲常。
父丧莫奔，累疏琅琅。再遭母忧，竟死毁伤。
呜呼公乎，名教之坊。孝悌无间，曾闵齐光。
拜公遗墓，大辛之庄。瞻公遗像，正气寒芒。
摹传奕世，荣我梓桑。卢沟灏淼，德并流长。

杨春元身为驸马，仍然修身克己，而且急人之难，乐善好施，以儒家的道德规范要求自己，以至孝而闻名于当时。不仅自律，且对其后辈严于管教，使他们都成为国家的栋梁之材。这些品质对于现代的人来说，也是难能可贵的。

历仕两朝的刘汉儒

刘汉儒（1585—1655），直隶大城县（今廊坊市大城县）北赵扶人。明崇祯年间四川巡抚，清顺治年间都察院左副都御使。

明朝巡抚

刘汉儒于明天启二年（1622 年）中进士，曾任户部主事、行人司行走等职，曾为信王朱由检的老师。天启七年（1627 年），17 岁的朱由检即位，即崇祯帝。此时明朝政治腐败，军事衰弱，经济崩溃，江山满目疮痍。崇祯帝在剪除魏忠贤阉党集团后，亲自选拔 132 个给事中、御史参与朝政。刘汉儒被授予吏科给事中。崇祯二年（1629 年），升兵科右给事中。次年，初任刑科给事中，后升为吏科都给事中，辅佐崇祯帝，所上奏章切中时弊。崇祯四年（1631 年），改太常寺少卿。崇祯五年（1632 年）春，以都察院右佥都御史衔任四川巡抚。

刘汉儒

刘汉儒治川，很有政绩，民心安定。崇祯七年（1634 年）二月，张献忠率领农民起义军攻占夔州（今重庆奉节），并包围了太平县（今重庆万源）。刘汉儒一边督调石柱宣抚司秦良玉率兵增援，一边亲自押运粮草支援，于是解了太平之围。中书涂原训练乡勇守梁山（今

重庆梁平），击退前来进攻的义军。刘汉儒从川人秦良玉及乡勇战胜义军的事例受到启发，与巡按党崇雅给崇祯帝上了一道“以蜀人治蜀兵”的奏疏。疑心重又独断专行的崇祯帝听不进这个建议，以为他们有别的图谋，还于崇祯十一年（1638 年）罢免了刘汉儒的官职，党崇雅被调任户部侍郎，闲置不用。

清朝御史

清顺治元年（1644 年）五月，清军攻占北京后，起用前朝重臣，旧同僚都推举刘汉儒任清朝都察院左副都御史。同年九月，在清世祖福临车驾即将进京时，群臣都到通州迎接。刘汉儒建言道：京城空虚，恐生民变，应留重臣镇守中央；城外要派兵把守，严管出入；四周地区也要加强戒备，以防农民起义军进攻京城，扰乱民心。十二月，获赐鞍马。清朝都察院是皇太极于崇德元年（1636 年）所设的监察机关，职责是劝谏君王，弹劾臣下的不法行为。在这个职位上，刘汉儒为朝廷建言献策，多被采纳或下达给有关职司。

顺治二年（1645 年）八月，御史王守履弹劾刘汉儒是大学士冯铨党人，为御史江禹绪营求，招抚郧阳。冯铨和刘汉儒都是明朝的大臣，冯铨更是天启皇帝的内阁成员，和魏忠贤集团颇有渊源，所以在清初仍被追责。刘汉儒无端被诬蔑，十分气愤，便上疏分辩，并以身体欠佳为由要求回乡休息。朝廷经过调查，了解了是非曲直，颁旨澄清，说他是“无端被诬者”，希望他“尽心职掌，以振风纪”。顺治三年（1646 年），刘汉儒屡屡以身体多病为由力请辞职，朝廷最终批准了他的请求。

康熙四年（1665 年），刘汉儒病卒。他的著作有《谏垣疏稿》四卷，《误庵诗草》五卷。

因为刘汉儒历仕明清两朝，所以后来有的史书出于正统观念，将他列入“贰臣传”，认为他有辱名节。其实只要正直为官，于民有利，不必以是否忠于一家一姓之王朝为评判个人品德之唯一标准。刘汉儒为官尽职尽责，可以说是一位好官。

文史大家孙承泽

孙承泽（1593—1676），字耳北，号北海，又号退谷，明末清初政治家、收藏家。祖籍山东益都，世隶顺天府上林苑。明朝初年以采育为上林苑，采育是古安次县采魏里，所以孙承泽是东安人（今廊坊市安次区）。

从政生涯

孙承泽于明崇祯四年（1631 年）中进士，官至刑科给事中。李自成占领北京后，孙承泽任大顺政权的四川防御使。清顺治元年（1644 年）投降清朝，五月，授吏科都给事中。七月，上疏举荐霸州道刘芳久的才能可以办贼，请加衔久任，皇帝认为霸州境内土寇并未剿绝，刘芳久并没有功劳，孙承泽的荐举是出于徇私，责备了他。十一月，迁太常少卿，提督四译馆事。顺治二年（1645 年）四月，迁左通政。八月，迁太常寺卿。四年（1647 年）六月，迁大理寺卿。五年（1648 年），升兵部右侍郎，八年（1651 年），调吏部。九年（1652 年）四月，都察院上疏弹劾孙承泽两耳失聪，应该革退，因此免去了侍郎职。五月，皇帝认为孙承泽无罪，不应革退，让他仍旧任职。八月，改左侍郎。两遇恩诏，加太子太保、都察院左都御史衔。

顺治十年（1653 年）二月，因上疏推荐陈名夏为礼部尚书，有违身份，孙承泽自陈愚昧，请求宽宥，称病乞求致仕，皇帝批准了他的请求。从此孙承泽便退休在家。

退出政坛的孙承泽，起先居住在京师宣武门外寓所，该处现在仍然有前孙公园、后孙公园胡同之称，顺治十一年（1654 年），他在西山樱桃沟筑造别墅，修造“退翁亭”，自号退翁，不问政事，吟诗赏画，以文会友，著书立说，开始了山林隐逸的文人学者生活。

尴尬的贰臣

孙承泽经历了明、大顺、清三朝。当明朝灭亡时，他已经52 岁，仍然在李自成的大顺政权中任职，后来又在清廷任职十年，不能不说他是比较热衷于功名的。古代的知识分子很看重名节，孙承泽三易其主，难免被正统史家所不齿，所以在《清史列传》中，他和周亮工、钱谦益、吴伟业等人一起被列入贰臣传。清军入关占领中原后，需要汉族的官员协助治理，所以任用了一批前朝的官员，但是统治者对他们心怀戒备，并不完全信任，孙承泽频繁调迁，其实并没有得到重用，也没有建立大的功勋。凡经起伏，被人排挤，他也心灰意冷，从而在退出政坛后专心于著述。

生平著述

孙承泽自幼好学，老而弥坚，读书日有程课，著述满家，涉及经学、史学、书画等许多领域。据《大清畿辅书征》所载，孙承泽已刊或未刊著作有三十余种，其中《四库全书》采用的有《尚书集解》二十卷、《九州山水考》三卷、《河纪》二卷、《诗经朱传翼》三十卷、《春秋程传补》二十卷、《五经翼》二十卷、《畿辅人物志》二十卷、《四朝人物略》六卷、《益智录》二十卷、《天府广记》四十四卷、《元朝典故编年考》十卷、《学典》三十卷、《闲者轩帖考》一卷、《考正晚年定论》二卷、《明辨录》二卷、《研山斋墨迹集览》一卷、《法书集览》三卷、《春明梦余录》七十卷、《庚子销夏记》八卷、《典制纪略》、《已亥存稿》一卷等。

《春明梦余录》和《天府广记》是两部有名的北京地方史料，记述了有关明代北京的建置、名胜、城池、宫殿、庙宇、衙署以及佚闻异事，广为学者所推崇。由于孙承泽平时注意搜集资料，治史态度严谨，两书引用了明朝不少档案材料，详细记载了明朝的中央机构和典章制度。此外，他还着手整理前朝史料。清初爱国史学家谈迁来到北京，一天去拜访曹秋壑太仆，曹秋壑给他看了孙承泽写的《崇祯事迹》一书，谈迁在他的《北游录》中写道："侍郎辑《崇祯事迹》若干卷，不轻示人。"谈迁还常去看望吴伟业太史，他在《北游录》中写道："太史同年侍郎孙北海（承泽）撰《四朝人物传》，其帙繁，秘甚。太史恳年余，始借若干首，戒勿泄。"这两段话说明孙承泽当时在秘密地从事崇祯年代史料的撰写工作，即使吴伟业这样有名望的人，他也秘而不宣。他还写了《思陵勤政记》《思陵典礼记》两书，已被编入《借月山房汇钞》等丛书。因为孙承泽任过给事中，能有机会接近皇帝，掌握史料，所以这两书以丰富的资料记载了崇祯朝每年每月的重大活动，其中也寓有褒贬。可以看出，他是在总结前朝兴亡的经验，里面蕴藏着一个明遗臣的良苦用心。

孙承泽精于鉴赏，嗜好书画，所著《庚子销夏记》考据精审，叙次雅洁，有米芾、黄伯思的遗风。

总的来说，孙承泽的一生是相当曲折的，作为一个政治人物，他历仕三朝，热衷功名但不被重用，可以说是失败者。然而，作为一个书画鉴藏家和学者，他做出了很大的成绩，许多著作流传后世并深有影响，从这一方面说，他是成功的。

清户部右侍郎郝杰

郝杰（1602—1659），字君万，号棫清，现霸州市煎茶铺镇郝青口村人，生于明万历三十年（1602 年），逝于清顺治十六年（1659 年），享年 58 岁。他是延长县令郝鸿猷次子，清吏部尚书郝惟讷之父。在清世祖顺治帝规模初创的朝廷中曾任都给事中、大理寺正卿、户部右侍郎等职务，是颇有建树的汉人大臣。在霸州郝氏一门兴旺发达的仕途中，有着承上启下的中枢和桥梁作用。

自幼励志，文武双修

郝杰生在一个世代书香的家庭，他的父亲郝鸿猷是京南著名学者，郝杰自幼就在他父亲的督导下精读四书五经，背诵唐诗宋词，准备应考。郝杰青少年时期是大明王朝内忧外患频仍，国势一蹶不振的年代，那时的国家已乱得一团糟，各地灾荒不断，朝臣争权夺利，外敌不断入侵，人民不断造反。面对这样的局面，郝杰的思想受到很深的触动，他想，要救国救民，就不能只读五经四书，不能只做八股文了。要学些实际的能救国救民的本领。他把读书重点放在“左国班马南华鸿烈之书”。也就是《左

郝　杰

传》《战国策》《史记》《汉书》等史书和术书中。从中发掘乱世安邦之策，体会合纵连横之略，研究政权更迭之势，参悟机动权变之谋。在学习权谋策略的同时，郝杰还学习剑术、骑马、射箭等武艺。这些技艺也合于孔子倡导的“六艺”，他父亲郝鸿猷也没有反对。经过几年的苦学苦练，郝杰已成为一个胸怀救国之志，身怀文韬武略的青年俊杰。21 岁时中了秀才，到了明熹宗天启四年（1624 年），郝杰考中举人。

胆识过人，千里护父

同为举人的郝杰父亲郝鸿猷因五次全国会试落榜，决定出仕为官，天启六年（1626 年），递交了出仕的申请。同年吏部下令任命郝鸿猷为陕北延长县知县。此时正处在农民大起义的前夜，陕北这个最贫瘠的地方就成了农民暴动的温床。有名有号的杂色武装就有可天飞、红军友、点灯子、混天猴、大红狼、飞山虎等几十股。要到延长县去当官，真需要很大的胆量和魄力。郝杰对父亲的安全不放心，决定凭着自己机敏的思谋、雄辩的口才和一身的武艺亲自护卫父亲千里赴任。

同年，郝杰佩剑持弓，腰悬箭囊，骑马引路，护送父亲踏上了陕北为官的征程。从北京南去过黄河到河南，再过函谷关到西安，路上还算安全，可到了西安，换领批文后前去陕北，就大不相同了，几乎是十里一堡、二十里一寨，堡堡阻路，寨寨拦截。一日黄昏，到得一寨，阻住山路，不得绕行，郝杰见只此一途，就让父亲稍等，独自策马上前，与强盗周旋，强人看郝杰一表人才，言辞恳切，便请父子进入寨中，郝杰入寨后大口吃肉，大碗喝酒，表现出无所畏惧，全寨被郝杰坦荡豪爽的行为所感染，顿生敬意。天明，送他们父子出寨，并将坐骑枣红马送给郝杰。自从郝杰骑上这匹烈马，过堡过寨，不但再无人阻拦，而且都好好招待。这样就顺利地到达了延长县。可面对陕北的乱势，郝杰也不能回去了，他就住下来帮助父亲当起了延长令，每天审案、捕贼、劝商、劝农，还动员士绅出粮出钱编练团勇，维护地方治安。后来郝鸿猷在巡城时不慎坠马摔断肋骨，郝杰护送父亲千里回家，也多亏了这匹枣红马才没受多少阻拦。

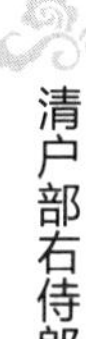

两朝为官，不失臣节

郝杰护送父亲回霸州后，一边伺候父亲养伤，一边复习功课，崇祯十年（1637 年）时考中进士。被取为同进士第一名，获传胪领班殊荣。郝杰被授予的第一个官职是太常寺博士，三年任满，考评合格，调任户科给事中，还没上任，李自成的大顺军就打进了北京城，郝杰的官也就做不成了。崇祯十七年（1644 年）九月，清顺治帝迁都北京，掌权的是摄政王多尔衮和孝庄皇太后，施行满汉一家共治天下策略，崇祯任用的所有官员都可官复原职，优秀者还可升一级录用。郝杰接到京城颁发的回京复职诏命，于是慨然赴京，就任户科给事中。郝杰出任给事中这个“言官”，给皇帝提的第一个建议是“开经筵、祀阙里”。开经筵就是给皇帝、王爷们开政治理论课、法治课。让皇帝、掌权王爷学习以法治国、以仁治国的理论，以及法律制度和经济发展策略。祀阙里就是祭祀山东曲阜的孔庙，倡导孔子学说，建立仁、义、礼、智、信的价值观，这对于刚刚由一个东北游牧民族转化为全中国统治者的满族来说，是非常重要的。郝杰的这些建议受到皇帝和多尔衮、孝庄太后的肯定并立即实施。当时满族刚进京，官员和士兵的服饰只是质地、毛色不同，差别不明显。汉族官员还穿着明朝官服，满人也看不出明朝官服的高低贵贱，互相都分不清官员的上下级，经常发生误会和摩擦。针对这种混乱局面，郝杰提出要满汉统一品级服色。这样汉族下级遇见满族上级，要尊敬行礼。满族下品见到汉族上品官员也要尊敬行礼。这就形成了清朝官服制度。清朝官员制服的帽子和外套是满族式的，裤子、靴子、胸前后背区分官员品级和文武的“补子”是汉族式的。郝杰建言合宜，勤恳任事，深得摄政王嘉许，在顺治三年（1646 年）时，升任都给事中。他建言设立“考功之法”。也就是考核、诫勉、处分等官员的制度。顺治五年（1648 年），郝杰晋升为通政司右参议。顺治六年（1649 年），晋升为光禄寺少卿，顺治七年（1650 年），晋升为大理寺正卿，这是一个正三品官。这时郝杰就进入了朝廷大臣的行列。大理寺是复核刑部审结呈文，审理朝廷重大案件的最高审判机关。郝杰在大理寺握有最高法律审判权。清朝建国之初，大案要案不断，刑部及各地方不断上报处决重犯的呈文，只要他一批，立刻就斩首。郝杰认为这样即批即斩，仓促中难免会有误判误杀的情况发生，也有朝廷天天杀人的不雅说法。应按明朝办法，死刑犯判“斩监候”，秋后再处决。这样大理寺也可详核犯罪细节，囚犯也有半年申诉时间，顺治帝同意了他的建议。自此，清朝才开始确定秋后处决死刑犯人。

父子同朝，急流勇退

顺治十年（1653年），郝杰迁任户部右侍郎，官秩从二品。此后不久，他的大儿子郝惟讷在福建督粮道、兵备驿盐道、按察使司任上立下大功，考绩评“卓异”，内调朝廷任通政司右参议。郝杰眼见儿子的进步，心里很高兴。同僚们也都来祝贺，一时间“父子同朝”“父子同列九卿”的赞誉之声传遍官场。郝杰一定还能升任更大的官，对他儿子的提升肯定会有好处的猜测暗流于仕林。面对这些赞誉和猜测，郝杰心中稍有不安。他想，父子同朝是够荣光的，可历史上父子同朝一荣俱荣，一损俱损的例子也比比皆是。既然儿子已露头角，不如自己隐退，让儿子去拼搏吧，免得因眷恋官位造成盛极而衰的下场。想到这些，他先是请了几个月的病假，而后提出了因病而退的辞呈。

郝杰回到家乡霸州后，奉祖侍亲，教侄儿、孙辈读书。他的两个侄子郝惟训、郝惟谟也先后中了进士。他居家期间，行为低调，即使有人触犯他家，他也不计较。家乡在受灾或遇到荒年，他都开设粥厂赈济灾民，以致到他去世时，家里也没有积攒多少财产。

郝杰少小从父千里驱驰，可谓大义之行；长入仕林，正直立朝，拨乱反正，完全合于人臣之道；为避父子同列九卿于朝，壮年隐退，可谓通达之举；居家奉老，周济贫病乡邻乃孝子仁人之所为。他死后，顺治皇帝命顺天府和霸州兵备道副使代已谕祭，谕祭文中说“郝杰性行纯良，才能称职，克襄王事，厥有勤劳。”“聿垂不朽之荣。庶享匪躬之报，灵如不昧，尚其来歆。”皇帝言辞恳切，给予郝杰的尊荣确实能让霸州后世之人永远赞慕。

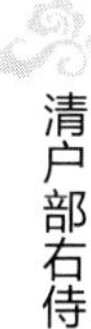

封疆大吏袁懋功

袁懋功（1612—1671），字九叙，香河县延福屯人，后举家迁入香河县城内。袁懋功祖上袁婴（字和叔）是南宋孝宗淳熙年间进士，曾官至礼部侍郎。袁家祖籍浙江鄞县，后迁余姚，到明朝初年又迁到香河。袁懋功的父亲袁邦化（号敬亭）曾在明末崇祯年间做过山西沁水县丞，明清交替之际代理过沁水知县，后于清顺治初年辞职回乡。袁邦化有二子，长子袁懋德，曾于清初做过通政使，次子就是袁懋功。

镇抚云南

袁懋功生于明万历四十年（1612年）九月。他从小聪明好学，很有才华，尤其擅长诗文。他于清顺治三年（1646年）考取进士。到顺治十七年（1660年）时，袁懋功已经是户部侍郎。当时清军攻入云南，朝廷为了限制拥兵割据的平西王吴三桂的权力，专门从朝廷众多官员中选拔能干的袁懋功去云南，改封他为兵部左侍郎兼都察院右副都御史，钦差巡抚云南等地，实际上是朝廷镇守西南的地方官，并赐给他鞍马袍带和三

袁懋功

千两银子办理上任需要的物品。当时吴三桂骄横专断而且图谋反叛，袁懋功因为心里无私，所以并不畏惧，大胆革除地方弊政，发展农业，减轻赋役，注意协调当地民族间的关系。康熙六年（1667年），朝廷决定在云南实行军队屯田制，用来减少朝廷的开支，但是效果不好。袁懋功于是改行军属民种的方法，即把军用土地出租给农民耕种，上交一定的谷物，这样既减少农民没有田地耕种导致的流离困苦，也保障了军队粮草的供给。他实行的一系列措施，使久经战乱的云南人民得以休养生息。袁懋功对待下属严格但不残暴，部下都爱重他，没有敢犯法的。他待人接物，以诚相见，和他共事的文武官员都很配合他的工作，没有发生矛盾的。袁懋功镇抚云南九年，政绩在各省中是最好的。

这一年，袁懋功因父亲去世守孝而离职。守丧结束后，康熙八年（1669年），袁懋功又被调任山东巡抚。临去山东上任前，康熙帝召见并勉励了他，既赞扬了他巡抚云南的功绩，又对他治理山东寄予厚望，希望他尽心治理，不要因为年龄大了而失去以前的雄心壮志，还赐给他鞍马和袍服。

任职山东

当时，山东地境连年灾荒，粮食减产，百姓生活艰难，前任又留下许多长年未解决的遗案。袁懋功到任后，首先访问民间疾苦，了解亟需解决的弊政，比如地方私征赋税过重，垦荒政策不落实，违法犯罪者不能及时捉拿归案，差役们执行公务时私刑逼供等。袁懋功将这些问题写成十条奏疏上奏朝廷。对袁懋功提出的治理意见，康熙帝大多采纳批准。袁懋功从此在山东开始了大规模的治理，没过几个月，积案就解决一空。到了第二年，山东社会秩序稳定下来，农业生产也得到了发展。

袁懋功与浙江巡抚范承谟都是康熙初年著名的清官，有“南范北袁”之称。康熙十年（1671年），范承谟因病请求辞职，朝廷打算派袁懋功改任巡抚两浙。圣旨下达后，山东人心惶惶，好像失去了依靠，地方各界纷纷通过督河制府和驻山东大帅府奏请朝廷将袁懋功留任，迫于百姓的要求，朝廷只好准奏。下诏的时候，袁懋功已经积劳成疾，康熙帝在诏书上

特批了“卧治山东”的话。

积劳去世

袁懋功的病是因为长期辛劳加上中暑，背上长了毒疮，非常痛苦，但是留任的圣旨已经下达，他不好再上辞职的奏章，只好带重病卧床处理政务。到了这年秋季，他的病情稍微好了些，就又亲自到各州府调查处理案件，一连好多天，结果导致旧病复发，越来越严重，医药已经不起作用了。临终前，袁懋功口述了一道奏疏，说山东省内的灾荒还没有从根本上得以消除，农业还没有大的发展，土地荒废，壮丁逃难，加上黄河决口，济南发大水，五十六个州县新开垦的田地被水冲淹等情形严重，请求朝廷给沂水、金乡、新城等地百姓宽松优厚的政策，使逃荒的农民得以回乡安居。疏中有“使百姓能休养生息，我即使死在路边的沟渠里也没有遗憾”的话，在整个遗疏中，没有谈任何私人的请求。康熙十年（1671 年）九月，袁懋功去世，享年 60 岁。遗疏传到朝廷，内外震动，悲恸、惋惜之情不绝朝野。

袁懋功归葬的时候，山东沿途哭拜的人不绝于路，有数百人护送灵柩到香河。袁懋功被安葬在香河县大王庄村前的袁家祖坟内，墓前有石碑，上面刻着保和殿大学士李霨撰文、兵部尚书朱之弼书丹的《袁清献公墓志铭》。

袁懋功先后任云南和山东巡抚，为官一方，兴利除弊，为民请命，举措适宜，有善政留存，是朝廷的贤士大夫，对于国家是有大贡献的，也值得后人敬仰。

治政能臣王景祚

王景祚（1615—1684），字振公，号迂叟，祖居顺天府文安（今廊坊市文安县），他的六世祖就是为人称道的孝子王原。

少年坎坷，鼎革转机

王景祚秉性机敏，行止端正严肃。儿童时所作的文章常使老一辈人惊叹。十八岁补为生员，观察使河南赵辉以国士看待他，但是乡试多次没考中。这时正是明朝末年，世道荒乱，家业中落，王景祚只有几间空房子，但他粗衣布鞋，每天讲学读史，神态非常恬淡。

清朝取代明朝后，开科目考试以求杰出人才，王景祚得以一展身手，顺治三年（1646 年）考中进士，顺治五年（1648 年）授命任山西太原府的推官，从此迈入仕途。

任职山西，平定叛乱

太原是省会，地大事多，前任因不称职而被罢官，公文装满了房间，王景祚只用了十天时间就处理完毕。巡抚祝世昌非常高兴，凡是府、省的大案以及文武官员的推荐考核都托王景祚解决。

大同姜瓖叛乱，百姓不安，一天几次骚乱。巡抚让王景祚守住宁武咽喉要路，王景祚赶紧去宁武，还没到那里，城已经被叛军占据。王景祚就赶紧回来商量守城事宜。可是叛军骑兵几十万连营接寨逼近了太原。这

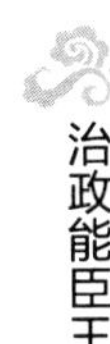

时，人心更是惊慌不定。王景祚从容谋划，神态清闲文雅。正值蒙古八旗驻防边塞的兵将撤回路经太原，要求供应军需物资的命令到了，王景祚笑着说："破贼的计策就在这里了！"

依照惯例，兵马不能进城，王景祚跟巡抚商量用计策邀请带兵的将军。不久边防兵就要出发，巡抚跟藩司、臬司向将军请求也留不下来。王景祚挥动袖子上前说："贼兵已临城下，人心不安，您身为大将看到贼兵不去征讨反而要倡导逃跑吗？大军一动，势必导致全面崩溃，丧失土地的罪责谁来承担？"将军说："贼兵是乌合之众，不难击破，但这不是我的职责，怎么办呢？"王景祚说："做臣子的没有一定的职责，诛杀叛逆就是他的职责，消灭了贼兵，保全了土地，下可以拯救百姓灾难，上不给皇上留下忧愁，这就是将军所应尽的职责呀。"将军说："对。"

于是第二天出兵，王景祚身披盔甲从军，跟叛军在晋祠以西作战，大破叛军，杀了叛军几万人，追出几十里。到了叛军所占据的宁武，光复了该城，叛军落荒而逃。将军要按军法屠城，王景祚跪下请求说："发起事变的是逆贼，百姓只是被迫相从的，使城里百万人活下来，都是将军的恩典呀。"于是没有屠城。

不久官兵西去，遇到汾水暴涨无船渡河，商议架桥而渡，架桥任务应由太原、榆次两县负责，两县认为水势浩大不能架桥。巡抚看着王景祚说："架桥的任务就麻烦你了！"王景祚想办法把桥架起来，官兵过了河。叛逆平息了，审讯叛逆的党羽，受牵连的有好几百家，王景祚在审讯中给予平反的很多。

宁武县闹饥荒人吃人，巡抚和藩臬两司捐了好几百两银子，派王景祚赈济灾民，但是灾民太多，像一窝蜂一样聚集着拥到马前来，赈银不足。那时宁武粮仓储存几千石军粮，王景祚来不及请示，马上给予发放。他说："为了救活这几万人的性命，即使罢了我一个人的官，我也是心甘情愿的。"回来交差，巡抚非常高兴，写公文上奏给皇帝，批示说"可以"，也没有追究王景祚擅发仓粮的责任。在那时，王景祚的名声震动了三晋，抚院和都察院推荐的奏稿中，王景祚是第一名。

任职多地，循吏能臣

顺治九年（1652 年），朝廷提升王景祚为广东道见习监察御史，巡视西城，他向皇帝疏奏的内容都是有关国计民生的大事。第二年奉命巡视湖北，所属官吏不谨慎的听到风声都改变了操守。西山有贼兵出山掠夺，官军追赶贼兵，俘虏几千名妇女，王景祚下令放还，军队里没有一个人不奉法的。赶上荒年，上奏章请求发放赈济，百姓得到活命的不计其数。到了黄州，有人用银器贮藏茶叶相赠，王景祚马上还给他，按行贿罪给予惩罚，雷厉风行，断绝了行贿的道路。接到停止使命命令的时候，王景祚当天上路，没超过一个月便回到了京都，奉差的各位大臣还都没有回来。皇帝因此特别宠信他。

王景祚回到文安，河水决口，冬天又下大雪，饿死了很多人，王景祚为灾民向巡抚王来聘请求，言辞激烈。王巡抚很受感动，让官吏都捐纳薪俸，王景祚以身作则倡导此事，出银子，像宋朝富弼救青州的方法：流离失所的煮粥供食，路远的给米，每人若干升。每天消耗一百多石，几十天才停止，百姓依赖赈济活了下来，时间是在顺治十年（1653 年）。

第二年王景祚任山东左参议，在东兖道练兵，榆园地方出现了匪徒，图谋攻袭县城，山东、河南、河北三省官兵联合也未能剿除。王景祚的部下孙维统深沉勇敢有办法，王景祚专用他，教给他对策，十天之后便献上了匪首的头颅，余党都跑散了，王景祚随即写了一份《弭盗急著》的奏章，请朝廷派兵来驻防，以处理善后事宜。

顺治十二年（1655 年）闹饥荒，河北人跑到山东来讨饭过活，正值禁止外流的法律很严，各州、府害怕不敢收留。王景祚慷慨地说："流亡的百姓也是皇帝的百姓，怎么忍心为逃避牵连而看轻人的性命呢?"严厉地告诫所属官吏安集流民，高唐州的刺史佟彭年第一个奉命招集了流民好几百家，王景祚就首先把佟彭年推荐给其余属吏，争相效仿，才安定了流亡百姓。

顺治十三年（1656 年），王景祚的父亲赠予通奉大夫的王敏我去世，因为丧事去官，第二年母亲张氏去世，王景祚按礼举办丧葬。顺治十六年

（1659 年）起用任杭嘉湖道。不到一个月，皇帝旨意取直隶监司，考核官吏政绩最上等的，后来奉特别内升的诏书，顺治十七年（1660 年）提升为太常寺少卿。不久受皇家普遍封赏授予中宪大夫，派他祭祀南岳衡山。转通政使司右通政，不久转升左通政司。王景祚在任内对诏敕不当的封还或驳正，光明磊落地直讲不加讳避，在通政使司整整七年。

康熙六年（1667 年），王景祚转都察院协助院事，由左佥都御史提升为奉天府长官，因朝廷普遍封赏授予通奉大夫。王景祚任奉天府长官，融合满汉军民各安其所，对他没有非议的言语。原先迁往东北的人编在牛录的，王景祚奏请归州、县治下，这样流入东北的人口虽然有旅居的痛苦，但是没有当奴隶的耻辱，这是王景祚的恩德。

辽宁过去官府不搞食盐专卖，有个大商人直接向官府申请实行食盐专卖。这件事让地方官按公利议论。王景祚立即上奏："辽东不设食盐专卖是有远见的，一旦开创专卖，恐怕日后滋生事端。"于是奉旨停止讨论。

康熙十年（1671 年），王景祚升任大理寺正卿，并任御前侍讲。大理寺卿，俗名称法司，而权力在部院，王景祚亲自审阅记录犯人的口供和判决书，许多大案给予驳正，不曲从众议。奏章上报，多次得到皇帝的认可。一时间权贵们不敢胡作非为，王景祚风采凛然，具有古时候大臣的气概。康熙十一年（1672 年），随皇帝耕籍田因患病失礼，王景祚被降职。十四年（1675 年）任大鸿胪，第二年春天奏请辞官。

晚年家居，热心家乡事务

王景祚回家后谢绝宾客，从不因私事去州府。及至乡里有重大利害关系的事常常毅然担任。县里煮硝出的盐，像官盐一样纳税，百姓非常苦恼此事。王景祚替百姓向巡抚请求，准许自卖。人们认为方便了百姓。文安多水灾，最洼的地方被沙所淤，没法耕种，但是赋税如故。王景祚极力向巡抚陈述利害，上奏免去。那些地方公务，该出的夫役，王景祚总是亲自带领家丁尽力完成的。大概刚毅果决处理事情是出于天性。家居八年后，王景祚去世，享年 70 岁。

王景祚也很有文名，著作有《柳署制义》《用拙山房草》若干卷。

一个朝代将要兴起的时候，那些辅佐皇帝的人都是才能出众、举止方正的人，所谓秋天的严霜，夏天的烈日是不可轻视的。王景祚是顺治首科所得的士子，他的声誉和政绩高远是应运而生、符合时代发展的。

清朝刑部尚书刘楗

刘楗（1617—1679），字玉罍，别号公愚。先世为山东汶上人，后迁直隶大城（今廊坊市大城县）北赵扶村，顺治三年（1646 年）进士，历任户科给事中、兵科右给事中、兵科左给事中、山西河东道副使、河南盐驿道参议、湖广按察使、江西布政使、太常寺卿、大理寺卿、都察院左副都御史、吏部侍郎、刑部尚书等职。

上疏建言

刘楗是刘汉儒次子，幼年好学，工制举，清顺治二年（1645 年）中乡举，次年考取进士。这一年清廷选新进士十人授六科给事中（正四品），刘楗任户科给事中。他上疏说青州道韩昭宣受贿释放叛贼多达十四人，山东巡抚杨声远仅让他停薪剿贼，戴罪立功，实则罚不抵罪，韩昭宣因此被罢官。顺治四年（1647 年），转兵科右给事中。上疏说江南巡按宋调元荐举的泰州游击潘廷吉，贼寇来到时弃城逃走，宋调元因举荐失当，也被罢官。这一年，刘楗用拾遗例，

刘　楗

检举山东聊城知县张守廉贪污，下吏部勘议，张守廉因为失察，吏役得赃，罚俸三个月；刘楗却以诬告的罪名被革职。顺治十年（1653年）正月，吏科都给事中魏象枢上疏为刘楗鸣不平，指出顺治四年时皇帝还没有亲政，刘楗检举吏役诈赃，知县没有察觉，仅议罚俸，言官反被罢官，是不公平的，这样做是败坏吏治，堵塞言路。皇帝让吏部察奏，下命令让刘楗以原来的官职起用。六月，授兵科左给事中。同年，出任福建副考官。

顺治十一年（1654年）五月，京城附近的田地受涝灾之后田地可以耕作了，正当春耕时节，但农民贫困不堪，没有粮种可以播种，刘楗上疏朝廷，请求让巡抚发文给下辖州县，让他们酌情拿出一部分存留银内借给受灾的百姓去购买籽种，等到秋天收获了再如数偿还。同时还要告诫各州县官吏必须亲自到乡村去核查，不能让胥吏从中徇私舞弊。这一建议获准实施，百姓得到实惠，无不感激。十二年（1655年）五月，刘楗因为复设巡按御史而上疏说了四件事：一是任用、选拔官吏应注意实际的品德，不听虚名；二是要禁止结交，从源头上杜绝贿赂；三是审理案件不应拖延，不留后遗症；四是要加强关防，防止滋生事端。他的四条建议都被皇帝采纳，并责成部院执行。他还上疏论郑成功侵扰福建漳州、泉州地区的对策。

任职多地

顺治十三年（1656年），刘楗被授予山西河东道副使（从三品）。十五年（1658年），转河南盐驿道参议。十六年（1659年），授湖广按察使，不久又升为右布政使。十八年（1661年），总督张长庚、巡抚杨茂勋上疏荐举刘楗操守廉洁，才识精详，协助办理滇、黔兵饷至八百余万，清理逋赋，开垦荒地，除鼓铸积弊。同年，刘楗以母忧回乡里守孝。

康熙二年（1663年），刘楗守孝期满，起任江西布政使。吴三桂叛乱发生时，刘楗负责筹措粮饷供应军队，事情办得很好而百姓没受到骚扰。十四年（1675年），授太常寺卿（正三品）。十六年（1677年），迁大理寺卿。十七年（1678年），升为都察院副都御史，五月，刘楗上疏说，自吴三桂叛乱后，军需纷繁，法纪松弛，腐败现象无人举劾，应加强吏治，

安抚百姓，平息盗贼。凡经保举的官员，如果贪赃枉法，一律严查，不能偏袒。康熙帝认为有理，就按他的奏请下达执行。他又上疏说："江西当乱后，民逃田墟，钱粮缺额不急予蠲免，逃者不归，归者复逃；荒者未垦，垦者仍荒。"康熙帝特地为此下旨把所有的钱粮税额都免除了。后来刘楗因病乞求休养，康熙帝安慰挽留，并派遣太医为他治病。七月，升吏部侍郎。十二月，又升任刑部尚书。

康熙十八年（1679 年），刘楗病情加重，再次上疏请求休息，才得以回到原籍调养。五月在家中去世，时年 63 岁，赐祭葬，谥端敏。刘楗著有《双鹤堂诗集》八卷。

刘楗卒后，康熙帝下旨说："刘楗宣力有年，勤劳素著。"县志评价说，刘楗居谏官期间上疏都是与民生关系密切、与吏治关系重大的事情。为政宽猛得中，百姓不烦冤，对同僚没有过激刻薄的言辞，是一位德才兼备的长者。

青溪先生井在

井在（1618—1689），字存士，又自号青溪先生，是顺天文安仙居乡（今廊坊市文安县）人。清顺治十六年（1659 年）中进士，出任山西平阳府推官，改任广东省永安知县，又任山西兴县知县，坦率耿直，不阿附上司，72 岁时去世。

平阳断狱

井在很注重磨炼自己的文章气节，特别爱好古人突出的事迹，居官方正严肃，注意治理大事，用法讲究廉洁公平，并且更善于用兵的策略。他在平阳任推官精干敏锐自有主张，不曲从已议定的罪名以满足上司的意图，小官吏不敢仰面相看。但是断狱时大多给予平反。使濒临于死亡的几百人幸存下来。曾经有大案，受牵连的人数不清，井在只用了几句话就解决了，马上让犯人回家。疑案不能马上审查明白的，一定宽延期限找出真正的凶犯，不匆忙地依靠文字给无辜者造成罪名。井在曾经说："事情本来是存在的。如果着急，坏人遮蔽自己的罪行更严密，缓慢点，便可期望犯人会无意中泄露。"实在是判案的一面镜子。那时，官府没有受冤的百姓。辞官以后百姓想念他，把他的政绩刻在碑文上。

井在离平阳的原因，是父亲去世了。他父亲井焜是明朝天启九年（1624 年）举人，先任芜湖知县，再任竹溪知县，倾慕陶渊明的为人，辞官后就住在南方不回老家。井在中进士后，他父亲到平阳来就养，在官署

中奉养，早晚都照《内则》所规定的去做。死后光脚恭奉灵柩回文安，丧葬都按周礼，完全靠自己力量办理，不靠两个弟弟。在丧期正赶上裁缺节度推官，服丧期满改任为永安知县。

永安擒贼

永安属广东惠州，惠州跟潮州犬牙交错，永安的南岭四周是大山，交插连接四县，非常险要。巡抚下属吏李唐宗为人十分狡诈，占据其中，留起长发，图谋不轨。准备箭、石、器械，招集了一千多亡命徒，又让他儿子李如冕统率矿工四五百人在赤溪开采。收纳不法，横行一方，前任知县不敢过问。井在到永安后就修城壕城墙，组织兵民训练，作为防备，李唐宗气焰收敛了。不久，三个逆贼煽动暴乱，潮州总兵刘尽忠颁发非法的执照将要改变全广东，暗地约会唐宗成为掎角之势。井在派遣衙役林奇等人以铁匠身份打入贼寇巢穴，得到那里的全部情况，向巡抚密报陈述捣毁敌巢的策略。挑选士兵年轻力壮的三百多人做亲兵，用恩惠信义结为友谊，每日杀牛给他们吃。原先副贼首李海政抢烧村寨，井在设埋伏抓住了他，永安百姓因此得到了安定。永安百姓把井在的政绩刻在碑文上。

不久，巡抚下公文，邓督军协力剿匪，井在部署乡兵占据了要害，自己带亲兵到山下跟督军会师。贼兵在海上的不能跟山下的联系，叛逆的总兵刘尽忠也因为日期提前没发兵，救援的道路没有了。李唐宗于是剃掉长发出山诈降，希望使井在的士兵松懈而等待援兵。井在识破了对方的计谋，决心荡平山寨，于是跟邓督军指挥的士兵登山而上，到了匪徒巢穴，分兵搜捕，得到伪隆武印和诏令各一份，以及跟潮镇刘尽忠的书信。于是在军前杀了李唐宗，歼灭了他的党羽，缴获很多旌旗、铠甲、器械。一百多家被贼所胁迫者给予平反。南岭平定了。平定没满十天，叛逆刘尽忠的警报到了。原先若不是井在发兵迅速防守严密，两股逆流勾结起来动摇惠州和潮州，那么全广东也很难收拾了。

抚军刘秉权感到井在功绩出色，写公文上报，被吏部所阻。丰功伟绩没有得到应有的奖赏，可是他母亲去世的噩耗来了。那时，逆镇刘尽忠的非法公文每天来，李唐宗的余党四下传布谣言，永安每日惊恐，官吏奔走呼号到井在居丧的地方，凡是不向当局禀告，都受井在的部署。井在勉强出来巡城，教育激励士兵，严格开闭城门。传授守御的计划。他举止安详，士兵勇气倍增，十几天大局已定。井在扶灵回家，官吏百姓一千多人相送三四百里，然后号泣辞去。他办丧事，葬礼与葬父亲时相同。丧服终了，又出任兴县知县，政治也像在平阳任推官时一样，但是坚持节操更严，上官有些不高兴，于是罢官回家，百姓歌唱他，思念他，立碑纪念他，也像离开平阳、永安时的情景一样。

著书授徒

井在为官清廉，归家后腰包空空。住宅荒草丛生，只有松菊还在，但是他对此相当淡泊，毫不介意，用诗文寻找快乐。聚集子侄辈和亲戚间有为的少年教给他们学业，大概有几十个人，后来协助怡亲王允祥治水营田的陈仪是其中最显著的一个。井在古朴庄重，很少说笑，读书写字之余就端坐沉思，本乡人很敬畏他。回家九年后去世。著作有《天文纂要》八卷、《黄鹦鹉诗》《红梨花诗》《落花诗》各一卷，《铁潭诗集》六卷，《铁潭文集》二卷、《合河署诗集》一卷、《谳语录》八卷、《讲约六论解》一卷、《麓蝉集》四卷。《晚晴簃诗汇》选录了他的诗，说他的诗平淡有致。

《文安县志》里井在的传记是由黄叔琳撰写的，黄叔琳字昆圃，是清朝大臣、学者。黄叔琳在通县任主考时认识了陈仪。以后，陈仪到北京城来时常住在黄叔琳家，每每晚间宴席畅谈往事必涉及井在，因而黄叔琳对井在的文学品行以及居官时的功绩很熟悉。陈仪曾经想要替井在作传，但认为自己声名还不显著，恐怕不能久传，所以请黄叔琳替他来作。井在是文安的著名人物，借助黄叔琳的传记得到了更广泛的流传。

隐士樊梦斗

樊梦斗，字北一，号文成，崇祯十五年（1642 年）乡贡，廷试第二名。他曾上书朝廷，请求为国家效力干一番事业，朝廷准奏。至于称他为隐士，是按他晚年的志向说的。他的先人是小兴州（今河北滦平西）人氏，明成祖时奉诏迁居文安，就成了文安人。他的高祖樊瑀是成化二十年（1484 年）进士，出任河南淅川县县令。任刑部曹郎时，宦官刘瑾当权，樊瑀为平反刑部主事安奎的冤狱，当面顶撞刘瑾，因而以抗旨罪被罚在酷暑天气里在正阳门跪了三天。后来刘瑾事败被处死，樊瑀转任四川顺庆府知府，是一位名臣。

樊瑀之子樊缤，樊缤之子樊润，都是仁厚的人，有高尚的品德。樊润生子樊效才，万历二十一年（1593 年）恩贡入太学。叶向高为国子祭酒，称赞他的文章出色，和闽漳的蔡震湖、大名的穆成文、高阳的孙承宗文名不相上下。先是做甘肃文县知县，后来调任静海县教谕，改建孔庙，受到许多读书人的赞扬。升任河南府学教授，后来辞官。樊效才就是樊梦斗的父亲。

樊梦斗少年时很聪慧，十二岁补博士弟子员，对于书籍无所不读，著《中庸讲义》，推究性命大道，探讨天人合一的精义，透辟入微。桐城左光斗称赞他说："深得孔门真传。"他在廷试时，国家形势非常危急，自己认为几代受皇帝的恩泽，况且才能也可以为国家效力，便想尽自己的绵薄之力，和同贡的十几个人联名上书，即将授职时，因母丧而回家守孝。

樊梦斗孝心过人，平日侍奉父母体贴入微。接到母亲去世的消息，痛哭着出了京城，赤足走了三百里，治丧事诚信备至。抚养兄长的儿子，疼爱体贴。举人王膺是他的侄女婿，死于寇难，留下一个还在襁褓之中的孤儿，樊梦斗收养了他，让他跟自己的儿子樊翰同吃同住，同师求学。他的两个姐姐贫困无依，樊梦斗对她们生养死葬，不遗余力。人们认为他品行纯朴，就像唐代的阳城一样。

县里修筑城池，清理河道，免除徭役，治理盐铁等重大事项的决策，众人都不敢说话，樊梦斗却常常说出自己的见解，都确凿可行。他的《屯海八议》被侍御吴公称为治国的大计，正准备呈报给朝廷，适逢战乱而未能实现。明末都城之变，江山易主，樊梦斗捶胸顿足，悲叹不已。既然无力回天，就断绝了仕途之念，携家眷到桐柏山中隐居。时常邀集二三老友，攀枯藤，抚苍壁，翠屏山、玉女峰、龙潭湖、石门山等号称淮源胜地的地方，无不尽情游览。吟成一首诗就放歌畅饮，慨然有超出物外的意味。他在病中给儿子樊翰留遗嘱说："死后把我葬在山中。百年之后，到这里砍柴的樵夫能指出某山某水是隐士樊某游玩垂钓赋诗之处，我的心愿也就满足了。"所著有《驻槎亭诗集》若干卷。他的儿子樊翰于顺治十一年（1654 年）拔贡，康熙五年（1666 年）在京城考试中举，任睢州学正，以文章行谊著称于世，升任广东三水县知县。

樊梦斗明经好古，博览群书，孝友笃行，内外如一。他洞察时事，却郁郁不得志，没能施展自己的抱负，当时的人并未完全了解他。但是家风一直不变，京畿一带的氏族都赶不上樊家。

中宪大夫纪克扬

纪克扬，字令闻，号六息。他的先祖从山东移居文安。纪克扬虽仅为廪生，但他德高行芳，久为乡里所称道。

六艺备娴，崇德重礼

他生下来就很聪明，长大后更加出众。嗜好读书，擅长做文章。十岁时就能制作和演奏乐曲，各种技艺都很娴熟，尤其精通棋艺。阴阳、象纬、卜筮、占风、医术，没有不研究的。以至于佛教典籍、道教的理论也多有研究。他的诗学杜甫，琴学戴逵。童年时母亲去世，哀毁骨立。他父亲敦促他，才稍微喝了些粥。侍奉庶母殷氏，诚恳谨慎。他的同母姐姐很早就孀居，他重视手足之情，迎来和他一起居住、生活，厚加恤养。家里积攒的资财，都给了庶母生的弟弟。田宅和奴仆都取下等的，只携带数千卷图书，朝夕讽诵，自得其乐，一时的名流都认为他不同寻常。

诗歌名人，千古之奇

纪克扬十五岁时补弟子员，才名很盛。天启六年（1626 年），父亲去世，哀瘁超过了礼法的限度。服丧期满，考试即得头名，食廪饩，被左光斗所赏识。他以美妙的文笔和高尚的品德被众人仰望。适逢明末乱世，很想安定天下，实现自己治国的谋略，然而运气不好，试策上了六七次，也没有被朝廷采纳。于是他恬然自处，更加致力于读书治学。琴歌娱志，和瓦桥马东航、新城王申之诗文往来，遣词用语，不学盛唐以后的做法。他曾作回文体六十四字，题在知县秦世英的册障上，横着和竖着读，可以得诗三百六十首，人们都叹服他思维缜密，可谓千古之奇。他又建了三间别墅，陈列图书，和三个儿子坐卧其中，用来养老。明末时兵荒马乱，盗贼蜂起，异族入侵，京畿之地百姓流离失所，民不聊生。敌寇率重兵将文安团团围困，有不少人仓皇出逃，也有不少人恐惧屈从，而纪克扬却从容不迫地说："丈夫有命，也许能侥幸躲在墙壁间便能存活。"仍像平时一样在家安然读书，绝不逃避，最终即以抗颜不屈而遇害。

纪克扬讲学多年，著述很多，但是遭到兵火，散失了大部分。《丽奇轩文集》《四书注解》《易经注解》等刊行于世。赠奉直大夫、兵部职方司主事、累赠中宪大夫，陕西巩昌府知府。

文安有纪、王、陈、井四大家族，其中以纪氏最为著名。纪氏家族明永乐时期从山东迁居文安纪屯，明末时部分纪氏族人由纪屯迁往文安县城，成为文安的名门望族。而纪克扬、纪克家、纪克一兄弟就已在文安诗坛上崭露头角，成为文安纪氏第一代诗歌名人。

光映两朝，享誉京畿

文安纪氏的一大奇观，就是一位不愿从吏的始祖纪伯龄养育了科第蝉联、官宦如云、簪缨累世、绵延不绝的众多优秀子孙。明清两朝，文安纪氏中进士者十五人，举人三十八人，贡生五十人，太学生四十四人。外官教习、学正、教谕、同考官、主簿、经历、同知、千总、知县、知州、佥事、推官、通判、长史、按察使、给事、副使、知府、布政使等一百余人，政绩斐然，有廉吏家风，诗赋家声之美誉，文安纪氏被公认为中国文化世家，声播四海，名震畿南。

吏部天官康熙宠臣五部尚书——郝惟讷

郝惟讷（1623—1683），字敏公，霸州煎茶铺郝青口村人。郝惟讷是宋末元初著名大儒、政治家、思想家、学者郝经之后，清初户部右侍郎郝杰之子。

郝惟讷于顺治四年（1647 年）中进士，从授任刑部主事开始，入仕近四十年，在朝廷六部中，除兵部尚书外，任过礼部、工部、刑部、户部、吏部五部尚书，又任通政司右参议、大理寺卿、都察院左都御史等职。因为他任“六官之长”吏部尚书时间最长，世人称其为“郝天官”。

整顿漕运，平定流寇

郝惟讷从刑部因功迁为福建督粮佥事，任职福建期间，当时整个江南还没有平定，清兵与南明的郑成功部正在福建激战，郝惟讷利用海运保证清军粮食补给，在军队后勤保障方面尽职尽责，受到多铎的嘉奖，署理兵备驿盐道，兼任按察司使。他上任后平定匪患，安抚地方百姓，保证军需给养，使福建八郡一州得以安宁。后调北京任通政司左通政。

郝惟讷

总理财政，拨乱反正

郝惟讷任通政司不久即调任太仆寺卿、大理寺正卿、国子监祭酒、光禄寺卿、鸿胪寺卿，后调任户部尚书，总理天下财政。康熙初年，台湾尚未归服，平西王吴三桂、平南王尚之信、靖南王耿精忠三藩手握重兵，不断向朝廷催要军费，粮草耗费巨大。财政收入不多，打仗用钱不少。针对这种情况，郝惟讷细心调研，发现了影响财政收入的几大问题并提出了相应对策。比如影响北方经济收入的问题是八旗圈地；影响南方财政收入的问题是汉人投靠满人“入旗”为奴，只为逃避国家税收；内地军队人员过多，军饷负担过重；乱摊派、乱收费等这些问题，随后采取相应措施及时治理，这些措施对于稳定社会，增加税收方面卓有成效。

秉公办案，改革官制

康熙五年（1666 年），郝惟讷任刑部尚书，办理了鳌拜与苏克萨哈为变更圈地而起的大案。顺治初年，多尔衮亲王主政，曾把鳌拜所属镶黄旗的圈地划给了苏克萨哈所属的正白旗。后来鳌拜借口多尔衮以坏地换好地，偏向正白旗，要求两旗应把土地换过来。这个要求得到首辅大臣索尼和宗人府的照准，并命时任户部尚书的苏纳海、直隶总督朱昌祚、保定巡抚王登联三人执行此议。三人认为此事不妥，奏请停止圈换而获罪，押于刑部。郝惟讷力陈三人为民请命，应当从轻处理。但因当时鳌拜擅权，矫旨杀害了三人。虽然没有救下三人，但也体现了郝惟讷重视民生、公正爱民、直言敢谏的性格特点。

郝惟讷对明末遗留的一些行政制度进行大胆改革，都得到了执行，如贪官永不赦免；罢巡按御史，由督、抚任巡按，督、抚互制制度；改县级以上的正职官员进京三年一大考为六年一大考；御史言事不实无罪的规定；藩王不再给封地的制度；学政必须由进士出任的制度；正途与捐班分别补授的制度等等，这些都是创制，对清朝的统治有深远的影响。

《四库全书总目》记载，郝惟讷有《郝恭定集》五卷传世，此集收“都察院奏疏八篇、刑部奏疏四篇、礼部奏疏一篇、户部奏疏九篇、吏部

奏疏六篇。”

康熙二十二年（1683 年）十二月，郝惟讷病逝，康熙皇帝为其敕赐碑文，对他的勤慎干练、坚定沉着给予肯定，赐谥号“恭定”，归葬于故乡霸州郝青口村郝氏墓园。

郝惟讷生于明清交替之际，以科举入仕，为官近四十载，“九卿任其八，六部历其五”，官高位重，深受皇帝的倚重和信任。为官期间，整顿刑狱，管理漕运，平定海寇，打击贪官污吏，为清朝初期名臣，为稳定民生做了重大的贡献。

直隶巡抚于成龙

于成龙

于成龙（1638—1700），字振甲，号如山，生于清崇德三年（明崇祯九年，1638 年），出生地为辽东盖州。他的家族为辽东望族，生父于国安，生母康氏。于成龙出生后不久全家徙居广宁（今辽宁北镇市），他 9 岁入小学，11 岁举家随清军入关至北京通州，后移居通州张家湾和延庆州，在 16 岁时又移居固安南房上村定居。由于八旗子弟不得参加科举考试，于成龙开始学习满文，并在 20 岁时进入国子监学习，毕业后考授吏部做笔帖式。因屡有战功的大伯于得水无子嗣，生父于国安将于成龙过继给伯父，康熙七年（1668 年）四月，于成龙蒙荫成为直隶永平府乐亭县知县。

于成龙 30 岁进入仕途，开始了长达三十余年并数次沉浮的宦海生涯。青少年时代的于成龙是在不断移居中度过的，童年的经历造就了他体恤百姓、关注民生的品格。即使于成龙后来成为名声显赫、权倾一时的封疆大吏，他依旧刚直不阿、一身正气，深得康熙皇帝的赞赏和百姓的爱戴。

两个于成龙

清代康熙一朝出了两个叫于成龙的著名人物，他们均官至一品总督，而且都清正廉洁、勤政爱民。年岁稍长的于成龙（1617—1684）字北溟，号于山，谥号清端，籍贯山西；出生晚的于成龙为汉军镶红旗人，谥号襄勤，直隶固安人。当时有人称两位于成龙为老于成龙和小于成龙，直隶坊间有民谣称颂道：“前于后于，百姓安居”，歌谣表达了直隶百姓对两位于成龙的肯定。

于成龙神道碑拓片

老于成龙对小于成龙颇有惺惺相惜之意。康熙二十年（1681 年），直隶巡抚于成龙（于北溟）迁两江总督，他推荐提拔清操久著的知州于成龙（于振甲），康熙帝即提拔他为江宁知府。刑部尚书魏象枢巡察通州时，于成龙向他辞行，魏象枢以优礼相待，于成龙谢不敢当。魏象枢说：“此非待知府礼，君廉能，故以待督抚礼待君！”并赠诗一首，诗中说：“冰清玉洁两于公，名姓相同志亦同。”

于北溟去世时，身边没有子女亲人，于成龙主持料理了老上级的丧事。两人生活于同一时期，而且都是著名的廉吏，也是历史上的一段佳话。

两任乐亭知县

于成龙曾先后两任乐亭知县，为官期间，治理滦河，廉洁自持，多有善政，政绩斐然。康熙七年（1668 年）六月，乐亭县全县发生水灾，百姓田舍损毁严重。于成龙向上级申请免除赋税放赈救民，永平府知府却不同意这样做。回县城后，他当即写了报告将灾情遍告省中大吏。巡抚甘文焜勘察后认为属实，奏报朝廷，康熙帝命户部主事带银八千余两赈灾，当年田赋免除十分之三，灾情严重的百姓应缴钱粮全部免除。十一月，于成龙任滦州知州。

于成龙之父于国安神道碑拓片

康熙八年（1669 年），于成龙因罪囚脱逃被降级调用，乐亭百姓两次叩阍请留，康熙帝觉得事有蹊跷：为何百姓甘冒流放之险而乞求知县复官？便让直隶巡抚金世德去核实。金世德调查后开列了于成龙的十七条善政，康熙帝认为民心难违，善政可嘉，下旨令于成龙重新出任乐亭知县，乐亭百姓闻讯，无不欢舞如狂。于成龙复任后慨叹：“天下有贪官，无刁民，民之刁皆官致之。官言民刁，即非良吏。”

康熙十二年（1673 年），康熙帝因原任直隶总督白秉真欺瞒、侵占赈灾银款，令户部侍郎、郎中等官员到保定查审。各州县官员都被召集过去共同接受质讯。于成龙生性耿直，竭力为白秉真辩诬，说：“人心难昧，不敢以无为有。”办案郎中回京入告，于成龙被罚俸一年。

康熙十三年（1674 年）六月，吏部认为于成龙缉盗逾限，而且没有将盗贼全部拿获，应予降职调用。巡抚金世德认为乐亭本来就是很不好治理

的地方，经于成龙安抚后，和百姓关系很融洽，于是奏请留任于成龙。吏部虽不准，但不久皇帝批准于成龙留任。

康熙十四年（1675 年），生父于国安去世，于成龙丁忧去职。康熙十八年（1679 年），巡抚金世德赞誉于成龙“强项不阿”，举荐于成龙为通州知州。于成龙离开乐亭那天，乐亭士绅在县衙为他饯行，百姓也纷纷前来送行，“老幼拥马首，涕泗长流不绝”。于成龙也流泪让大家回去，但百姓“遣之不去”，有些人依依不舍，一直将他送到通州才返回乐亭。

通州救灾

康熙十八年（1679 年）七月，通州、三河等地发生强烈地震，通州城乡房倒屋塌，灾民嗷嗷待哺。于成龙下车伊始就立即着手为灾民筹划生计，使百姓迅速得到安置。他在搭建的简单席棚居住办公，没有理会倒塌的衙署，而且以身作则，捐献出自己的俸禄，倡议先修复文庙（学宫），供奉孔子圣像，以便通州学子能读书学习。之后，利国益民的建筑一一复建修整，最后才重建州署厅房。通州士民感戴万分。

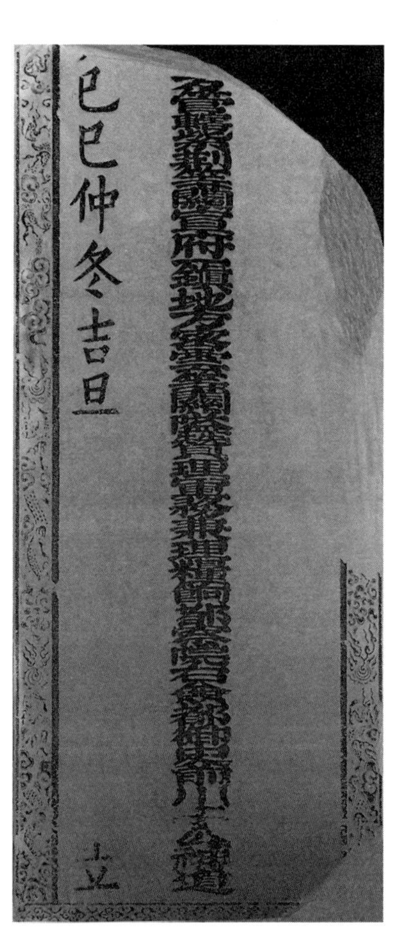

于成龙之父于国安墓谕祭碑拓片

于成龙在通州为官三年，建立和发展了义学，为贫穷子弟选择良师，使他们能够免费入学受到教育。他还善于审理刑罚案件，严格遵照朝廷所定律条，公正断决，公开审判，外县盗贼闻名而不敢入通州偷窃。他宽严有度，即使一些顽固强硬的罪犯也得到转化，于是一方安定，黎民乐业。在任通州知州期间，无论是运河堤坝的加固还是道路桥梁的修筑，凡事他都身先士卒，与民众一同抬土运石。

康熙二十三年（1684 年）十月，康熙帝第一次南巡至南京，文武守臣在通济门外迎驾。康熙帝问：“汉军于成龙在哪里?”于成龙趋跪马前承旨。皇帝对于成龙说：“朕在京师听说你居官廉洁，今临幸此地，确加咨访，与所闻无异。因此赐给你亲书手卷，以嘉尔清操。”

十一月，康熙帝回銮经过宿迁，破格提拔于成龙为安徽按察使。回京师后，又召于得水入朝，赐貂裘二袭，嘉奖他教子有方，还让八旗都统、侍郎凡有儿子的，都向于得水学习教子之方。

十二月，于成龙抵合肥，很快就奉旨督理下河。六天后即启行，有个同僚对他说：“汝太愚，到任年节，属吏有两次馈送，胡不收为下河资斧，为何六日即行?”于成龙笑答：“吾若不愚，皇上肯将两年知府授为臬司乎?”闻者叹服。

于成龙到江苏泰州先后考察了屡遭涝灾的高邮、宝应等七州县。通过实地勘研，于成龙得出结论：应先疏浚入海口，泄积水，使河渠沟汊露出埂岸，然后次第修治。这与河道总督靳辅在高家堰修筑重堤，而疏浚海口会导致海水倒灌的主张相悖，双方争论激烈。因靳辅等人的反对，他挖渠引泄积水的方案经过讨论后最终被否决，但他勤政爱民、廉洁奉公的品格得到皇帝认可。康熙皇帝曾对他说“凡做官不好，纵本身漏网，子孙断不能昌盛。”“朕深信者，总督于清端、巡抚汤斌及尔三人耳。”

两任直隶巡抚，扫黑除恶

于成龙先后两任直隶巡抚，康熙二十五年（1686 年）二月，于成龙升任直隶巡抚。康熙三十七年（1698 年）二月，康熙帝命于成龙以总督兵部尚书兼右都御史职务管直隶巡抚事。到任后，他便雷厉风行，废除累民弊政，弹劾失职人员，惩办贪官污吏。他经常微服私访，体查民情，清除累民的五件事，甚至不顾生命危险，深入匪巢，单骑招抚赞皇县流寇。面对仗势欺人的官宦子弟、土匪豪强、宫廷太监等为非作歹之徒，他不畏强暴，勇敢果断。先后将积年巨盗、市井恶棍、潜匿土匪、土豪恶霸抓获归案，直隶肃然，盗匪扫平，百姓沉冤得雪，民众悦然欣慰，百姓称他为

“于青天”。

康熙二十六年（1687 年）四月，五十岁的于成龙被皇帝加太子少保衔。十月，康熙帝巡幸霸州，于成龙迎驾行在，召见于宫内，皇帝特赐他良马一匹，帑金千两。

次年五月，内阁学士凯音布、侍卫马武奉命巡阅中河，弹劾漕运总督慕天颜有意阻挠中河漕运，皇帝下令逮捕慕天颜审问。查审中发现于成龙曾寄书让慕天颜不要顺从靳辅的治河主张，吏部建议削于成龙太子少保衔，降二级调用。皇帝下旨：于成龙削去宫保官衔，从宽免于降职调离。

平定噶尔丹督运粮草

康熙帝于二十九年、三十五年、三十六年，三次亲征噶尔丹，于成龙参与了后两次征讨。康熙三十五年（1696 年）二月，康熙帝第二次亲征噶尔丹，特命丁忧（此年养父于得水在北京去世）中的于成龙督运中路大兵粮饷，凡内外一应文武大小官员俱听其调遣，时有“六部不得掣肘”之旨。于成龙深感此举责任重大，激励部属称：“人臣竭智摅忠，正在今日!”于是，亲自督造运粮用大车六千辆，而每车还需牲口四头，这二万四千多头牲口难以一时筹集，用国库银两购买又会延误时间。于成龙不得已，只好请皇帝下旨：“大小臣工及士民有急公捐助者，给予叙录。”结果不到一个月，收到捐助的牲口数量就超过了所需。康熙帝命于成龙带领官兵、车辆赴海子操演，都听他的调度，可以便宜从事。康熙帝率军先行，于成龙督领粮车次第前进。四月初八日，车驾至克鲁伦河，大将军费扬古率军在昭莫多（今蒙古人民共和国首都乌兰巴托东南）大胜噶尔丹。康熙帝挥师追至拖诺山，军粮将尽，而于成龙所运粮饷尚未赶到，康熙下旨斥责，后见于成龙衣衫褴褛，疲惫不堪，大为感动。

康熙三十六年（1697 年）正月，康熙帝出宁夏第三次亲征噶尔丹，于成龙主动请战获准，同侍郎李鈵等先往宁夏督运军粮。闰三月，于成龙率部沿河用船装运粮饷，至青海白塔城（今大通县西北）上岸卸下，再用马驮运到前线，保障了大军粮饷供应。大将军费扬古从前线侦报噶尔丹逃窜并死亡，米粮不必前行，于成龙留屯米粮于此，令军士挖壕筑城，始创因粮而设城，后来者称之为于城。

大军获胜回京后，康熙帝慰劳于成龙说：“卿辈辛苦，得成大功!”于成龙回奏：“臣等并无功劳，拿获噶尔丹皆蒙皇上指授方略，与臣等无与。”康熙帝兴奋之余，特命侍卫带于成龙去见被俘的噶尔丹大将吉喇，告诉他说：“此公即运米灭尔国之都察院左都御史于成龙!”吉喇俯首欠身，手足无措，一脸恐惧。于成龙蒙恩加军功四级，授拜他喇布勒哈番（骑都尉）一职，可世袭。

治理浑河，名垂青史

永定河自石景山至卢沟桥南，金、元、明相继建有高大的土石堤工程。至于下游则向无修防，任其散漫，所以宛平、良乡、涿州、新城、雄县、霸州、固安、永清、东安等州县，数被其患。康熙三十七年（1698年）二月，浑河泛涨，淹没旗下及民人庄田。康熙帝当机立断，派于成龙、王新命、钦天监安多分别察治。于成龙亲自查勘浑河河道，决定加固石卢段旧堤的同时，对卢沟桥以下河段进行大规模治理，采用尊重自然，勘测故道，疏筑兼施，事半功倍的策略。摒弃了明代以来单一筑堤束水的方法。既筑河堤，又浚河床，治水的同时注意治沙，并注重上、中、下游全程治理，改变历朝头痛医头、脚痛医脚的局面。他亲临河边指挥，监督河工挑新河，首次采用分段修筑管理、同时开工并进的方法。新河自宛平的卢沟桥至永清的朱家庄，汇狼城河，注西沽入海，五月大功告成。七月，于成龙疏请将霸州等处开挖的新河命名为永定河。竣工之日，康熙帝坐船顺渠而下，赐改名永定河。题额建碑，首次敕封永定河神。显然，于成龙提议、康熙帝定名的“永定河”，是针对旧名“无定河”而反其意命名的，企盼浑河从此安平，不再泛滥，寄托着永远安流、造福京华的美好愿望。于成龙还进言治河无一劳永逸之法，建议设立河司，加强后期的堤坝维护与疏浚。康熙朝始设永定河南岸分司、北岸分司，司署衙门设在固安城内。

于成龙治理永定河初见成效，取得了阶段性的胜利。加之永定河由他提名、康熙赐名，这个美名一直沿用了下来，至今已经有三百多年的历史。

豁免河夫，设立河兵

明初，为对付河水泛滥、疏浚修筑等重大河工，沿河设夫役，人数多时达数十万，都是近河贫民，奔走穷年，不得休息，劳民伤财，用一费十，加上管工渔利，民多抱怨，尽至逃亡，佥派民夫的弊端在明代就已初现端倪，急需革除。清因明制，初期的一些重大河工工程中也采用了佥派民夫的办法，但康熙年间在治理黄淮的重大河工工程中，总河靳辅首创改佥派民夫为雇募河兵的办法，康熙三十一年（1692 年）十二月，靳辅病逝，于成龙接任河道总督。三十三年（1694 年）正月，于成龙奉召至京。他向皇帝汇报说百姓疾苦，上书豁免河夫，最终在于成龙的多次呼吁和坚持下革除了佥派民夫这一弊端。河夫改河兵，一举两得，可谓变而不失其正，也是清朝兵制超出前代的创举。于成龙为解民夫苦累屡屡执着上言，兴利除弊，惠及万民，开一代兵制之新，流芳千古。

抱病治河，鞠躬尽瘁

康熙三十七年（1698 年）十一月，河道总督董安国被罢免，康熙帝再命于成龙担当此职，治理黄淮。当时，淮扬一带，黄、淮两河河水泛涨，民田多处已被水淹。年逾六十的于成龙临危受命，奔走两河，勘察灾情，欲把治理永定河行之有效的方法和经验运用到治理黄淮上，先后开浚月河、新中河等。终因日夜操劳，河务浩繁，积劳成疾。但他不以为意，仍然披星戴月奔走于黄淮之间。康熙三十八年（1699 年），康熙帝南巡视察河务，看到于成龙身体羸弱，接连赏赐御药、御制诗，嘉奖他的勤勉。于成龙更加废寝忘食地投身河务，病情不断加重，但他仍旧抱病治河。十月，他疏请休假两个月，康熙帝命御医送以良药。翌年二月，于成龙扶病亲临淮上视察河道，病情陡然加重。他叮嘱儿子于永裕：“我现在病入膏肓，药饵已经不能治愈。治理两河关系国计民生，卧病治理是断然不行的。赶紧上书，请皇上另派贤能大臣，不要耽误了国家大事，加重我的罪过。”直到临终，他念念不忘的还是治理黄淮。二月二十七日，于成龙病逝于淮署，终年 63 岁。康熙帝闻讯痛悼，两次遣人谕祭，谥曰襄勤。雍正八年（1730 年），诏入祀贤良祠。

于成龙死后，随父于得水葬于石景山区杨庄村西。另有于成龙生父于国安墓地位于固安县南房上村，尚存碑文石刻。

于成龙的廉洁，世不多见，清廉但不刻薄，而且有才略，有担当，不愧为康熙朝的一位名臣。

都察院左副都御史郝惟谔

郝惟谔（1641—1713），字稷人，号默庵，霸州煎茶铺郝青口人。是郝杰最小的儿子，郝惟讷之弟。生于明崇祯十四年（1641 年），逝于清康熙五十二年（1713 年）。在清康熙朝中历任户部主事、户部郎中、川东道台、江西督粮道台、浙江驿传道台、通政司通政、都察左副都御史。是霸州郝氏继郝杰、郝惟讷之后又一位高官。

青年出仕，不考而官

郝惟谔是不经考试进入官场的，在郝氏诸多不考而仕的官员中，郝惟谔是升到省部级高官的唯一一人。顺治十六年（1659 年），郝杰去世，葬于郝青口村南。死前叮嘱长子郝惟讷要好好看顾继母和幼弟。郝惟讷回家丁忧守制，看到 18 岁的幼弟郝惟谔学习、见识虽有进步，但在霸州学习，教育水平与北京相差甚远，就花钱给郝惟谔在北京国子监捐了一个官监生。康熙元年（1662 年），郝惟讷服丧期满，补授户部左侍郎，不久转为吏部左侍郎。这时郝惟讷得到一个荫补七品主事的指标。当时，郝惟讷的儿子还小，就和夫人李氏商量，把这个七品官指标让给小弟郝惟谔，李夫人同意。可是这个荫官指标是给郝惟讷子孙的，除非无子，是不可“移荫”的。郝惟讷与郝惟谔并非一母所生，但继母孟氏对郝惟讷有抚养之恩，郝惟谔又是可造之才，郝惟讷决定向皇帝申请特许。当时掌权的孝庄皇太后通达开明，不但批准了郝氏的“移荫”，而且把移荫定为常例。这样，郝惟谔在 22 岁就荫补为七品的户部主事。

四十年宦海沉浮

郝惟谔补授户部主事，出任户部宝泉局监督。宝泉局是主管铸造钱币的机构。这个岗位最重要的是廉洁和账目清楚。郝惟谔精细谨慎地工作，有廉洁认真的好名声，三年期满，考核优秀，提升为员外郎，仍主管宝泉局。30 岁时晋升为户部郎中，这是个五品官。他在这个职位上一干就是十年，这十年他大哥郝惟讷一直在吏部主管全国官员的选拔、任用，为什么没给郝惟谔升官呢？因为监生出身的官员，除非立下大功，一般当到五品也就到头了。

康熙十九年（1680 年），吴三桂、耿精忠、尚之信三藩之乱被平定，原三藩控制区急需朝廷派官员去管理。当时任吏部尚书的郝惟讷劝说郝惟谔，在北京部里工作，平淡清闲，很难立功。为了今后的前程，不如到地方上去建功立业。郝惟谔同意了大哥的意见，提出了到地方任职的申请。康熙二十年（1681 年），吏部分派他去四川省任川东分巡道道台，这时他已经年过四十了。他分管的川东道是从重庆到宜昌的广大地区，面积相当于现在的重庆直辖市。这本是四川比较殷富的地区，但四十年间经历了四次大战，可说是十室九空，满目疮痍，非常荒芜。当时朝廷紧急从湖南、湖北、广东等地调拨民户到四川去恢复生产，这就是历史上有名的“湖广填四川”。郝惟谔的工作就是给移民户安排落脚地，帮他们盖房、分地、配给耕牛、籽种、口粮，督促移民尽快投入生产。郝惟谔在户部经过多年历练，已成为钱财管理专家，经过一段时间的辛勤工作，成绩卓越，取得了雷厉风行、干练勤劳的官声。

工作了两年多，他的大哥郝惟讷病故，回家奔丧后被调到江西省任督粮道台。志载江西省“南昌诸郡，为钱粮奥区，兵米漕粮，甲于他省”。江西钱多、粮多，粮库多，库存旧粮出不尽，新粮又要入库，多年没有清查，这就给官员贪污、库吏盗窃提供了方便。郝惟谔到任后，立即清仓查库，惩办污吏，淘汰腐职庸员，令“夙弊顿革”。而后不知因为何事受到牵连，被调到陕西省任督粮道台，到了陕西也因“作风过硬”而出了大的

事故，被解职回乡。这时郝惟谔五十多岁。

郝惟谔再次被任用为浙江省驿传道台，已年过六十，这次他吸取以前的教训，工作谨慎多了。一个偶然的机会，使郝惟谔时来运转，康熙四十四年（1705 年），浙西很多地区受到水灾。郝惟谔是有名的钱粮专家，并有清正廉洁之名，加上驿传道事又不多，省里派他去主持赈灾。年过花甲的郝惟谔又恢复了活力，他轻车简从连夜赶赴灾区，逐村查看灾情，制定救济标准，调运赈灾物资。灾民都感谢皇帝圣恩，感谢朝廷派来的清正廉明的好官，监察御史将救灾情形上报康熙，皇帝龙心大悦，特发圣旨对郝惟谔表示嘉奖和慰问。赈灾事毕，考评为“卓异”，内调朝廷，升任为通政司右参议，从四品。郝惟谔从三十岁升为五品，一直到年近七十岁才升了一级。

古稀之年沐皇恩

郝惟谔任通政司右参议一职，主管传递官员奏本。他虽没经过科举，但博览群书，知识广博，能诗能文，书法精湛。据其墓志记铭载：“公私应酬外，手自一编，寒暑不辍。博极经史，旁及汉、晋、唐、宋诸大家。诗摹李、杜，书仿钟、王。摊棋、鼓琴皆得名人指授。”这正契合了康熙帝的嗜好。康熙这才知晓，原来这个监生出身的荫官并非碌碌之辈，是个不可多得的人才，于是把郝惟谔提升到翰林院当四译馆提督，以后又提升为太常寺少卿。官秩正四品。

康熙五十一年（1712 年）春，郝惟谔任通政司右通政，年底升为左通政，转年春天皇帝特旨加两级任用，升为正三品通政。当时郝惟谔年已七十二岁。康熙五十二年（1713 年）四月，提升为都察院左副都御史，官秩提升到二品。郝惟谔七十三岁升为都察院第三把手，正式成为都察院堂官，朝廷重臣，深感皇恩浩荡，于是更加努力工作，因劳累致病，于康熙五十二年（1713 年）八月逝世，葬于霸州煎茶铺郝青口南郝氏墓园。

郝惟谔为官五十余年，一生虽看似平淡，但是充满了坎坷。他廉洁勤奋、细心缜密、业务精通、作风雷厉，在仕林中为一干练通达的人才。壮年无闻，老年通显，可见其真才实学不会被埋没。

清代的治水专家陈仪

陈仪（1670—1742），字子翙，别号一吾，文安县人，其书房自名兰雪斋，故有兰雪先生之称。祖先是从山西洪洞县迁居文安来的，居住在西码头村。他父亲有四个儿子，陈仪行二。他精于古文，学识渊博，治理水患，经世济民，是清代著名学者、治水专家。他与稍晚的纪昀（字晓岚）并称京南二才子。其事迹广传民间，至今为人所称颂。

少年才俊，科考不利

陈　仪

陈仪聪明出众，勤奋好学。读书重在领会精神实质，不看重字面的意思。一次从私塾回家陪祖母吃饭，光吃饭不喝汤，祖母说：“孩子，你怎么不喝汤?”他就又光喝汤不吃饭，从《文安县志》记载的这件小事中可以看出，陈仪把精神全集中在学习和思考问题上。

陈仪的老师井存士，朋友王念庵，古文今文都自成一家。陈仪幼年时曾经拿诗作求本县名士纪灵指教，纪灵看了之后，说：“你读过《诗经》吗？《诗经》里的作品意思简约，言词中肯，要表达的思想溢于言外。”陈仪听了，豁然领悟，又过了一些天，再以诗作相请教，纪灵高兴地认为合格了。这时，家业中落，但是陈仪气质神态光彩高远。纪灵的弟弟子湘太守，一向善于品评人物，很重视陈仪，认为他与众不同。每次设筵饮酒就请陈仪到府，陈仪虽然衣帽破旧，但在宴席中饮酒吟诗，气度不凡，在座的人都非常佩服他。奴婢们却暗地里笑他太迂阔，太守告诉奴婢说："陈仪不是一般的人。"

考秀才的时候，乡里的前辈就把陈仪看为对手。康熙二十九年（1690年）科考，陈仪考中八府考生第一名。这一年秋天在乡试中是经魁。但是之后陈仪多次考进士不得志。

随着家中越来越贫困，快补缺了，他不去吏部等候选派，而应考康熙五十四年（1715年）的会试。考官潘颖少推荐他为第一，相国王顼龄说："这个人才能太出奇了，做第二还是比较合适的吧。"潘颖少说："第一是要选用庸才的。"王顼龄很气愤，拿起笔来给潘颖少说："请您自己拿主意吧。"潘颖少接过笔来马上点了陈仪的名字。点完后，王顼龄很生气，潘颖少也很生气，事情至此而止。但实际发榜时陈仪排在第十八名，不知是什么原因。王顼龄看着潘颖少说："这就是您所赏识的第一呀！"王顼龄态度有所缓和，于是把陈仪的名字写入翰林院。礼部尚书蔡升元教课时，总是把陈仪放在第一位。方苞看了他一篇文章，说："是北方的名士啊！"再看后说："不是徒有其名的读书人呀。"三次看完就站起来叹息说："天才，别人不能和他相比呀。"于是亲自登门拜访，见到陈仪喊道："见到先生，如同见到百川总源呀。"于是订为知己。一时间像何焯、唐赤子、黄昆圃、任香谷、邹太和，都与陈仪交了朋友。同榜李絅、潘南垞和他过从更密。相国张廷玉读了他的文章说："这个人是奇才，但是我不敢用他。"陈仪在庶常馆学习期满，授翰林院编修，撰修三朝国史，讲读经史，著书立说，文名倍振，有"太史文章光北阙"的赞誉。

协助亲王，治水营田

在文安县水乡的长期生活过程中，陈仪深受洪涝之苦，他在研究古文的同时，深入研究了历代关于河渠地理方面的文献，吸取了前代人的治水经验，对直隶诸河道了如指掌。一天，有快马来传他说：“亲王的召命，让你骑马去怡亲王府。”这时京郊遭了水灾，雍正皇帝命令怡亲王允祥开水利营田府，相国朱轼为副，规划营田以防旱涝。有人议论认为营田不便，怡亲王也怕不能圆满完成此事，要得到一位熟悉地形、通达治水方法的人了解一下，朱轼推荐了他。

陈仪对怡亲王说：“兴水利就是去水害，水积聚起来就是害，分散开来就有利；壅滞就是害，流通就有利。去害的方法，对于狭隘的地方应当加以扩充，使之能增大容量；多余的水分散使之减少；堵塞的要疏导使之通畅；漫溢的归摄入海。水害消灭才可以营田。而营田就是分散洪水，也正是依赖分水来去除水害的。把田间、沟渠的水疏通到河道，让水流动，一河水分到一百条沟里，一沟水散到一千亩地里，还怕不够，怎么怕有富余呢？南方人像争金子一样争水，北方人怕水像怕仇人，就区分在用和不用上。现在用水营田，也就是用地把水分开，营田成功，水也就散开了，水利兴了而水害也就消灭了。”

怡亲王说：“好，但是有的人说人力不能改变高原和平地的本性，是这样吗？”

陈仪说：“营田在平地上，并不是在高原上。北方地势高是跟全国地形比较来的，如果单讲北方，那么高地占十分之六，洼地占十分之四，大雨淹没时有一半土地要受灾。按这个计划营田，是把荒地变成稻田呀。”

怡亲王说：“好，但是干旱了怎么办呢？”

陈仪回答：“北方冬春两季干旱，大雨多在五、六月，但是雨水过多常给高地造成灾害。初夏养稻秧，地面没水，可以借用河水和井水，等到插秧正是雨季，水田不必愁旱，高地的积水可以向水田宣泄，也不必怕涝，这就是营田的方便之处。”

怡亲王说：“那么能有多少地可以用来营田？”

陈仪回答说：“民间已经种稻的就不需要借助官营，如果营田就经营百姓不能经营的地方。比如后湖，是湖泊，引湖水可以浇田；大淀是洼淀，开河引水可以成田；天津、宝坻的旱地，引潮白河水可以浇田；任县、宁晋是水乡，围起堤埝可以造田。其他地方可以因地制宜，依次例

推了。水比地高可用沟渠疏导，水跟地面平行可以打埝埂灌溉，水比地洼用水车提水。打埝以防备雨涝，建闸涵以备蓄洪泄水。开始营建的计划安排好，再随时修补完善，以十年为期，粳稻跟谷类都可以获得丰收啦。”

陈仪精辟的见解博得怡亲王的赞叹，怡亲王看着朱轼说：“读书的人不应当这样么。”上奏请派陈仪治水营田。一年后，按照他所制定的计划平息了水患。

雍正五年（1727 年）分了四个局，派陈仪管天津局，因为翰林院是清贵的官职，工资太低，要请示任命做天津知府，又考虑翰林不该任外职，请示用编修职务带管天津同知，雍正皇帝直接派遣陈仪以侍讲衔带管同知，开办府署配备官吏。不久，陈仪就以侍读庶子晋升为侍读学士，照常管理局事，都是皇上给的特殊待遇。在天津几年的时间，水乡方圆百里谷物丰登，皇帝对他多次嘉奖。雍正八年（1730 年），设立营田观察使，命陈仪以侍读学士兼佥都御史任京东观察使。京东依山傍水更便于营田，挖渠筑堤造成了几十万亩良田，每年丰收。陈仪请示买粮充实国库，以避免产生谷贱伤农的弊病。这一年，怡亲王去世，水利营田府解散，一时间议论四起，有些人认为营田治水多此一举，陈仪力排众议，继续主持京东一带水利。雍正十一年（1733 年）京北闹大水，上万家田地房屋被冲毁。陈仪写奏疏把灾情上奏朝廷，有人认为不是观察使分内的事，陈仪说：“《诗经》不是说吗，‘駪駪征夫，每怀靡及。’不能因为职务而自我拘限，我敢坐视不管吗?”得到赈济使濒于死亡而活下来的有三十四万多人。但是持异议的人总认为设营田使不合适，最后就裁减了。陈仪兴修水利大多灵验，效果很好，人们至今还称赞他。

晚年岁月，全力著述

乾隆元年（1736 年）普行封赏，陈仪的一个儿子可以进入国子监。此时他的两个儿子都显贵了，就让侄子尚友承受了恩荫，没让分内的长孙承受。他说：“我这样做是为了安慰死去的弟弟。”不久因嘱托门生为贫困的故友之子谋求生计而被人攻讦，降职为鸿胪少卿。于是陈仪对子侄们说：

"我受皇帝特达之恩，粗有成效，希望不辜负国家；用笔墨教养你们三十年，用微薄的俸禄供养家人二十年，也对得起家里了。"于是纵其心志，尽力著书。

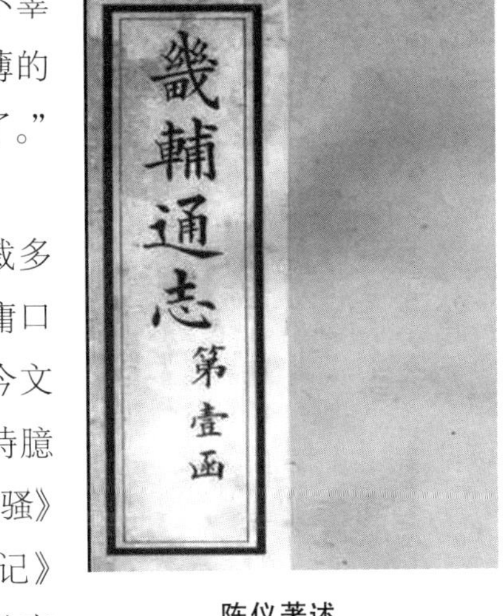

陈仪著述

陈仪著述颇丰，而且题材广泛，体裁多样，文风多变，有《兰雪斋诗集》《学庸口义》《古今文集》《毛诗臆评》《读离骚》《乡党私记》《直隶河道事宜》《治水末议》《金刚经臆说》《楞严经臆说》《南华经解》《评选史记、战国策》等。康熙四十二年（1703 年），陈仪应本县知县杨朝麟之邀参加了《文安县志》的编写。还应邀协助李卫等人编纂《畿辅通志》，撰写了《河渠》《水利营田》等分志。后来其子玉友曾将陈仪的著作编为《陈学士文集》十八卷。

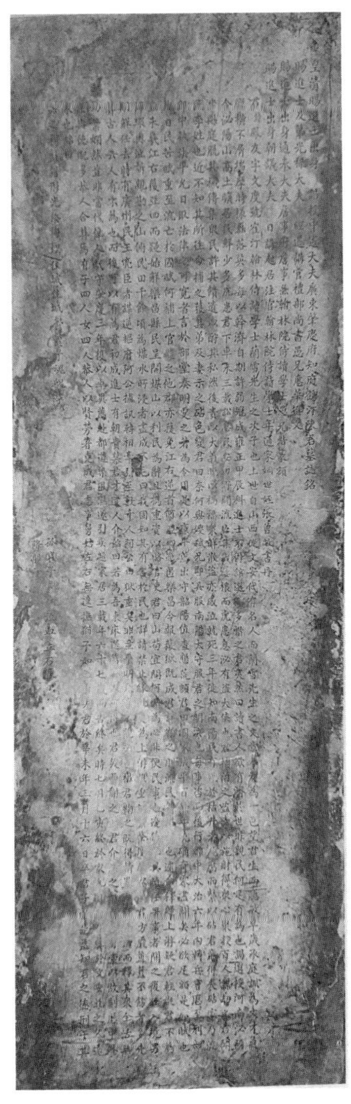
诰敕中宪大夫广东肇庆府知府鹤汀陈公墓志铭（陈仪次子）

陈仪于乾隆七年（1742 年）正月初四去世，终年 73 岁。葬于文安县城北常久村西。

陈仪有三个儿子：长子夔友，字伯让，雍正朝举人，未仕，46 岁时先于陈仪而卒。次子凤友（1701—1767），字文度，号鹤汀，雍正初进士，官至广东肇庆府知府，堪称一代循吏。三子玉友（1704—1754），字瑗度，号蘧园，雍正朝进士，官至台湾府知府，有德政。

陈仪的才能出众，文章出色，品行道义

出色，人生经历、官职升降都不一般，实在是一代杰出人物。孝悌出于自己的性情，文章抒发聪明才智，治理国家、救济百姓要有富足的学问，官场升降全凭遭遇。活着时顺理，死去有美名，陈仪的一生可谓传奇了！

慷慨捐躯贾庆檀

贾庆檀（1748—1799），字栎园，永清人。世居永清县城北街的贾氏是当地的名门望族，自元代开始就很兴旺，每朝每代都有为官的，而且家族富有，慷慨乐施，子孙好习武艺。徐世昌《大清畿辅先哲传》第三十七卷《忠义传》记载，贾庆檀于乾隆三十六年（1771 年）中武闱第一名，历官河南王禄店营守备。

嘉庆元年（1796 年），贾庆檀被调征川楚剿匪，这里所说的匪和贼是指白莲教。白莲教是唐、宋以来流传在民间的一种秘密宗教结社。在元、明两代，白莲教曾多次组织农民起义。流传到清初，又发展成为反清秘密组织，虽遭到清政府的多次镇压，但到了嘉庆元年，白莲教大起义已发展成嘉庆年间规模最大的一次起义，起义爆发于四川、湖北、陕西边境地区，斗争区域遍及湖北、四川、陕西、河南、甘肃五省。贾庆檀带兵与白莲教众战于湖北荆门白云山、襄阳七里山、谷城沈家冈、南漳倒座庙及蜀界画石沟，军功最为卓著。

嘉庆四年（1799 年）四月，贾庆檀与白莲教蓝号首领张汉潮战于竹溪，多次给张汉潮部以重挫。张汉潮部接连受挫后，转而侵扰别营，别营便向外乞援，大家都害怕张汉潮勇武嚣张，不敢前往。只有贾庆檀请求前去，于是率领三百名兵卒，和武举杨占一同出发。中途遇到溃退下来的士兵，纷纷说贼兵极为骁勇，苦劝停止前进。但贾庆檀执意前往，他的亲兵拉着他的马劝阻说："我为援师，被援救的人都跑光了，我们还去救援谁?

敌人人多，我们人少，即使前进也必定不会取胜，这样只能白白地遭受耻辱。”贾庆檀愤怒地呵斥亲兵说：“我们的增援部队是来杀敌人的，被救援的士卒虽然逃掉了，但贼兵还在，为什么没有见到贼兵就返回呢？”

贾庆檀率军飞快地前行并与贼兵相遇。贼兵有一万多人，虽然双方人数悬殊，但是贾庆檀毫不畏惧，手挥佩刀，率领着三百人迎战，贼兵被他的气势震慑，不敢近前，偷偷地从两翼包围。终因寡不敌众，杨占战死，军队便溃散下来。贾庆檀先是施放火器杀敌，弹药很快耗尽，又用弓箭射杀敌人，身上所带的箭很快也射没了，便掣出佩刀砍杀数十人，从重重包围中杀出来，那把佩刀最后也被砍折。贾庆檀率领手下三个小兵从小道向回返，到九里冈时，再次遇到贼兵，激烈地拼杀在一起。贾庆檀对身边的小卒们说：“我今天就要战死了，你们快离开这里，他日别忘了为我收拾骸骨。”说罢，他瞪着眼睛大呼大叫，舞着双拳和贼兵相拼杀，很快就战死了。

那三个小卒只有一人回到了大营。第二天，又沿路回来，带着一行人寻找到贾庆檀的尸体。他的身体用布衫覆盖着，伤口从前胸一直通到后背。大家见状，都伤心地哭出声。众人把贾庆檀的尸身抬起，细致地用冠服殓葬他，这年，贾庆檀才五十二岁。此事传扬出去，朝廷赠恤有加，并给予祭葬，后来还被入祀昭忠祠。

贾庆檀不仅使廊坊一地的科第榜上又多了一名状元，而且他的英勇精神，也生动地展示出了燕赵自古多慷慨悲歌之士的人文风貌，是我们这个地区宝贵的精神文化财富。

通晓治河研究水运的清代学者型大员吴邦庆

吴邦庆（1766—1848），生于清乾隆三十一年（1766 年），逝于道光二十八年（1848 年），字霁峰，霸州东关人，嘉庆元年（1796 年）二甲第四名进士，翰林院编修。擢鸿胪寺少卿、内阁侍读学士，后任山西布政使、湖南、安徽、福建等省巡抚。

老主同年少主师

吴邦庆

霸州人都传说吴邦庆和嘉庆皇帝同岁，还当过嘉庆皇太子的老师，因此称吴邦庆是“老主同年少主师”。这虽与事实不符，却也不算空穴来风。嘉庆皇帝比吴邦庆大六岁，可是吴邦庆是嘉庆元年进士。吴邦庆当官和嘉庆当皇帝是同一年，这便是所说的“老主同年”。吴邦庆当过很长时间的翰林侍读学士、内阁侍读学士，这个职务有给皇帝讲述经典、辅导皇子上课的责任。虽不算皇子的正式“师傅”，可说是“少主师”也算沾边。据说嘉庆皇帝特别喜欢吴邦庆。因为吴邦庆名“邦庆”，嘉庆皇帝就觉得这是天赐的人才帮助我嘉庆，于是就赐给吴邦庆一张“帝影”，就是皇帝画像，被吴邦庆挂在霸州东关吴家祠堂里。吴家祠堂门口立有“文武官员到此下马”的石碑，就是因为祠堂里有皇帝的画像。这通石碑新中国成立之初还在。

十年翰林编修，一部水利丛书

吴邦庆初立朝堂是任监察御史。他的奏章《军机章京宜令大员子弟回避》疏非常有名。军机章京一职，形同机要秘书，就是不能让高官子弟当军机处的秘书，防止皇帝与辅政大臣讨论的机密大事被他们泄露给相关亲属，造成窥测圣意、离间朝野的后果。这是个胆大且得罪人的谏言，后被皇帝批准实行。

嘉庆二十年（1815 年），吴邦庆外放后，先是任山西布政使，当时正赶上山西蒲州、解州地区大地震，吴邦庆组织抗震救灾工作，他带头捐献俸禄，坚持发粮到户。不久调任河南布政使，任上惩治贪官、裁撤冗员。他禁止豪绅大户“包交皇粮”，让农户自交到库，抑制了大户、胥吏的中间盘剥。经过三年的治理取得很好的实效。嘉庆二十三年（1818 年），吴邦庆升任湖南巡抚，二十四年（1819 年）调任福建巡抚，二十五年（1820 年）调任安徽巡抚。其间，他曾代表朝廷调查黄河马家营大坝修建舞弊案，因判案失误被免职。皇帝让他回到翰林院当编修。

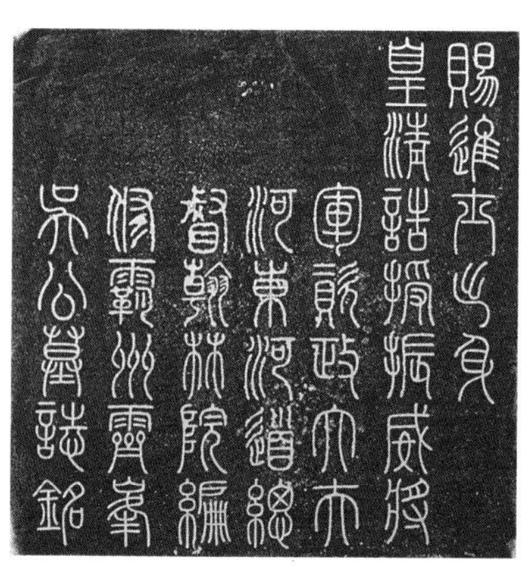

吴邦庆墓志铭志盖拓片

吴邦庆在翰林院当编修十年，没有消沉。他走遍了河北各地的山川河流，湖泊港汊。量度河水高低流向，计算湖淀大小容量，又搜集校定前人对海河流域治理的著述，编成了一部《畿辅河道水利丛书》。这部丛书是集河北水利、水文论述之大成者，一直是治理北京、天津、保定区域水患，兴修水利灌溉工程的重要经典。解放后，我们治理海河，还引为参考。1964 年，农业出版社再版了此书。

总督漕运河道，创设梯级船闸

道光十二年（1832 年），吴邦庆接替林则徐任漕运总督，不久，又任河东河道总督。漕运和治水，在清朝是关系到国家命脉的大事。国家的财政收入，北京的粮食物资供应，主要靠大运河的漕船从江南运来，因此朝廷设总督级的从一品大员管理此事，兼有振威将军、兵部侍郎、都察院右副都御史职衔，是握有军权、沿河区域行政权、不受朝廷六部节制，直接向皇帝负责的高官。

吴邦庆墓志铭志石拓片

吴邦庆在任内阁学士之时，就几次奉旨巡视漕运、河道，对此有精深的研究。上任之后，针对大运河枯水期漕船不能北上的困难，量度地段，设置了几处船闸，使漕船一段一段向北推进。还带领河、漕官员，捐出一年俸银，沿运河打井，置水车，向特枯河段补水。这些措施都是开创性的。

在治理黄河、淮河水患的问题上，他一改前几任水患不来时，就“吃掉”国家治河经费，水患已成再申请拨款救灾的做法，拿出治河常年经费的六成，预先购置修堤的石料、木桩、麻袋等储备于河堤险段，待大水汛期时就近取用，为国家节省了大量开支。他还在黄河沿岸的马营、蔡家楼组织修建了大坝，放出黄河泥沙淤成良田七千余亩，澄出净水补充大运河。这样既降低了黄河河床，又补充了运河水量，还增加了良田，一举三得。在吴邦庆任河道总督期间，虽也经历过大雨大水，但黄河、淮河都没

有发生决口泛滥的大灾。

吴邦庆于道光二十八年（1848 年）逝世于北京，享年 83 岁。

吴邦庆作为清代封疆大吏，为治理河北、京津一带的水患，着力编著《畿辅河道水利丛书》，不仅对当时的治水起到了指导作用，对今天的海河水系整治与生态的恢复，以及保护水文化遗产都具有重要的价值和深远的意义。

好善乐捐刘源灏

刘源灏（1794—1865），字鉴泉，号晓瀛，世居直隶永清县（今廊坊市永清县）刘靳各庄村。他父亲刘錡是岁贡生，曾任保定府满城县训导，国子监学正，他母亲诰授一品夫人。

少年聪慧

刘源灏小时候就很聪明。六岁时在庙台上玩耍，见几位老人闲谈，就上前见礼，其中一位老人说："听说你聪明过人，你如果能想办法让我们几个老头子下了庙台，我们就相信。"刘源灏小眼睛一转，随口说道："这我办不到，但是你们如果能到庙台下，我就能使你们再到庙台上。"大家听他这么说，就都自动走下庙台，刘源灏想要离开，大家纷纷阻拦，问道："你不是能让我们再回到庙台上吗？"小源灏笑着答道："开始要我想法使你们到庙台下，这已办到了，为何不让我走呢？"几位老人无言以对，愧叹不已。

刘源灏

兄弟翰林

刘源灏读书颖悟过人，13 岁时“十三经”皆成诵，而且记忆力惊人。16 岁中秀才时值家境贫寒，但仍一意苦读，日夜无间。嘉庆二十一年（1816 年），23 岁的刘源灏得中举人。道光三年（1823 年），30 岁的刘源灏考取进士，授翰林院庶吉士，六年（1826 年），散馆，授编修。参与重修《康熙字典》，他悉心研究，细心核查，修正了很多错误。

刘源灏的弟弟刘源浚比他小 10 岁，他亲自教授弟弟苦读诗文，诱掖备至，来京同寓一室，同处一榻，倦则眠，起则读。刘源浚于道光十五年（1835 年）得中进士，入翰林院选编修；道光二十四年（1844 年）任荆州府知府。乡人称他们兄弟二人为大翰林、二翰林，称他们的故里为翰林院。

为官经历

道光十四年（1834 年）七月，刘源灏充山西乡试正考官，取举子六十一名。次年出任江苏扬州府知府，扬州案牍繁多，刘源灏抵任后词讼随到随结。原积压旧案有几年、十几年的，甚至几十年的。他白天坐堂处理公务，晚上调来原案稿件挑灯夜读，逐一披览，多年陈案件件弄个一清二楚，对来龙去脉、起始缘由了如指掌。往往不三数语而结，郡人惊为神明。有人问他结案的诀窍，刘源灏回答说：“旧案虽历经多年，但其中总有破绽和纰漏，我没有其他办法，只细细读稿罢了。”他在扬州选贤任能，所属八个州县万余文童举行府试，他亲自阅卷。凡考试成绩优秀者招来扬州读书。因此，培养造就了一大批人才，如后来成为太史的王凯泰、成为太守的蒋超伯等人。两江总督陶澍、江苏巡抚林则徐都很倚重他。

道光十六年（1836 年）秋，连降暴雨，洪泽湖水盛涨丈二有余，旧制：清江下游设滚水坝于高邮四海中，水涨到一丈二尺，就开坝泄水，是河督张鹏翮所定的规制。如果开坝泄水，下河数州县田地将被淹没，若不开坝水位上涨则有冲决的危险，刘源灏为百姓生命财产着想，力主迟开坝，可是河帅派人严催开坝，他为民请命，坚持不开，这时下河居民沿堤齐集数十万人，哭声震地。刘源灏哭着说：“乡民已经迁徙到高阜，开坝人夫齐集等候，水涨则开，水平则止，我在此随时等候。”说完，水势渐渐消落，在场人都十分惊喜，百姓欢声大作，齐声说：“生我者父母，活我者太守。”事后当地人民为刘源灏立长生禄位牌，以纪念他的功德。

刘源灏书法

不久，刘源灏升任陕西督粮道，到任后见省城西安鼓楼大街石路破损，年久失修，车辆难以通行。刘源灏慷慨解囊捐银万两，动工兴修，一年告成，省人刻石立碑记其事。又在关中书院增设诗赋课，时人传诵。后转任陕西潼商道，他下功夫清理税务、裁减浮费，商贾云集，使省城繁荣起来。潼河西岸百姓长年引河水灌溉农田，但因年久淤积，农民失利。刘源灏捐资重修水渠，引水归故道，居民公送匾额以感其恩德。道光二十六年（1846 年）七月，升山东盐运使，二十七年（1847 年）四月，升山西按察使，十一月，调山东按察使。

在任山东按察使时，境内盗匪蜂起。刘源灏一面清理冤狱，一面严令各属查捕盗匪，地方逐渐清肃。

道光二十八年（1848 年）六月，升布政使，七月，兼署盐运使，道光二十九年至咸丰元年累署巡抚。他加力整顿财务，除滥款二万余两，极力清理各属欠款纠纷，禁止滥支，设法催缴欠项，如数上解朝廷。当时各省清查后催解之多没有超过山东的。

咸丰元年（1851 年）山东逢灾歉收，刘源灏请命调入粮米 30 万石赈灾民，百姓得沾实惠。次年粤匪窜陷临清，刘源灏督办省城团练，昼夜巡

防，确保城乡安全。十年（1860 年）升任贵州巡抚，到任不久太平军将领石达开率部由四川入黔，屡陷州郡，直至广顺，距省城七十里。刘源灏日夜筹防，心力俱瘁。这时田兴恕将军在贵州军威颇振，刘源灏奏请入黔办理军务，田兴恕率部屡战屡捷，省城转危为安。同年十月，升任云贵总督。同治元年（1862 年），刘源灏因精力渐亏又患腿病，于是乞休归故里。同治四年（1865 年）正月初八病故，享年 71 岁。死后与赵夫人葬于后奕镇北，“文化大革命”中坟墓被毁，有墓志一块尚存。

刘源灏宅

刘源灏天性孝母，他母亲崔氏俭约自持，他自幼受其陶冶，家风不变。刘源灏待人至厚，任陕西督粮道时拿出数千金为本族近支按户置买田产代完官项；较远者及同村户口不下千人，均按户付口粮，遇有婚丧大事随时资助。刘源灏常叮嘱他弟弟：“我等廉俸有余，稍不注意便生奢侈。不如散给同族乡里，各沾实惠。我等仍俭约自持，不失本色，不失家风，不忘母教也。”咸丰三年（1853 年）永定河决口，乡园尽成泽国，村民嗷嗷待哺。刘源灏捐资购买粮米，十余村按户按日发放，拯救不下数千人性命，乡民至今称颂。

刘源灏一生经历三朝，为官遍及山西、江苏、安徽、陕西、山东、云南、贵州等省，重视教育，整顿吏治，为民请命，是一位廉吏，也是一位能臣。

清末武术大家董海川

很多人都听过单田芳先生的评书《童林传》，单先生这部评书是根据《雍正剑侠图》改编的，书中的主人公童林（童海川）是有真实的原型的，他就是文安人董海川。

董海川（一般认为他的生卒年是1797—1882年，有研究者认为他生于清嘉庆十八年，即1813年左右，包括董门再传弟子李子鸣等人于1982年所立的董海川先生墓志铭也说“约生于清嘉庆十八年”），原名董明魁，生于清代嘉庆年间，武术家，是八卦掌的创始人和主要传播者。

武术生涯

嘉庆二年（1797年）农历十月十三日，董海川生于直隶文安县朱家务村一个农民家庭，他祖父董继德有二子，叔父董守信无后，他父亲董守业有三子，长子董德魁，次子董明魁（即董海川），三子董武魁。

董海川

董明魁幼时聪明过人，但是沉默寡言。他循规礼让，从不和兄弟争食，对瓜果梨桃等食品，未经父母允许，从不自取。董明魁四岁开始学识字，他记忆力极强，到六岁时，已经认识了数千字。此后，他白天学文，夜间习武，不论春秋，无间寒暑，十年如一日，坚持不懈。董海川身材魁梧，臂长手大，很多古书记载他的双臂“下垂过膝”。家传技艺，一点即透。到十六七岁时，经书稍成，但因家境贫寒，未能继续深造，但家传的武功已有相当基础。董明魁与“威名震河朔”的堂兄董宪周关系密切，董宪周武功高强，受他的影响，董海川嗜武成癖，把全部精力都集中在对武功的钻研上，为日后的融会贯通各家之长打下了深厚坚实的功底。他和董宪形影不离，常往来雄县和文安之间以武会友。

此后，董明魁即以武勇著称乡里，他不事生产，终日访友切磋，并且秉性刚直，疾恶如仇，时常为贫弱者抱打不平。久而久之，董明魁声名远播，周围数百里村庄，凡是遇到大股悍匪，乡民没有办法应付的，都请他出面处置。但是个人能力终究有限，当时强人四起，民不聊生，而且啸聚山林的也多是为生活所迫的贫困农民，于是董明魁不再接受招请，决定离乡远游。

为了不给家乡族人招惹麻烦，董明魁改名“海川”，取容纳江海百川的意思。离家南游，志在以武访友，拜访各地高人隐士和武林高手。但是这一时期所游何方？所拜何人？不但说法不一，而且有的十分离奇。比较普遍的说法是他远游吴越、巴蜀、江皖等省。所遇的名师，一般说是曾在峨眉山跟随僧人学习八易寒暑掌法（一说八盘掌掌法），又到安徽九华山跟随红莲长老毕澄霞（一说是云盘道人）学艺。但据朱家务的老人回忆，董海川自己曾说“师父不露真姓名，大概有难言之隐”，可见连董海川本人也不知道师父的真名。八易寒暑掌法是把八卦中的八个符号作为八个方位用于武术技击。董海川从中得到启发，潜心研习，创编了八卦掌。

行侠仗义

董海川终于结束了云游，回到故乡。每天练习揣摩掌法，传授族人，颇有大师风范。但是，回乡后的董海川，也仍有让人捉摸不透的时候，比如，他时常外出，一走就是好多天，家人问他去哪里，他只用一句去拜访朋友来回答。后来，他又神秘地离家出走，消失得无影无踪。

其实，家人们不了解的是，此时的董海川是个心怀秘密的人。原来，他浪迹江湖的时候，已经秘密加入了反清义军。当时已经是清朝末年，朝廷腐败，内忧外患，民不聊生。董海川生就疾恶如仇的性子，好抱打不平，学成一身武艺后，更是屡屡为弱者出手。董海川下山之后，虽然经过岁月磨炼个性成熟了许多，但是疾恶如仇的脾气还是没有改。这一天来到苏州，正在欣赏小桥流水的董海川恰巧目睹了苏州知府强抢民女的恶行，为了搭救民女，他夜闯府衙，一掌结果了苏州知府的命。杀害朝廷命官，董海川一夜之间成了被朝廷追捕的钦犯，好不容易逃出苏州城后过上了居无定所的逃亡生活。

流亡到河南后，董海川受农民起义军之托，身负重任奔京城而来。

路过霸州的时候正赶上这里一年一度的庙会，街市上人头攒动，人群熙熙攘攘。董海川见一伙混混正与一位卖白蜡杆的老人争吵。这伙人欺负老人，围观的人敢怒不敢言，董海川一打听才知道，这伙人是当地有名的恶霸，他心怀不平，上前劝解，歹徒不但不听劝阻，反而突然出手。董海川一错步，轻轻闪过，对方扑了个空，恼羞成怒中爬起来就朝董海川身上踢，董海川一把抓住对方脚脖子，往前轻轻一送，那人仰面朝天摔倒在地，踉踉跄跄爬起来转身就跑，不一会儿工夫就找来二十多人，个个手持兵器，一拥而上。董海川大喝一声，舞动白蜡杆四面迎击，打死、打伤多人。这拨恶霸与官府勾结，早有人报知霸州知府，董海川被捕入狱。当天晚上，董海川抖动双臂将镣铐崩断，越狱潜逃。为避风头，他来到塞外避难。

栖身清宫

这时，太平天国运动势力高涨，北方农民起义军的捻军已在河南、直隶展开了对清军的攻势。相传董海川曾参加捻军，东捻军鉴于林清进攻紫禁城失败的教训，为了钻入清军心脏，寻机刺杀咸丰，选派武艺高强、机智勇敢的董海川受阉为太监，潜伏宫内，作为内应。因为清廷有所觉察，董海川改在肃亲王府当差。后来农民起义军失败，咸丰帝也病故于热河，还没来得及动手，计划就搁浅了，董海川无处可去，只得继续栖身内廷，忍辱生活。董海川起初做散差太监。在肃王府当差多年，没有人知道董海川是武术大师，一个偶然的机会他才露出真相。

有一天，太极拳名师杨露蝉奉召在肃王府和府中的拳师比武，连战连胜，最后竟将一名拳师扔到了园里的网子上。这时董海川手托菜盘由此经过，立即飞身上网救起拳师。董海川于是和杨露蝉比试，双雄对峙，胜负难分。肃王和宾客大吃一惊，大家都没有想到这个端茶送水的太监有这样好的身手。肃王因此很赏识他，后来升任七品首领太监，代替沙回回做护院总管。此后，董海川的拳技逐渐为人所知。

有个叫全凯亭的人，略通武艺。一次偶然偷看到董海川练习武术，仰慕他武功高深，跪求收为弟子。一些怀疑董海川武术技击实用性的人，纷纷来和他较量。精于罗汉拳的尹福、擅长摔跤术的程廷华、善用连腿的史继栋等少壮武豪，相继败在董海川手下，求为董门弟子。董海川名声越来越盛，弟子日众。没过几年，董海川创编的八卦掌就流传到各地，在武坛形成一大流派。

董海川曾经游历塞外，令数人各持利器，环而击之，董海川四面迎拒，捷如旋风，观者群雄，无不称为神勇，敬畏他的丰采。

门系流传

同治十三年（1874 年），董海川因为年老辞职，居住在弟子家里，专门教授徒弟。在他门下学艺的经常有数百人，请教武艺的自达官贵人以至士人商贾等将近千人。董海川收徒传艺，特别重视武德。对弟子在德行方面，要求非常严格。他时常告诫门徒："学好武功，是为了扶危济困，侠义救人的，如果谁干了坏事，我就将谁的脑袋揪下来。"

董海川所收的弟子，多是带艺投师，因比武较技而折服，拜在董海川门下。董海川因材施教，因人授法，善于启发弟子从实际出发，以《易》理悟拳理，因此第二代弟子流派纷呈，不拘一格，后来有五大流派，分别是尹派、程派、梁派、史派、张派。其中，尹福和程廷华最为有名，程廷华还是一位民族英雄，在八国联军入侵时抗击德国兵时牺牲。

董海川于光绪八年（1882 年）冬季去世，原葬于北京东直门外小牛坊村旁。弟子和后辈先后为其立碑四座，光绪九年（1883 年）碑述其生平事迹，三十年（1904 年）碑阴列举门生弟子五十余人姓名，民国十九年（1930 年）碑载世系二十字，即：海福寿山永，强毅定国基，昌明光大陆，道德建无极。

1980 年，八卦掌弟子李子鸣等人倡议迁葬于京西万安公墓。2010 年，伴随着八卦掌被评为国家级非物质文化遗产，八卦掌在海内外更深入地普及传播开来。2016 年 1 月，文安县以董海川祖居为基础，恢复祖居旧貌，并修建董海川金箔泥塑坐像。

董海川作为清末著名的武术家，他的身世经历有许多不同的传说和有待考证的地方，随着时间的推移，一些细节淹没在了历史之中。但是董海川的行侠仗义和他创编的八卦掌，却是他留给后人的深刻印记，值得家乡人崇敬和骄傲。

与胡林翼配合默契的官文

官文（1798—1871），又名儁，姓王佳氏，或称王官文，字秀峰，又字揆伯，满洲旗籍，其先祖自辽阳迁入三河夏庄。官文出身军人世家，幼年家贫，自幼习武，道光年间中武进士，由拜唐阿补授蓝翎侍卫，道光二十一年（1841 年）出任广州汉军副都统，调荆州右翼副都统。因战功卓著，屡获升迁，先后任荆州将军、湖广总督，授文华殿大学士，加太子太保，一等果威伯爵世袭罔替，刑部尚书、直隶总督、户部尚书。

推贤让能，捷报频传，屡获擢升

咸丰五年（1855 年），官文由荆州将军调任湖广总督，总管湖北、湖南的军政事务，率领八旗绿营镇压太平天国运动，收复了汉阳、武昌等战略要地。当时长江上游荆、宜、襄、郧诸郡兵事饷事都由他主持，湘军胡林翼以巡抚之职驻扎在金口，主持下游武、汉、黄、德诸郡的兵事饷事。南北军各领分地，征兵调饷，时常有不同的意见，但是官文和胡林翼都能妥善处理，不致影响军政吏治。武昌收复后，胡林翼的威望日渐

王官文

兴起，官文自知不及胡林翼的才能，想借助他的力量，胡林翼也推诚结纳，于是吏治、财政、军事都听胡林翼主持，官文只管画诺而已。不过数年，粮足兵强，湖北成为东南地区的枢纽。官文和胡林翼之间达成一种默契，官文坐镇，从不掣肘诸军，大军报捷后，胡林翼就会推荐官文上表请功。

咸丰八年（1858 年）四月，收复九江，论功，加太子少保。安徽境内的太平军攻陷麻城、黄安，围蕲州，官文率军先后打败了他们。七月，胡林翼丁母忧，官文疏请留胡林翼治军，改为署理。官文暂行兼署巡抚，不久以湖广总督协办大学士。李续宾在三河战死，皖、鄂震动。官文分兵扼蕲州、广济、麻城诸隘，固守九江、彭泽，水师严防江面，人心始定。九年（1859 年），太平军翼王石达开率部进入湖南境内，包围宝庆府，官文飞檄调荆州宜施道李续宜率兵 5000 增援。李续宜渡过资江与刘长佑军会合，合攻太平军，四战后解了宝庆之围。十二月，收复太湖，官文因战功被朝廷优叙。十一年（1861 年），拜文渊阁大学士，仍留总督任。当时清军围安庆，形势紧急，陈玉成、李秀成先后分兵犯湖北境，计划掣动局势，官文遣将打败了他们，并收复了湖北失陷的诸郡县。八月，攻克安庆，官文因此加太子太保衔。这一年，胡林翼病逝，由严树森代替他，官文失去了最得力的助手。

同治元年（1862 年），官文派遣副将周凤山等到河南信阳、罗山进剿捻军，攻破黄梅县捻军大本营，收复十余座营寨，晋升文华殿大学士。太平军和捻军共同进犯湖北、河南地界，势头很猛。荆州将军多隆阿正督师赴陕西，官文以湖北兵不够调遣，奏请调多隆阿回援。九月，多隆阿率军赶到，屡战皆捷，襄河以北的义军都逃到别处。同治三年（1864 年）六月，曾国藩坐镇安庆，命曾国荃、左宗棠、李鸿章、李续宜等攻打江宁（今南京）、杭州、苏州等地的太平军。官文负责筹集军饷粮草。清军各部发起猛攻，攻克江宁，太平天国运动失败。曾国藩上疏朝廷奏捷，把官文的名字列在疏的首位。朝廷颁诏嘉奖官文征兵筹饷，推贤让能，接济东征，不分畛域，赐封一等伯爵，号果威，世袭罔替，升入正白旗满洲，赐双眼花翎。

驭下不严，用财不节，终遭弹劾

官文是武将出身，不谙政事，诸事决于家奴，当时人称湖广总督府有“三大”，即妾大、门丁大、庖人大。“门丁大”就是总督府的看门人架子大，各级官员有事要向官文禀报，看门人百般刁难，即便是紧急军务，不经看门人允许，官员也休想见到总督大人官文。“庖人大”的意思是总督府的厨子架子大，在府上骄横跋扈。这位总督府厨子是官文的老师、御前重臣肃顺引荐的，即便是官文本人都要给此人三分面子，其他人在厨子面前唯唯诺诺，厨子根本不放在眼里。所谓“妾大”指的是官文的一个小妾架子大，这个小妾原本是个宠婢，做妾后狐假虎威，经常干预政事。湘军首领、湖北巡抚胡林翼为笼络官文，不受掣肘，就极力巴结官文的小妾。胡林翼让母亲收这个女子为养女，也就成了胡林翼的干妹妹，并对她进行重金贿赂。这些都是官文被人诟病的地方。另外，官文晚年也多次受到弹劾、贬黜。

同治四年（1865 年），僧格林沁在山东菏泽剿捻军时阵亡，朝廷追究责任，认为官文在剿灭襄河以北的捻军时，没有就地全歼，只是驱赶出境，导致捻军蔓延至山东。官文因此被革职留任，剥夺太子太保衔和花翎。

同治五年（1866 年），湖北巡抚曾国荃弹劾官文贪庸骄蹇，朝廷命尚书绵森、侍郎谭廷襄去核查，结论是官文挪用捐款，议拟革职，皇帝念在他以前的功劳，原谅他并不是贪污欺罔，优与保全，免掉了他的总督职务，仍保留大学士、伯爵，并罚伯俸十年。同治六年（1867 年），召还京师，管理刑部，兼正白旗蒙古都统，旋即出任直隶总督。

同治七年（1868 年），捻军经河南进入山东，清廷下诏斥责有关省份的封疆大臣防剿日久，无所建树，命官文、李鸿章、左宗棠等一同平定捻军。七月，捻军被平定，清廷恢复了官文的官衔和花翎。

同治八年（1869 年），官文回京管理户部三库，授内大臣。同治十年（1871 年），官文去世，赠太保，祀贤良祠，谥文恭。

对于官文，有的评价说他和曾国藩同时入相，功盖天下，勋绩在伯仲之间，但是曾国藩看不起他，批评他“才具平庸”。他早年能与胡林翼虚己推诚，是其成就功名的关键，胡林翼去世后，都督和巡抚不能和平相处，严树森是被官文弹劾而去职，官文又被曾国荃弹劾而去职。官文晚年建树不如以前，也是因为没有胡林翼的辅佐，所以时论认为二人都是贤才，相得益彰。

才人循吏兼于一身的刘湝年

刘湝年（1822—1891），字树君，一字蜀生。晚号约叟、约园主人。大城县刘固献村人。生于清道光二年（1822 年），咸丰十年（1860 年）恩科榜二甲进士，曾在广东惠州、潮州、广州任知府。擅诗词，著有《三十二兰亭室诗存》十二卷（同治十二年初刊、光绪元年再刊）、《三十二兰亭诗存续刻》（光绪五年刊行）、《三十二兰亭诗存再续刻》（光绪十七年三月刊行）、《约园词》四卷（光绪十二年刊行）、《粤闱唱和集》等。时人评述他“才人循吏”兼于一身，晚年辞官寓居扬州，光绪十七年（1891 年）卒于扬州，归葬大城县城南故里。

早年经历

刘湝年的父亲刘毓瑶于清嘉庆九年（1804 年）中举之后，被委任为四川遂宁（今四川遂宁市）知县，后移任岳池县（今四川广安市岳池县）知县，道光二年（1822 年）刘湝年出生于岳池县。他在《壬子元日放歌》诗中说：“我生西蜀州，褒斜筇筰皆前游。”道光七年（1827 年），刘毓瑶改任四川石泉县（今陕西省安康市石泉县）知县，道光八年（1828

刘湝年

年）卒于任，七岁的刘滙年随母亲元氏和年幼的弟弟扶柩还乡。回乡后的刘滙年先从母亲读书识字，后跟随塾师明经任联第（字杏田）习文，道光十九年（1839 年），十八岁的刘滙年中秀才。道光二十二年（1842 年），因家道中落，又逢大城水灾，刘滙年赴保定塾馆教书，维持生计，在保定驻留十年。这期间刘滙年应该参加过科举乡试，但因应试不利，未通过乡试中举。

投笔从戎，联捷进士

道光二十九年（1849 年），刘滙年登拔萃科。咸丰三年（1853 年），太平天国定都南京并派兵北伐，僧格林沁受命督办京城巡防，任参赞大臣，统兵围堵太平军。此时，科举不利的刘滙年决定走投军的道路博取功名。这年的正月，32 岁的刘滙年辞别家人，投到僧格林沁军中任文吏。经过两年，终因军功得到了一个小官——直隶保定府完县教谕。刘滙年没有放弃科举跻身仕途的努力，咸丰九年（1859 年）参加乡试中举人；十年（1860 年）中恩科榜进士（二甲第十九名）。被选为翰林院庶吉士，授编修，曾任会试同考官，后来改任翰林院侍讲学士、侍读学士（皆为从四品虚职）。刘滙年作为文学侍从在南书房值班，因身处闲职，所以开始以文会友，经常与同榜同年进士诗文唱和（《题龙树雅集图》）。

岭南为官，三州知府

民间传说刘滙年因为相貌不好，被慈禧嫌弃，贬出京城，影响了仕途。其实这是讹传，进士选为庶吉士的一个重要条件就是要相貌端正，有缺陷的话肯定被淘汰了。而且，京官外放是清代吏部的一种选任制度，吏部对刘滙年任京官（十年）进行考核的结果还是相当不错的，同治八年（1869 年）二月，刘滙年“京察一等，奉旨记名，以道府用（正四品）”。

按照当时的规制，刘滙年又“捐输黔饷”，得以赏戴花翎，同年九月，刘滙年以布政使衔（从二品）广东候补道任广东惠州知府（正四品）。外放任知府属于正常的任用，而因捐饷，刘滙年也得到了一个比较高的“待遇”。只不过，这个外放的地方有些远，而且在广东连任了三地（惠州、

潮州、广州）十年的知府。

刘湝年虽然出生于四川，但在北方生活了四十年，将近五十岁被外放到广东，从生活习惯上可以说是个很大的挑战。但他到惠州后，还是励精图治，本着为官一任，造福一方的思想，恪守职责，惩恶扬善。惠州地方民风强悍，不法者多，刘湝年到任后，告谕百姓既往不咎，给其自新的机会，对一贯作恶而且不肯悔改的，便绳之以法，不加宽容。府役林麻旺私通洋人，聚众谋叛，刘湝年就集合文武官员，不动声色地把林麻旺捕获斩首。因此吏役都惧怕他。在任期间，没有发生过一起殴斗案、抢劫案。为纠正风俗，作《劝民十诗》；同治九年（1870 年）主持纂修《惠州府志》。在惠三年，深得民心，士民因其德政，给他送了匾额以示爱戴。

同治十一年（1872 年）五月，刘湝年调署广东潮州知府。潮州的民风比惠州更强悍，不是德威兼济的人，不足以威慑当地的不法分子。刘湝年仍以地方安宁为己任，会同提督方津轩查办乡间匪徒，把巨奸悍匪收拾无遗。并严格管束部属，清理积案，对其中稍有嫌疑的，必定慎重分析，不使冤案出现。同时，他创建义塾数十所，让潮州的百姓读书，接受教育，使悍猛的民风发生改变，并作《潮州劝民俚语》。虽居官仅一载，也博得潮州士民的好评。

同治十二年（1873 年），刘湝年以二品衔补用道署广东广州府知府。他处理政务不以胁迫为能，在任期间严格整顿公务，对积压的案件进行清理，颇有政声。至光绪七年（1881 年），刘湝年辞官寓居扬州。

晚年闲居扬州约园

刘湝年在粤期间，结识了不少地方官吏，尤其和那些擅长诗词的官吏结友唱和。辞官后，在扬州安家巷购买了黄氏（个园主人黄至筠）旧园的一部分（东园），稍加整修，辟为居所，取名约园。

刘湝年居扬州期间，与张丙炎（午桥）、汪鋆（砚山）、王荚（小汀）、黄锡禧（子鸿）、吴丙湘（次潇）、方濬颐（忍斋）、孙楫（驾航）、姚仲海等相唱和。其诗或咏物抒怀，或思念亲友，或感悟人生，或赠别记游。其诗集共录各种古、近体诗825首、词342首，对清代晚期的诗词文学和地方历史具有重要的研究价值。

光绪十七年（1891年）三月，刘淮年卒于扬州约园，赠荣禄大夫（从一品）。归葬大城县南刘固献故里先茔。

清代闽浙总督边宝泉

边宝泉（1831—1898），霸州城内人，字廉溪，号润民，满族，镶红旗汉军籍，同治二年（1863 年）进士。他是洋务运动的重要推动者和戊戌变法的拥护者。

直言敢谏，誉满清流——斥李鸿章献“瑞麦”

边宝泉

边宝泉任监察御史时，李鸿章任直隶总督，正是圣眷优隆、如日中天的时候。一次，李鸿章发现清苑县有一棵分长两叉两穗的小麦，就进献给慈禧太后和皇帝，说这是昭显太后、皇帝治国有方，感动上天降下“祥瑞”以示表彰。边宝泉对李鸿章这种媚主邀宠的行为上疏弹劾，他在奏疏中写道：“祥瑞之说，盛世不言。臣来自田间，麦有两歧常所亲见……”斥责李鸿章身为直隶总督，面对京畿水灾，不思救民之策，却以此粉饰太平，媚惑君主。直言皇帝、太后应对这种行为“降旨训敕”。

边宝泉以刚入仕途的六七品小官，敢弹劾一品宰辅李鸿章，引起了朝野哗然。可见他是一个不畏权贵、直言敢谏的骨鲠直臣。在晚清几十年中，他这个“斥直督献瑞麦”的奏折一直为清流士大夫所称道。

杨乃武与小白菜案重审昭雪的重要推手

同治十二年（1873 年），边宝泉任给事中，就在这时，发生了一件震动全国的大案，这就是“杨乃武与小白菜”的案子。杨乃武是浙江余杭举人，与妇人“小白菜”家为邻。小白菜之夫被县令之子毒害，迫于县官的压力，小白菜诬其夫被杨乃武因奸情害死。杨乃武上诉，州府省官员与县令都是因镇压太平天国而升官的一党，他们上下其手，贪赃枉法，维持原判。边宝泉以言官身份上本要求将此案上调刑部审理。但因刑部推托，朝廷另派员去审，还是维持原判。边宝泉再次上奏要求刑部接手此案，终得允准，于光绪元年（1875 年）调“三法司”会审，使杨乃武冤情得雪。此案被撤职查办的官员达上百名，一时举国震动。边宝泉也因此得到敢于担当、为民请命的官声。后来这一事件被编成小说、戏剧、电影广为流传。

巩固厦门边防，巨炮击沉日寇军舰

中日甲午战后，边宝泉历任闽浙总督、兵部尚书、建威将军、福州将军、都察院右都御史、福州船政大臣，总管福建、浙江两省的军政。面对甲午战败，割让辽东、台湾的严峻形势，他积极备战，督造海军舰船，加强对闽浙海域的巡逻，在福建、浙江沿海建筑了多处炮台，其中最著名的是厦门胡里山炮台。这个炮台配置了两门德国克虏伯巨炮，口径 28 厘米，炮身长 13 米，重 50 吨，炮弹有一人高，射程 20 公里。这两门巨炮在清朝虽没有用上，可是到了 1937 年抗战爆发，日寇军舰进攻厦门，胡里山巨炮开炮轰击，一举击沉日本巡洋舰“箬竹丸”号，给予日寇沉重打击。可惜的是，1958 年“大炼钢铁”毁掉了一门巨炮，现在还有一门屹立在胡里山，2000 年列为全国重点文物保护单位，同时以“世界现存最大的海岸炮”荣获世界基尼斯最佳项目奖。评价说：“在世界军事史和火炮发展史上都具有很高的文物价值”。如今，胡里山炮台已经成为厦门重要旅游景点，每天都有击沉日寇军舰的影像展示。

不畏英美强权，捍卫民族与国家尊严

光绪二十一年（1895 年），福建古田“斋教”的徒众数百人围攻教堂，焚毁房屋，杀死了英、美传教士及其妻儿十余人。英、美等多国政府向清政府提出抗议，要求惩办凶手并赔偿白银数百万两。当时，清朝正依靠英、美等国与日本交涉“赎回辽东半岛”，敕令边宝泉满足英、美要求“毋再生事为要”。但边宝泉坚持只惩办凶手，不同意赔款。英、美把军舰开到马尾港外，以开战相威胁。边宝泉命沿海部队积极备战，开炮“演习”，迫使敌舰不敢靠近。双方对峙数月，终使英、美同意边宝泉只抵命不赔款的方案。在当时中国积贫积弱的情况下，边宝泉能做到不畏英美强权，捍卫民族与国家尊严，实属难能可贵。

边宝泉之死成谜

光绪二十三年（1897 年）冬，67 岁的边宝泉乘军舰校阅福建水师及沿海各要塞防务，中途遇到海风大浪，引发“嗽疾”，今天看来应该是肺炎，于是请求辞官退休，但未获批准。第二年，光绪皇帝开始推行康有为等人提出的“戊戌变法”，为推行新政，边宝泉昼夜辛劳，老病交侵，终至一病不起，于光绪二十四年（1898 年）九月九日逝世，追封太子少保，葬于故里霸州康仙庄东。这是正史的记载。

对于边宝泉的死因还有另外一种说法。边宝泉在政治上支持变法，不但支持公车上书，而且还上奏折反对签署《马关条约》。变法失败后，康有为在逃亡途中，边宝泉并未遵旨缉拿，慈禧太后诏令边宝泉去北京述职。边宝泉想到自己身为封疆大吏，辛劳一生，竟致国不能保，民不能安，自己年将七十，须发皆白，不但身将受辱，恐还累及家人，便吞金自尽。

边宝泉一生操劳国事，常以宋朝的范仲淹为楷模激励自己，是清末颇有政声、颇具清誉的名臣，一生立下许多丰功伟绩。他虽处特殊的历史时期，仍不忘救国图强。在国势微弱的清末，还能“抚夷定乱”，面对列强，临危不惧，展现了他凛然的民族气节，这是值得我们后人学习和继承的地方。

学者诗人刘钟英

刘钟英（1843—1918），字紫山，别号芷衫，大城县小流漂村人。拔贡，清末著名诗人、学者。

刘钟英出身于诗书世家，承继家学，七岁能诗。当时有人指着他家堂壁所挂的《渔村夕照图》让他作诗，他操笔立就一首七言古诗。稍微长大一些后，跟随祖父读书，学习经史。二十岁入县学，受业于汪文端和著名学者吴汝纶，学习古文。光绪十一年（1885 年）选拔贡生。刘钟英青少年时期曾怀有“骧首皇路，欲以功名显其时”的志向，然而屡试不第，感到仕途渺茫。授选拔贡时，他已经四十多岁了，目睹官场腐败，求取功名之心渐冷，于是转而做学问，潜心诸子百家，涉猎野史秘闻，从中受益匪浅。

作诗著书

光绪十二年（1886 年）后，刘钟英曾出游天津、北京、大同、太原、济南、南京、苏州、杭州、扬州、长沙等地，观览名胜，广交朋友，扩大了视野，增长了见闻。通过游览，他写出了《棣城游草》《津门游草》《京华游草》《山左游草》《南游草》等诗集，抒发了热爱祖国大好河山的情怀。他和庆云县诗人刘希愈、南皮县潘震乙交往甚密。二人去世后，刘钟英为他们删订遗稿，以传古谊。此后，他致力于著书立说。所著之书以辨误、校正者为多，特别是宋朝以来流行的古籍版本讹误较多，而校正者

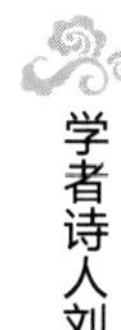

又多沿袭古今版本互校之法。他一反常法，独辟蹊径，旁猎百家，山经、地志、类事诸书，无不参采。所以能辨误正谬，发现前人未注意的问题。著作刊行的有《十三经刊误》一卷、《大戴礼补注》四卷、《春秋左传辩讹》三十卷、《国语国策辩讹》二十卷、《庄子辩讹》十卷、《杜诗辩讹》二十二卷、《重订瀛奎律髓》四十九卷、《补注陈检讨四六》二十卷、《青照草堂笔记》四卷、《七家诗注》十四卷、《试帖举隅》十二卷、《二家赋钞》六卷、《东莱博议注》四卷、《古文辞类纂注》十九卷、《愚公纪谈》六卷等二十余部著作，二百余卷，是文安乃至廊坊乡贤中著作较多的一位。

刘钟英的诗作“出入古人而不袭其貌”，大旨以杜甫、苏轼为宗，以韵味为归宿。他对诗有精辟论述，收在八卷《芷衫诗话》中。他一生作诗五千余首，大多收在二十卷《三余堂诗文集》中。

对于康熙年间诏修的《全唐诗》，虽称巨制，但他认为诖漏仍多。日本上毛河世宁所辑的《全唐诗逸》问世后，他说：“此责应由国人继之。”于是奋然而动，搜罗秘籍，如入海探珠，经过四十年的努力，完成了《全唐诗补遗》十二卷，使唐诗更为完备，为海内学者所重。

编纂县志

作为本县学者，刘钟英为《大城县志》的编纂付出了常人难以想象的心血。他曾于同治十一年（1872 年）写出八卷县志，呈送给知县庄允端审阅，谁料庄公突然病逝，所编县志不知下落，一番心血化为乌有，让人惋惜。光绪二十二年（1896 年），在乡绅邓毓恺支持下，他又振奋精神重纂《大城县志》。他认为“县志虽小，亦可以考文献、观民风，阐忠孝节义之幽光，知赋税户口之实数，纲举目张，了如指掌”。（《重修大城县志序》）于是博采众长，精心设计。他发现碑记墓铭不仅文辞优美，而且史料价值较高，便在志书中增设金石卷，收录碑记、墓铭近 40 篇，保存了不少史料。在表彰乡贤方面，他不遗余力，有长必录，以存其人，经他苦心经营，十二卷《大城县志》逾年告成。

中华民国三年（1914 年），刘钟英又受聘出任《安次县志》总纂，因为有以前的编纂经验，他轻车熟路，加上用心结撰，三个月便完成12卷文稿，并付梓刊行。

刘钟英潜心学问，乐育英才。晚年到安次县得胜口马家教家馆，在该村的“似园”讲学，又结味古堂诗社，盛极一时。百里内外慕名而来的有百人之多，一时桃李遍于乡里，为得胜口培育了大批人才。他的得意门生马钟琇（号箸羲）的诗才可与清初的诗人王士祯媲美。

辛亥革命后，刘钟英虽已是古稀之年，仍经常讲学，他的语言亦庄亦谐，善于譬喻，娓娓长谈，有诲人不倦之风。

中华民国七年（1918年），刘钟英卒于家中，时年76岁。

刘钟英作为清末民初的学者和诗人，不仅自己博学，还广泛讲学授徒，并参与编纂大城和安次两县的县志，并流传至今，可谓乡贤中的佼佼者。

晚清著名大太监李连英

李连英（1848—1911），原名李进喜，大城县臧屯乡李贾村人，晚清著名大太监。同治六年（1867 年），受封二总管。在宫中期间，深得慈禧太后器重，慈禧甚至打破太监品级以四品为限的皇家祖制，封他为正二品总管太监，统领全宫所有宦官。陪伴慈禧太后半个世纪，是清末最有权势的宦官，也是第一个叫慈禧太后为“老佛爷”的人。宣统元年（1909 年）62 岁时，为慈禧守孝百日后隐退。宣统三年卒，享年 64 岁。

进宫

李连英

李连英 1848 年出生在顺天府大城县，祖籍山东齐河。根据其墓志铭记载，李连英咸丰五年（1855 年）净身为太监，翌年 9 岁入宫。清宫档案也证明，他的确是在咸丰七年（1857 年）由郑亲王端华府送进皇宫当太监的，但年龄是 13 岁。

李连英兄弟四人，他排行老二，他父亲李玉原是河间府一带的无业游民，由于经常帮助一个没有子女的远房叔叔干活，后来这个叔父认其为子，并为其娶得一房妻子。由于李连英父亲勤劳耕作，李家的日子过得也还不错。其叔父去世以后，李连英家被迫迁往北京谋生。在北京，李连英父母做制皮工作，被称为“皮硝李”。此时李家的生活状况不是很好，所以李连英进入郑亲王端华府当太监。

李连英入宫之前名叫李进喜，进宫 14 年后才由慈禧起名连英，俗作莲英。他先后在奏事处和东路景仁宫当差，直到同治三年（1864 年）17 岁时，才调到长春宫慈禧跟前。

此时太监安德海正得慈禧宠爱，是太后面前的大红人。两人虽然同时进宫，地位却差得很远。后来安德海因过分张狂，终于以“违背祖制，擅离京师”的罪名，在同治八年（1869 年）被山东巡抚丁宝桢砍头。

李连英是个十分聪明乖巧的人，他从安德海事件中明白了应该如何摆正主子和奴才之间的关系。李连英不仅学会了揣摩主子的脾气和爱好，千方百计地讨主子欢喜，还能时时处处谨慎小心。墓志铭中说他“事上以敬，事下以宽，如是有年，未尝稍懈”，也就是对主子恭敬，对下属宽厚，多少年来不敢松懈。这也算是李连英成功的秘诀吧。

慈禧恩宠

同治十三年（1874 年），27 岁的李连英任储秀宫掌案首领大太监。这个职务一般需进宫服役 30 年才有资格担任，而李连英此时进宫刚满 17 年。

光绪五年（1879 年），李连英出任储秀宫四品花翎总管。随着慈禧日益大权独揽，李连英的声望地位也变得显赫起来。李连英 32 岁时，就已经可以和敬事房大总管（清宫太监总头目）平起平坐了。

光绪二十年（1894 年），47 岁的李连英被赏戴二品顶戴花翎。虽说这只是一种荣誉的象征，但这是太监中从未有过的。雍正皇帝曾规定太监品级以四品为限，慈禧却为李连英突破了祖上传下来的规矩。

慈禧与李连英几十年形成的感情非同一般。慈禧在政治上是一个权力欲望极强、心狠手辣的独裁者，但同时也是一个感情脆弱、害怕孤独的老人。

几十年来，慈禧身边的奴婢换了一茬又一茬，善解人意的，除了安德海就只有李连英了。晚清太监刘兴桥等人回忆说，慈禧与李连英之间的感情十分深厚，能化解慈禧的烦恼并最会服侍她的只有李连英。

刘兴桥在《晚清宫廷生活见闻》中说："每天三顿饭，早晚起居，他俩都互派太监或当面问候……在西苑、颐和园居住的时候，慈禧太后还经常来找李连英：'连英啊！咱们遛弯去呀！'慈禧太后有时还把李连英召到她的寝宫，谈些黄老长生之术，两人常常谈到深夜。"

从这段记述可以看出，李连英实际上成为慈禧晚年生活中一刻也不能离开的伴。

朝野议论

慈禧对李连英的宠信与日俱增，引起朝野的议论和不安。有人说李连英权倾朝野，收受贿赂，投到他门下就能当高官；有人说他"干预朝政，广植私党"；甚至还有人说他陷害那些拥护维新、站在光绪一边的大臣。

光绪十二年（1886 年）四月，直隶总督兼北洋大臣李鸿章称北洋海军已训练成军，奏请朝廷派大臣检阅。慈禧就派总理海军衙门大臣醇亲王奕譞前去巡阅。由于醇亲王是光绪皇帝生父，身份高贵，因此要加派太监、御医随行。而醇亲王是一个城府很深且非常谨慎的人，他主动要求派李连英随行，以减少太后对自己的猜忌，慈禧马上批准了。

醇亲王回北京复命后，朝廷中一片不满之声。监察御史朱一新向光绪上奏，批评派李连英随醇亲王视察海军，还说李连英妄自尊大，结交地方官员，收受贿赂，理当查处。对此，清代著名维新派人士王照说，醇亲王离京后，每次接见文武官员，都让李连英作陪。他的本意是避免揽权嫌疑，李连英可以作证。而李连英则记着安德海的教训，每天穿着朴素，替亲王拿着一支旱烟袋，随时装烟、递烟，回到住处则来访的人一概不见。从李连英一向小心谨慎的表现来看，王照的说法是较为可信的。何况朱一新的奏折里没举出一桩李连英违法的事实。慈禧问明情况后，下令将朱一新由御史降为主事。

光绪二十年（1894 年），北洋海军在甲午战争中吃了大败仗，全国舆论一片哗然。人们不敢直接批评慈禧，就把矛头指向北洋大臣、直隶总督李鸿章，同时捎上了李连英。

陕西道监察御史恩溥、福建道监察御史安维峻、吏科给事中褚成博等人纷纷上奏，指责北洋海军将领贻误军机，并与总管太监李连英暗中来往，相互包庇。其中，安维峻奏折中有“和议出自皇太后，李连英实左右之”，说对日本的决策看起来是皇太后决定的，实际已被李连英左右了。这句话成为人们抨击李连英干预朝政的一大证据。实际上，安维峻本意是要求慈禧不要再事事牵制皇帝，并应严惩李鸿章。奏折中尽管涉及李连英，但只不过是用来做陪衬而已。

慈禧对此异常震怒，以皇帝的名义发上谕说，天下事都要听皇太后的。随后，安维峻以“离间”皇太后与皇帝的罪名，被革职充军。

朝臣们对李连英的抨击都没有结果，主要是因为攻击都是仅凭道听途说，拿不出真凭实据。清史专家分析，许多想在地方上谋官位的人都走过李连英的门路，但李连英是否真的去向慈禧疏通过，谁也说不清楚。以慈禧喜怒无常的性格，就是李连英也不敢轻举妄动。事情办成了，人们以为是李总管的作用，事情没办成，就是李总管不给面子。而多少是真、多少是假，除了太后身边的人，谁又能说得清呢？

敲诈官员

说李连英干预政事虽然证据不足，但他贪财却是千真万确的。曾任怀来县知县的吴永曾在《庚子西狩丛谈》中记述了他的一段亲身经历。

光绪二十六年（1900 年），八国联军打入北京，慈禧带着光绪及部分官员出逃，吴永在随驾西行途中任粮台会办，掌握钱粮大权。他回忆，到山西后，太后的排场越来越大，一切费用都要地方承担，太监们则趁机勒索钱财。像首领太监以及有点权力的小太监，都需要几两或十几两银子打发。但总管太监就不同了，没有一百两左右是绝对不行的。

不仅如此，李连英等还千方百计敲诈勒索朝中办事官员。江宁织造是内务府设在南京的机构，负责办理绸缎服装并采买各种御用物品。江宁织造每次织办服装衣料时，都要向宫中太监请示并领回画样，按图制作，这便是李连英一伙太监索要钱财的机会。光绪十二年（1886 年）八月初三，江宁织造驻京人员来煜在给江宁织造广厚的信中说，李连英借他们拿图样勒索白银 120 两。来煜在信中说，要是别人还能用好言好语去磨，唯有这位李总管不好对付。有材料说，在 1900 年之后的八年中，李连英就收了三百多万两银子，数目惊人。

以慈禧的精明老练，她不可能不知道身边太监有些胡作非为，但只要他们不干预政事，把她自己侍候得舒舒服服，太监们贪点钱财在她眼里根本算不了什么。

生性圆滑

慈禧与光绪不和，深受慈禧宠爱的李连英如何在两人之间相处呢？两面讨好、八面玲珑的做法，是他始终立于不败之地和自我保全的策略。

有人说李连英站在慈禧一边，反对变法，陷害帝党，甚至还有人说光绪就是李连英下毒害死的。但也有人说李连英生性圆滑，两面讨好，不但太后喜欢他，就连光绪也因为从小受到他的看护而喜爱他，并夸他“忠心事主”。

王照曾讲述这样一个故事：慈禧率光绪和文武百官出逃后返京，走到保定住下。慈禧睡觉的地方被褥铺陈华美，李连英住得稍差一点，但也很不错。而光绪睡觉的地方却很凄惨。李连英侍候慈禧睡下后前来探望，见光绪在灯前枯坐，小太监无一人在殿内值班。一问才知皇帝竟然铺的盖的都没有，时值隆冬季节，根本无法睡觉。李连英当即跪下抱着光绪的腿痛哭：“奴才们罪该万死！”并把自己的被褥抱来让光绪使用。光绪后来回忆西逃的苦楚时曾说：“若无李安达（对太监称安达，是一种尊敬或巴结的意思），我活不到今天。”

李连英虽然是慈禧跟前言听计从的大红人，可是他遇事谨小慎微，对于一般妃嫔宫娥、女官命妇，有了差错，惹慈禧不高兴了，他总是尽量替人美言遮盖，曲意回护，所以慈禧左右的人对他都有好感，说他是个干练敏实、溢美隐恶的好人。

出宫及死亡之谜

戊戌变法后，李连英出言谨慎，没有鲜明地表态站在慈禧一边，慈禧从此在感情上对他有些疏远。西逃回到北京后，李连英认为自己这一辈子侍候皇家还是尽职尽责的，可以考虑退休了。

光绪三十四年（1908 年）十月二十二日，慈禧死于北京西苑的仪鸾殿。李连英办理完慈禧的丧事，于宣统元年（1909 年）二月初二，离开生活了 52 年的皇宫。宣统三年（1911 年）二月初四，李连英死于南花园私宅。围绕李连英出宫和他的身后事，又有许多传说。有人说他是看到光绪弟弟载沣监国摄政，恐怕遭到报复而退居宫外；也有人说，李连英死后，宫中太监纷纷抢夺他的遗产，隆裕太后将其财产全部充公。

李连英之死说法有多种：吸大烟患“烟后痢”在家病死，拜谒东陵慈禧陵，回时被人所杀；还有就是掌管京师九门钥匙的步军统领衙门正堂江朝宗在什刹海会贤堂请李连英吃饭，饭后，李连英途经后海河沿被土匪所杀。有传说，他死于革命党之手。因为李连英正好死在辛亥革命时期。此外，还有传言说李连英被宫中的仇敌所害，也有人说他被杀死在去山东讨债的路上。

但李连英的过继孙女李乐正说，祖父死于痢疾，得病三四天就突然死亡。但有专家怀疑这种解释，因为按李连英去世的 1911 年 3 月4 日来讲，正是初春时节，这个季节得痢疾让人费解。类似传说虽十分盛行，但从当时清宫对李连英出宫及死后的安排来看，这些传说都无法令人置信。因此一般认为，那些史料中模糊的记载，以及散布于民间的传闻，以至李连英后人言语中的破绽，都已经暗示了李连英之死的种种蹊跷。

李连英死后得到清朝宫廷赏赐的 1000 两白银，在北京恩济庄的太监墓地修造了一座豪华坟墓。墓地方圆二十亩，有祠堂、配殿。但李连英的坟墓在“文化大革命”期间遭到挖掘，只有墓志铭的拓片保留了下来。

作为一个太监，李连英的身份卑贱。由于慈禧太后的赏识和宠爱，他享受到了皇宫太监前所未有的权力和地位，金钱财富也滚滚而来。但也正因与慈禧的这层特殊关系，他成为中国近代史上聚讼纷纭的著名人物之一。

晚清的著名太监崔玉贵

崔玉贵（1860—1926），原名崔治世，字建堂，在家乳名占群，直隶大城县崔张吉村人（原属河间县）。清朝慈禧太后后期的二总管太监。

崔玉贵幼年家贫，一家五口在一间场屋里安身。由于连年灾荒，难以维生，12 岁在家乡净身进京。先在庆王府当太监，因为他曾拜八卦拳名家尹福习武，学得一身好武艺，后来宫内成立戏班子，20 岁的崔玉贵因武功出众被举荐进宫在升平署戏班演戏，很讨慈禧太后喜欢，升任储秀宫（服侍慈禧太后）二总管，授三品衔，亮蓝顶戴，从此得以发迹，地位仅次于李连英。

崔玉贵最被人诟病的就是推珍妃落井的事。光绪二十六年（1900 年），八国联军入侵北京，宫中仓皇万状，慈禧太后在出宫前，于匆忙中曾召集群臣、宫女、太监讲话。慈禧太后简单地对众多听命的人说："洋人眼看要进城，只能带皇上、皇后、阿哥和一部分人暂时走避，其他的人只能留下。"许多人听了惊恐万状，哭声震天。

崔玉贵

慈禧又命令身边侍立的崔玉贵把珍妃带来。珍妃到达颐和轩时，颐和轩里一个侍女也没有，只有慈禧一个人坐在那里，珍妃上前请安后，一直跪在那里，慈禧直截了当地说：“洋人要打进城里来了，外头乱糟糟，不知道会怎样，我们都是皇家的人，若是受到污辱，那就是丢尽皇家的脸，也对不起祖宗。你年轻，容易惹事，我们要避一避，带你走不方便。”

性情倔强的珍妃听到了慈禧的这番话，毫不畏惧地跪在慈禧面前说：“您可以避，但是皇上不能走，他应该留在京城，维持大局。”这话真是戳中了慈禧的软肋，慈禧顿时翻了脸，大声呵斥说：“你死到临头，还敢胡说。”珍妃说：“我没有应死之罪！”慈禧说：“不管你有罪没罪，你都得死。”珍妃死前，要求见光绪一面，但被慈禧拒绝了。于是命崔玉贵将她推入井中。崔玉贵犹豫了一下，本想向太后替珍妃说情（这是事后崔玉贵向家人述说的），可是在崔玉贵身边侍立的王捷臣自告奋勇地把珍妃推入井中去了。一说是崔玉贵亲自把珍妃推入井中的。可怜的珍妃，就此香消玉殒，而光绪帝却一无所知。随后崔玉贵和他的侄子崔晋丰跟随慈禧逃往西安。

光绪二十七年（1901 年）《辛丑条约》签订后，慈禧先派崔玉贵回京查看情况，见留京的嫔妃宫女等安然无恙。慈禧和光绪帝才于光绪二十八年（1902 年）一月回到北京。

慈禧为安抚光绪帝，派人把珍妃的尸体打捞上来，重新装殓，厚葬，将珍妃追封为珍贵妃，并把罪责推在崔玉贵身上。按理这样的做法是死罪，但只是削去崔玉贵二总管的职务，送回庆王府。

崔玉贵离开皇宫后，住在北京西郊的关帝庙中，就跟服侍他的徒弟住在庙里，以种稻为生。因为在慈禧身边当差多年，手中的积蓄丰厚，日子过得也很舒坦，平时还很喜欢到茶楼听评书。据《神州名人录》记载，有一次崔玉贵到北京鼓楼光庆轩茶馆听评书，众人见到崔玉贵也在场，就让他讲一讲珍妃落井的事，崔玉贵喜欢卖弄，当即就讲了起来，可当他一讲完，茶馆的人就纷纷骂起来，指着崔玉贵的鼻子说：“你真缺德，竟敢害死珍妃！”崔玉贵毫不示弱地说：“老佛爷的旨意，我能违反吗？”崔玉贵此言倒是说出了事情的关键，如果没有慈禧的旨意，一个奴才是无论如何不敢把妃子推堕井中淹死的。崔玉贵只是充当了一个帮凶和替罪羊的角色。

光绪三十四年（1908 年），光绪帝和慈禧相继死后，崔玉贵给立马关帝庙捐 680 亩地。另一种说法是，崔玉贵出宫后住在地安门钟楼后的洪恩观，一住就是 20 年。1922 年的时候他才将自己名下的 680 亩地捐给立马关帝庙，在那里住了四年就因背疽病去世。

1926 年，崔玉贵病死在立马关帝庙太监大院，葬在北京西郊金山宝藏寺墓地。

崔玉贵作为晚清时期的著名太监，是因为服侍慈禧太后多年，而且因推珍妃堕井身亡而臭名昭著。其实崔玉贵本身也不是十恶不赦，只是身居其位，不得不如此。

天津近代教育之父严修

严修（1860—1929），字范孙，号梦扶。原籍浙江慈溪，他父亲严家瑞于清咸丰二年（1852 年）行商至顺天府三河一带，在段甲岭开了一家元昌盐店，咸丰八年（1858 年），为了躲避英法联军入侵天津之乱，全家迁至段甲岭居住，咸丰十年（1860 年），严修便出生在那里。同治六年（1867 年），天津安定后，严修全家又迁回天津市文昌宫西四棵树旧居。严修是中国近代著名的教育家、学者，与华世奎、赵元礼、孟广慧并称近代天津四大书法家。

严　修

严修早年入翰林，后出任贵州学政、学部左侍郎等职，戊戌变法失败后，辞职返乡，但仍坚持认为中国需要改革，后来和张伯苓创办了南开大学等一系列学校，被称为“南开校父”，是革新封建教育、推进教育现代化的先驱。

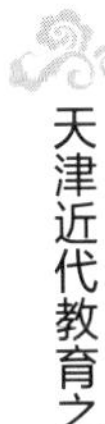

倡导教育革新

严修幼年接受传统教育，饱读经籍。光绪八年（1882 年）乡试中举，次年中进士，后入翰林院任职。做过翰林院编修、国史馆协修、会典馆详校官、贵州学政、学部侍郎，掌管全国的教育。

但严修不同于一般封建官史，积极倡导新式教育，是一位倡导西学、革新封建教育的改革家。

严修认为，旧式教育存在言行不一，学用脱节的问题，主张废除科举制度，培养对社会有用的实用人才。光绪二十三年（1897 年），在任贵州学政时，就大胆变革教育，学子不仅阅览经史书籍，而且学习英文及西方科技知识。同时，上书皇帝开设“经济特科”，强调只要有真才实学，不必经过科举正途，也可量材取用。严修这一主张，是自隋朝实行科举制以来的一大突破，震动朝野。他的改革尝试，也使地处偏僻、民贫土瘠的贵州文风为之一振。贵州学界为他立“去界碑”“哲学碑”，称他是“经师兼人师，二百年无此文宗”。

严修认为，国家要走向富强，必须博采东西方文明，引进西方文化与教育制度。他先后去日本、美国和欧洲进行教育考察，探求建立新式学校的模式与途径。戊戌变法之后，他辞官回到天津专心投入新式教育的开拓与兴办。他把自己的严氏家馆作为实验基地，聘请热心西学的张伯苓教授英文、数理化等新知识，并以此实验成果，示范和带动天津地区的教育。从光绪二十八年（1902 年）至三十一年（1905 年），他联合一些热心教育的乡绅兴办或协助兴办民立小学、官立小学 21 所，以及师范学堂、工艺学堂、法政学堂、专科学校、高等女子学堂等，使天津教育兴起了一个高潮，并走在全国前列。

严修书法

严修还是中国近代倡办女学的先行者之一。光绪二十八年（1902 年），首先在自己家中办起严氏女塾，开创了天津女子教育的先河。光绪三十一年（1905年），他又参照日本的模式创办了严氏蒙养园（幼儿园）。这是中国最早的私立幼儿园之一。同年，严修还开办了“保姆讲习所”。这是全国最早培养幼儿师资的机构，为京津培养了第一批幼师人才。

筹办南开学校

在推行新式教育方面，严修的重大贡献是筹办南开学校。

光绪二十八年（1902年）到三十年（1904年）间，严修曾两次东渡日本考察教育方法。光绪三十年（1904年）春出任直隶学校司督办。之后与张伯苓决定将严家私塾严馆和王（益孙）馆合并，筹设私立敬业中学堂。10月，中学堂正式开学，聘张伯苓为监督（即校长）。这就是南开学校的前身。光绪三十二年（1906年）改名南开中学堂。严修作为校董，不仅以个人财力、物力资助学校发展，而且在教育思想和办学方向上对南开也有很大影响。

1918年严修与张伯苓同赴美考察大学教育。1919年，二人又共同创办南开大学，还率先垂范为南开大学捐款、捐地、捐赠图书。1919年他捐赠购书款两千美元及中文图书共30余种数百册。1922年捐赠土地近6亩。1924年又捐图书典籍数十种，为南开大学的早期发展提供了物质支持，此后又成立南开女中、南开小学。

到1928年，独具特色的南开系列学校（小学、中学、女中、大学）终于全部建成。这是中国人以自己的力量发展教育最成功的范例之一，不仅给当时的中国教育界塑造了一道新颖的学校景观，也给世人、给时代树立了一个先进的民办教育的典范。

南开学校学习和借鉴以科学、民主为旨趣的西方教育精神，密切联系中国社会实际，主张德、智、体、美四育并进，强调爱国教育、道德教育和人格教育，注重科学知识、科学精神和创新能力培养，形成了“允公允能，日新月异”的校训精神和“爱国、敬业、创新、乐群”的光荣传统，培养了以周恩来、陈省身、吴大猷、曹禺等为代表的一大批优秀人才，至今南开大学还是国内名校，这与严修的开创之功是分不开的。所以，与严修同事多年的张伯苓说：“南开之有今日，严先生之力尤多，严公逝世，

在个人失一同志，在学校失一导师，应尊严先生为校父。”

移风易俗倡导社会文明

社会文明是国家进步的标尺。严修说：“欲强国家，先善社会。”

他反对嫖娼、狎妓、纳妾等社会不良习染。他不仅自己“终身耻作狭斜游”，而且规谏好冶游（狎妓嫖娼）的朋友。严修特别反对身为教师的人逛妓院。当时天津许多小学教员染有这种不良嗜好，他谆谆告诫：“道德堕落，何以表率生徒？精神疲敝，何以勤思职务？”他还痛诋纳妾等歧视妇女的世俗偏见。严修反对歧视妇女的又一表现，是对缠足妇女的深切同情，力倡女子放足，求妇女获得解放。他曾编《放足歌》，先在女塾教唱，其后传诵社会。

吸大烟和赌博是旧社会靡然成风的两大陋习。严修在为李石曾著“戒烟”书作序时，深望爱国忧国之士，递相劝戒，先自身戒断，而后及诸人人，为吾身去无形之害，为吾身吾家吾国吾并世之人造无疆之福。对于赌博之害，更是深恶痛绝，无时不劝谏朋友戒此癖好。

严修还反对婚丧嫁娶大操大办。为此，他率先垂范，其子结婚改通行的乘彩轿为双马车，改新郎不迎娶的津门风俗为新郎骑马亲迎。这两项举动为“津邑之创格”，使当时天津为之轰动。针对丧礼大讲排场、互相攀比，极尽奢靡的风俗，他订立“丧礼八则”，其中包括：人死登报纸告丧，不必致讣；不必作哀启，如作哀启，但述病状等。他也不主张过生日、祝寿。严修的这些主张，在当时都是开风气之先，至今也有现实意义。

学养和著述

严修晚年在天津倡组了城南诗社、崇化学会，著述存稿有诗、文、日记、函札等多种，现辑录出版的有《严修东游日记》《严范孙先生古近体诗存稿》《蟫香馆手札》等。《严修东游日记》由《壬寅东游日记》和《第二次东游日记》构成，前者记于光绪二十八年（1902 年），后者记于光绪三十年（1904 年）。比较翔实地记录了明治年代日本教育的实况，包括学校的学制、定员、经费、课程设置、教学法、教学设备等各个方面的情况。其次，严修在日本接触到不少名人，日记中对其中一些人的言行和印象也有记录。这本日记不仅对研究日本史、中国史（尤其是中国近代教育史）有较高的史料价值，而且也是研究严修本人及其教育思想发展的珍贵史料。

严修不仅通经史、习数算，还研究西方的学术，而且琴棋书画样样通晓，其书法秀逸浑雄，颇有功力，为当时津门四大书家之一。他还善诗歌，与赵幼梅、王守恂共同被誉为“近代天津诗坛三杰”。

1929 年 3 月 15 日，严修在天津病逝，享年 69 岁。天津《大公报》以“旧世界的一代完人”为题，予以哀悼和缅怀。遍及全世界各地的南开校友捐款，在南开中学建“范孙楼”，并塑造了铜像。1992 年，南开大学又在校园塑立铜像，以此来纪念严修一生矢志新学的功绩和对国家教育事业的贡献。

瑕不掩瑜孟宪彝

孟宪彝（1866—1924），字秉初，永清县城内人。清末举人，历任东北路分巡兵备道、吉长道尹、吉林巡按使、吉林省长等职。

从政经历

光绪六年（1880 年）孟宪彝求学于永清益昌书院。光绪十四年（1888 年）举戊子科优贡生。光绪二十一年（1895 年），已经 30 岁的孟宪彝投效盛京将军府充文案委员，因获盗出力以同知直隶州升用。光绪二十三年（1897 年）留任奉天候补知县。次年乡试中丁酉科举人。光绪二十六年（1900 年）署奉天铁岭知县，镇压义和团起义，捕斩张天师和侯、杨两法师。光绪三十年（1904 年）试署开原县知县。之后历任代理锦县知县、开原县知县、西安县知县，长春、奉天、宾州等地知府及吉林西南路兵备道。光绪三十三年（1907 年）因辽西防军获盗案出力委署海龙府知府，三十四年（1908 年）调署吉林长春府知府。宣统元年（1909 年）依次调署双城府知府、黑龙江呼兰府知府、奉天府知

孟宪彝

府。此后直到 1915 年，孟宪彝一直在长春任职，署理长春内政和对外交涉。

宣统三年（1911 年）1 月，孟宪彝调署吉林西南路兵备道道员，6 月在办理防疫出力案内保准嘉奖。中华民国建立后，1913 年署吉林西南路观察使兼任长春交涉员，其间获三等嘉禾章。1914 年改任吉林吉长道道尹，八月接署吉林巡按使。1915 年 8 月被弹劾免职。1916 年 8 月协助顺直助赈局办理永清水灾赈济，1917 年冯国璋任代总统期间任永定河工督办，5 月被选举为直隶省候补参议员。1924 年 4 月病逝于天津。

开办新式学堂

光绪二十七年（1901 年）清政府对全国的政治、经济、军事、教育等方面进行了改革，伴随着光绪三十一年（1905 年）科举制度退出历史舞台，长春也开始了创办新式学堂的热潮，孟宪彝在长春任职期间非常重视普及文化教育，整顿社会风气。

长春于光绪三十四年（1908 年）成立劝学所，改良私塾，增设师范学校以养成中小学师资，整顿四乡小学、清理款项以资发达学务。在长春中小学建设和改良过程中，孟宪彝经常与绅界、学界人士研究教育改良方法，他还经常到长春各中小学堂参观学生上课情况，并对学生进行演讲、训导，教以“业精于勤”“学以致用”等道理。此外孟宪彝还注意规范学堂的课程与考试安排，曾亲自监督中学堂学生考试。

长春的女子教育起源于基督教长春长老会英国人金瑞慈教士创办的初等女校，继基督教会的女子学堂之后，根据清政府 1907 年颁布的《女子小学堂章程》，孟宪彝于 1909 年初倡议在马号门外自治研究所创办初等女子小学堂。由于学款难以筹措，孟宪彝和学董毕辅廷议定，联合绅商捐款始得开办。1909 年 3 月 6 日正式开学，学制四年，第一批学生即有九十余名。学堂开办后颇有成绩，受到各界赞扬。民国成立后，女子教育在长春逐渐展开。长春初等女子学堂随着长春府改县将校名改为县立女子小学校。随着女子教育的开展，要求入学的女学生日益增多，自此长春地区女子被排除在教育之外的状况开始改变。

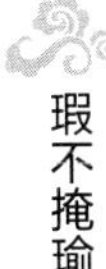

清末民初长春地区随着新式学堂的开设，实业学堂也相继产生。以“振兴工、农、商各项实业，为富国裕民之本计”。1911 年，孟宪彝、何厚琦等“以富国之道端赖实业”，于旧道署院内工艺教养所附设工艺学堂一所，内设皮、织、缝、染、木、印等六科，招收学生分科教授。各类新式学堂的创办为长春工商业发展培养了人才，还促进了青年学生德智体等方面的发展，提高了市民的文化素质，改变了社会风气。

支持办报

1908 年秋，同盟会员蒋大同（化名蒋建）来到长春开始筹划办报。经过酝酿，蒋大同、房宾、高鸿飞、齐希武、周普生等七人联名发起筹办《长春日报》。以招股集资形式筹集办报经费，得到士绅毕辅廷、周裕臣等 39 人支持和入股。经孟宪彝核实后，《长春日报》于 1909 年 3 月 22 日正式出版。

《长春日报》在“监督地方管理，鼓吹政治变革，牵动社会方面”与同盟会在哈尔滨参与组织的《东陲公报》、奉天《大中公报》齐名，为清末东北三大革命报刊之一，是事实上的同盟会长春支部机关报。1909 年 5 月末，《长春日报》由于办报经费不足停刊整顿，之后经历了两次改刊，分别更名为《长春时报》和《国民新报》。虽然存在的时间都不长，但在开办过程中，提倡地方自治，抨击日俄帝国主义对中国的侵略，宣传资产阶级民主革命思想，在清末长春地方起到了“发皇商务，开启民智”的作用，在长春和吉林省内都有很大影响。另外《长春日报》招股集资办报的方法也为后继者所沿用，推动了清末民初时期长春地区报业的发展。

扑灭鼠疫

1910—1911 年中国东北发生了大规模的鼠疫，波及之处给社会带来了极大灾难，而长春是此次鼠疫几个重灾区之一。据统计，此次鼠疫中长春死亡人数达六千多人，加上后来查出的积尸，实际死亡人数要多于此。对普通民众来说，由于科学知识的缺乏，对传染病的观念十分淡薄，更不知如何预防，仍沿袭旧有的生活习惯。种种情况，对当时的防疫造成了极大的困难。

长春政府以这次防疫为契机，逐渐建立了现代化医疗卫生体系。当时长春的医疗卫生状况相当简陋，唯一的医政机构和官立医疗机构是1909年由孟宪彝主持，在西四道街成立的以中医为主的医学研究所。此次鼠疫防治中，组建完善的防疫组织体系是一项重要措施。除作为吉林省防疫行政总机构的吉林省防疫总局之外，长春也于城内设立防疫局。另外，孟宪彝上任伊始，便着手健全长春的防疫组织。长春城内创设疫症院两处、疑似病院一处，将染疫之人或疑似病人分别轻重各症送往诊治，一经确诊必须严行隔离，接受治疗。于四乡设立防疫分所五处，派医生诊治留验。此外，孟宪彝另组织设立七处隔离所，并亲自巡视督察隔离所建造。保证所内屋宇洁净，柴炭茶水不缺，内有医官时时诊验，防止病人掺杂其中而传染他人。城东设留养所两处，安置游民和贫民。除此之外，1911年2月，孟宪彝组织成立一个专门研究疫情的防疫会，共同磋商防疫事宜。这些防疫组织的成立对长春此次鼠疫的防控起到了积极的作用。具体防疫措施主要包括：遮断交通，实行火葬，多设隔离所，清除街道等。

长春鼠疫防疫

由于鼠疫是一种烈性传染病，波及范围广，传播速度快，发病快，死亡率高，而且当时医疗卫生条件落后，由此民众产生的恐惧心理导致各种排斥和抵制防疫的行为。孟宪彝针对社会上出现的恐慌和动荡做了大量有效的工作，大力宣传防疫常识，张贴海报、印发防疫传单，增加民众对鼠

疫的认识。

正是由于多措并举，长春的疫情得以在不到半年的时间里被扑灭，最大限度地保护了人民的生命财产，维护了社会的稳定。各界对长春此次防疫工作做出了较高的评价，认为制定和采取的各项防疫措施得当，颇为后来师法。

成败由妓

孟宪彝到长春担任道台后，认为发展商埠地最好的办法就是开妓院。有了这个想法后，他与长春民间的商绅协议集股，创办兴业公司，经营公园、妓院、当铺等。

1912 年秋，孟宪彝将分散在旧城的妓院都迁到商埠地，开辟了商埠地妓院一条街，以增加人气，带动商埠地的发展。孟宪彝在东长春大街以北的平康里建了 440 间房舍，用以开设妓馆、茶楼和戏院等。一时间，这里夜夜笙歌，座无虚席，带动了商埠地的畸形繁荣。当时商号密集，店铺林立，车水马龙，盛极一时。

在当时的情况下，孟宪彝在发展商埠地方面所取得的成绩无疑是值得肯定的，但他后来也因“妓女问题”被罢官。据沃邱仲子所撰《民国十年官场腐败史》记载：“孟秉初官吉林，游长春，日大召南北妓女优侑酒，竟以罢官。”后来有人告发孟宪彝投机倒把，最后经黑龙江将军朱庆澜查办，孟宪彝“罔利营私”没有实据，而“赌博挟妓，诚不免偶失检点”，因而受到褫职夺官的处分。因此有“成也由妓，败也由妓”的说法。

孟宪彝日记

与近代许多著名人物一样，孟宪彝也有写日记的习惯，其中宣统二年（1910 年）至民国十二年（1923 年）的日记比较完整地保存了下来，2016 年由凤凰出版社整理出版，收入中国近现代稀见史料丛刊。日记记录了他仕途经历、办理河工赈济、经营煤矿铁路等实业的情形，以及中国社会、家庭、人民精神面貌所经历的种种变化，反映了清末民初十余年间中国政治、军事、外交、经济、医学、社会各方面的图景，具有一定的史料价值。《孟宪彝日记》弥补了学界对于清末民初长春社会状况考察资料不足的缺憾，使人们对当时长春社会发展的情况有了更加真实和丰富的了解。

在清末民初社会大变革和动荡时期，孟宪彝作为一个地方官吏致力于维护清政府摇摇欲坠的统治。其在长春实行的一些内政改革措施，促进了当时长春社会诸多方面的发展，使长春的市政建设、医疗卫生、文化教育等方面开始了早期现代化的进程。同时，孟宪彝是一个出身封建社会的旧官僚，有一些自身的陋习和局限，但总的说来，他还是一位有作为的官员。

大城近代教育的开拓者邓毓恺

邓毓恺（1868—1922），字少文，号邵闻，大城县白洋桥村人。清末民初大城县著名教育家。

倡修县志

邓毓恺生于仕宦家庭，他祖父邓天一为当地乡绅，家有良田千顷。叔祖父邓天符曾任沅州府知府，清政府依例授给他五品衔。他自幼入私塾从师问教，学识渊博。他祖父晚年准备编纂本县县志，聘表侄刘钟英担任主编，但因病未成而留下遗憾。

为了实现祖父的遗愿，邓毓恺与叔父邓汝洋、学士王玉麒于光绪二十二年（1896 年）春倡导编修《大城县志》，仍请刘钟英任主编，并出资设立县志修志局。县志编纂既要有适合的人才，还要有经费保障，邓毓恺作为志书编修活动的组织者和主要参与者，也是捐资修志的实施者，重修县志二年之久，总局、分局一切经费用银二百五十两，都由邓毓恺、王玉麒二人垫办。他们在县志编纂的过程中，曾经设法通过多种渠道解决修志经费短缺的问题。除了地方官员、绅士、儒学学生等参加捐资修志活动外，还有一些热心人士也参与其中。另外，邓毓恺也参与了部分内容的编写，县志卷首中的分野星宿图、舆地全图、村镇图、城池图、衙署图、文庙图、书院图等都是他亲手所绘。县志最终顺利编成付梓，共十二卷，近三十万字，既完成了祖父的遗愿，也为本县留下了宝贵的文化遗产。

创办学堂

光绪三十年（1904 年），清政府颁布《奏定学堂章程》，推行新式学制。宣统元年（1909 年），邓毓怡经保荐由直隶提学使司派往日本弘文学院教育选科学习。在日本求学期间，他考察了日本自明治维新以来的历史，认为中国贫穷衰弱在于民众愚昧落后，提出富国先强民，强民之道在于重教兴学的教育救国主张。

宣统二年（1910 年），邓毓怡毕业回国，天津南开中学校长张伯苓以高薪聘请他任地理教员，被他婉言谢绝。邓毓怡联络县内文人名士，与从日本东京早稻田大学留学回国的弟弟邓毓怡一起，捐出自家瓦房，自购设施设备，修缮村里闲置房屋，在家乡白洋桥镇兴办起全县第一所新式学堂，取名为“知耻学堂”，后改为“启智学堂”。学堂所设课程为国文、英语、算术、地理、历史、修身、格致（包括自然知识和动物、植物、矿物及理化等初级知识）等。学堂备有风琴、哑铃、足球、枪械等体育娱乐设施，邓毓怡还从日本购来地理大挂图及数百张博物图画。

启智学堂成立不久，他又在族人的协助下，和弟弟邓毓怡开办了全省第一所女子学堂，取名“自强女子学堂”，聘请他姑母邓贞子担任堂长，课程与启智学堂大致相同。这所学堂是直隶省创建最早的一所女学堂，天津的北洋女子师范学堂就是取法于这所学堂而建成的。两所学堂均不收学费，本村及附近村镇的子女无论贫富均可入学，本村子弟免费上学，外地学生只收课本费。因而两校创办时间不长就已经具备了相当大的规模。为了使更多成人学到文化知识，他还开办了免费半日及半夜学堂，学习内容是识字、书信、珠算、记账等。学校应聘教员多为海外回国的革命志士，使用当时教育部编订的教科书。邓毓怡还与邓毓怡一起组织了“和钧编译社”，翻译日本小学教科书作为补充。他还出资在镇上设立邮寄代办所，亲自办理邮务收发，为学堂订阅了《顺天时报》《大公报》《益世报》等进步报纸。

由于开办学堂花费巨大，他和弟弟邓毓怡节衣缩食来维持学校的运作。1915 年，为了支持他办学，胞妹邓书箴身患重病仍然捐出一幅名画，

病逝后被大总统袁世凯表彰为“女宗共仰”。

全县推广

1912 年，启智学堂改名为白洋桥初、高级小学校。同年，邓毓恺任大城县劝学所所长。上任后，他雷厉风行地开展废除旧学、兴办新学的运动，首先在县城建立师范学校，培训教员，然后将这些具有新知识的教员派往各村执教，很快在全县范围内掀起兴办新学的高潮。他积极筹建校舍，采取劝说僧尼帮办教育，利用寺庙作课堂，利用庙地地租作为学校开支经费等，筹集办学基金。在全县共创办高等小学 3 所，初级小学 200 余所，平均每两个村庄就有一所小学。他时常到各学校巡察，发现不称职的校长或教员，坚决予以撤换。

邓毓恺一生致力于教育事业，是大城县新学的奠基人。他还兼任本县天足、拒毒会副会长、水灾善后事务所所长等社会公益职务，都呕心沥血做出了巨大贡献。北洋政府授予他银色三等嘉祥章一枚、银色学务奖章一枚、学务特别奖章一枚、大总统授予七等嘉禾勋章一枚。

邓毓恺晚年在小学教育、师范教育的基础上，还计划在白洋桥等地创办中学教育和农业学校，但因病故未能实现。

1922 年 12 月 27 日，邓毓恺病逝。

作为清末民初的教育家，邓毓恺思想开明，视野开阔，具有比较先进的教育理念，并亲身实践，创办学校，为大城的现代教育奠定了坚实的基础，为开启民智做出了贡献。

著名文化学者梁建章

梁建章（1871—1937），字式堂，大城县里坦镇四街人。西北军政治顾问，著名文化学者。

梁建章生于家境贫寒的农家，读书较晚，28岁时才进入保定莲池书院学习，所作文章深为近代著名教育家吴汝纶赞赏，称赞他为“当代逸才”。1902年秋，梁建章中庚子辛丑并科举人，受吴彭秋邀请，赴保定练兵处任教官，因讲习日本教材，开始学习日文。1904年，在严修的举荐下，官费赴日本政法大学留学。在日期间，深受维新思想和实业救国主张的影响，曾编译出版《日本地方法制通览》一书，希望为中国革新吏治和加强法制做借鉴，还热衷于伦理学、水力学等学科的专门研究。

梁建章

从政经历

1908年，梁建章回国后在直隶保定府任参事，后跟随曾韫在浙江巡抚幕府任参事。1911年10月辛亥革命爆发时，梁建章正在家乡休假，即被召至北京。1912 年任北京政府总统府秘书、政治会议河北代表，又任陆军部秘书。

1913 年，梁建章任直隶省实业厅厅长。他在任期内首创内河行轮，并开办天津纺纱厂，筹建炼钢厂。1914 年任浙江省会稽道道尹，在当地创办纺纱丝织企业。

1916 年，段祺瑞组阁，想要委任他为内务总长，梁建章不愿卷入“府院之争”而婉言谢绝，只担任国务院顾问，后又兼陆军部顾问。1919 年任国会事务局局长、国会选举委员会委员长等职。1920 年任国务院顾问。1922 年任都门编书局总编辑，研究经史、诗歌、伦理及水利之学，并出版了一些宿儒的著作。

1923 年，冯玉祥慕名聘他为西北军高等顾问，他和王瑚（字铁珊）、谷钟秀（字九峰）、王鸿一（字黉一）被称为“西北军四老”。

1924 年，冯玉祥任西北边防都办，梁建章力劝其实行移民屯垦开发西北。他任西北开发委员会委员长，主持移民屯垦事宜，并亲自撰写《垦务大纲》，使张家口、内蒙古河套地区屯垦移民试验取得卓越成效。1926 年冯玉祥下野出走苏联之后，梁建章也返回北京，赋闲在家。1928 年冯玉祥任河南省政府主席，聘他为高等顾问。其间河南大旱，梁建章带领士兵和民众兴修水利，还编写《凿泉浅说》一书，为辉县凿泉训练班教材，收效巨大，当地百姓敬称他为“海龙王”。

梁建章不满于蒋介石的独裁统治，和西北军其他三老一起劝说冯玉祥联合阎锡山倒蒋。当冯玉祥到山西和阎锡山协商反蒋大计时，遭到阎锡山的软禁，梁建章不顾个人安危，亲赴太原从中斡旋，最终说服阎锡山和冯玉祥联合，达成冯阎倒蒋阵线。1930 年中原大战，冯、阎联合在北京筹备政府，想请梁建章为国务总理，但梁建章以“志在国家，非在个人进退”为由坚辞不就。汪精卫到达北京组成“约法起草委员会”，请他参与有关事宜，他也以年事已高为由辞而未就。

冯玉祥曾向蒋介石推荐梁建章，称他“或为蒋先生之师，或为蒋先生之友，或为蒋先生师友之间的人”。蒋介石也多次请梁建章到南京并以师礼相待，但梁建章不为所动，我行我素，蒋介石只好委任他为中央监察委员，梁建章则以年老体衰为由坚辞，不到南京就职。

个人著述

梁建章是著名的文化学者，从政期间也没有间断对学术和教育的投入。从1930年底开始，梁建章闭门治学，整理诗词、文稿，辑为《百廿诗集》若干卷。然而未及刊印，“九一八”事变爆发，梁建章为国难奔走，个人文稿散失严重。后人将他的部分诗稿编为《求自知寄庐残诗》一册刊刻传世。

1933年，宋哲元任察哈尔省政府主席，请梁建章主持编修《察哈尔省通志》。梁建章看清日寇侵略的意图，察哈尔省危在旦夕，为将来重建山河而慨然应允。他殚精竭虑，仅用一年半时间就撰成《察哈尔省通志》28卷，此书在全国志书中成书较晚，但独创性强，被后人赞为“开近代省志之先河”。

1930—1935年，梁建章在任河北省政府顾问期间，重办保定莲池书院，亲任院长，聘请著名学者高步瀛、吴闿生、尚秉和、刘宗尧等来书院讲授中国传统文化，并欢迎外界人士旁听，一时教室容纳不下，学习之风盛极一时。梁建章还将古代诗歌按古今体分类选辑，编成《古今体诗读抄》正集、续集若干卷，颇具独到见解。他还十分重视幼儿启蒙教育，亲自编写《儿童白话歌》（也称《儿童德育歌》），词浅义深，不但有益于幼儿的成长教育，而且对成人也进行了社会的道德教育。此书广受好评，曾数次出版发行，流传甚广。

1937年7月7日，全面抗日战争爆发后，梁建章力劝宋哲元发扬喜峰口抗日光荣传统，坚决抗战。7月中旬，梁建章应冯玉祥电召，代表宋哲元赴南京向蒋介石面陈北方形势，商谈有关抗日事宜，因过度劳累，突发脑溢血，于7月28日在南京中央医院病逝，享年67岁。

梁建章一生淡泊廉洁，忠诚待人，合则留，不合则去，从不做违心之事。而且投身教育，出版著作，有传统学人的风范。

国学大家高步瀛

高步瀛（1873—1940），字阆仙，又署阆轩，私谥贞文，霸州市辛店乡北庄头村人。著名文选学家、历史学家、教育家。清光绪二十年（1894年）举人，师从桐城派古文大师吴汝纶先生。

生平

高家数代富庶显贵，为乡邑之冠，高步瀛的曾祖、祖父、父亲都是朝廷命官，但经过捻军之乱，他父亲忧急去世，家道从此中落。高步瀛九岁时就跟着母亲张氏寄居新安外祖父家，跟随黄秉钧先生学习，他聪颖绝伦，很快就成为众人眼里的神童。年龄稍长就开始涉猎文籍，学习八股文，研修应试科举的各项学业。光绪二十年（1894年），高步瀛中顺天乡试举人。为维持生计，先后教学于永清、完县（今顺平县），继而主讲定兴书院，为书院山长。其间，又应聘赴保定莲池书院试讲。当时，著名文学家、教育

高步瀛

家吴汝纶正主讲莲池书院，他阅读了高步瀛的骈文，击节赞赏，喟叹弗如。此后，高步瀛治学却更注重本源，为文兼擅骈散之长，贯通经史，尤其精熟《周礼》《仪礼》《礼记》这十三经中的“三礼”。

光绪二十七年（1901 年），朝野倡导维新，兴办学校，高步瀛任保定直隶高等学堂教席、优级师范学堂教席。次年，高步瀛赴日本游学，毕业于宏文师范学院。在日本期间曾与严修等人交往。光绪二十九年（1903 年），严修任直隶提学使，主管直隶省教育，念及高步瀛的才学，委任他为直隶学务处查学委员，继而改任编纂。不久，因保定两学堂多次向朝廷请求，仍请高步瀛回保定任教员。

光绪三十二年（1906 年），高步瀛任学部侍郎，后调任图书局主编，兼董理顺天府学务总处。继而奏补为学部主事。

民国成立后，1912 年，高步瀛任教育部佥事、教育部编审处主任。1914 年，他参与政府官员和国会议员组织的“寒山诗钟社”，与朋友诗文酬唱。1915 年 8 月，继夏曾佑之后任教育部社会教育司司长，任职共 12 年。其间提倡推行阳历，编写新戏，改良旧剧，设历史博物馆，创通俗图书馆、通俗讲演所等，并亲自撰写和倡导语体文。

1921 年，被北京高等师范学校校长陈宝泉聘为该校教授，同时兼国立女子师范大学教授。1927 年 5 月，因不满于奉系军阀入京主政，辞去部务，专任教职。1929 年，东北易帜，高步瀛应王晋卿、吴北江等人之邀，就任沈阳萃升书院讲习，主讲“三礼”和“两汉六朝文”。

1930 年，以教授兼代国立师范大学二部秘书长，摄行院长职。1931 年“九一八”事变后，回北平，任北京师范大学教授，主讲“文选学”。兼任中国大学保定莲池书院讲师。1934 年春，莲池书院停办后重新恢复，高步瀛受聘讲授“史记举要”和“文章流别”。1937 年，高步瀛母亲辞世，他在悲伤之余，不顾舟车劳顿，每月到保定授课两次。他执教勤奋，数十年如一日，学业宏通精博，治学以征信为准，是当时的名教授。

卢沟桥事变爆发后，平津很快沦陷，高步瀛与钱玄同等因年老不能远赴后方，于是闭门谢客，不为敌伪服务。1940 年 11 月 11 日病逝，终年 67 岁。

交游

作为一代国学大家，高步瀛立身廉直，淡泊自守，生平交游颇广。前辈宿儒有散文家吴汝纶、教育家严修和启蒙老师黄秉钧，至交好友有齐宗颐、京剧理论家齐如山、近代教育家陈宝泉、清季举人杨汉云、音韵学家曾广源、吴汝纶之子吴闿生，同僚有陈垣、钱玄同、鲁迅等，尤其值得一提的是高步瀛与鲁迅的交往。

鲁迅在日记中多次提到高步瀛，记载了彼此招饮、相互酬赠的事情，可见二人关系非同一般。鲁迅和高步瀛在教育部同事多年，一般人认为鲁迅个性强，高步瀛也有脾气，高步瀛任社会教育司司长时，鲁迅在他手下任佥事，有人猜想二人必有冲突，事实却是相反，两人相处甚好。1925 年 8 月，鲁迅被教育总长章士钊免去了佥事职务，高步瀛作为直接领导，还去鲁迅家进行慰问。高步瀛多次赠书给鲁迅，如《吕氏春秋点勘》《论衡举正》《淮南子集证》《抱朴子校补》等。还曾代鲁迅买《王右丞集笺注》，鲁迅还曾将自己的一部《雅雨堂丛书》卖给高步瀛。

总之，高步瀛交游广泛，阅历丰富，人格正直敦厚，言行表里如一。和他交往的大都是 20 世纪著名的学者教授，这些良师益友对他文学创作、学术思想产生了重要的影响。

著述

高步瀛学问渊博，文章隽秀，为世人所敬羡。学者以所著桐城姚氏《古文辞类纂笺证》等书称为学问之渊海，考据之门径。当时日本学者把他的考据与广东黄节（字晦闻）的诗学，桐城吴闿生（字北江）的古文并称为“中国三绝”。高步瀛对古文的义理、考据、辞章都有很深的功底，平生著述极多。清末民初以来，在古文的选注方面，高步瀛有着突出的成绩。主要著作有《吴氏孟子文法读本笺》《古今体诗约选笺注》《选学举要》《文选李注义疏》《古文辞类纂笺》《古文辞类要笺证》《史记举要笺证》《周秦文举要笺证》《先秦文举要》《两汉文举要》《魏晋文举要》《南北朝文举要》《唐宋文举要》《唐宋诗举要》《杜诗举要笺证》及《古礼制研究》等。

高步瀛以其高尚的人格和卓越的学识，不仅在霸州文化历史上树立起一座丰碑，而且在祖国的学术领域也占有尊崇的地位，值得后人敬仰。

北洋重臣张绍曾

张绍曾（1879—1928），字敬舆，光绪五年（1879 年）10 月生于直隶大城县张思河村。北洋政府国务院总理兼陆军总长。

早年经历

张绍曾自幼聪慧好学，学业优异。光绪十四年（1888 年），因家境贫寒，随父亲寓居天津。他父亲张汝封在王宅任教，他就附馆攻读。光绪二十一年（1895 年），张绍曾参加县试，名列前茅。当时清政府成立武备学堂，张绍曾当年秋考入天津北洋武备学堂炮科。在校期间，“每试学术，课冠侪辈”，受到总办荫昌的奖赏。光绪二十四年（1898 年），清政府选派武备生游学日本，取录 10 人，张绍曾就是其中之一。到达日本后，进入日本士官学校第一期炮科学习。毕业后名列第一，于光绪二十八年（1902 年）学成回国。正值袁世凯在保定练兵，成立练兵营训练初级军官，张绍曾被派任炮兵队官。后充任保定速成武备学堂教官，调任北洋陆军第二镇教练官正参谋。光绪二十九年（1903 年），袁世凯以“尽先千总”

张绍曾

衔委任他为北洋常备军第二镇第五标帮统。光绪三十一年（1905 年），张绍曾入直隶督练公所教练处任总监督。光绪三十二年（1906 年），新军彰德秋操大演习，他奉派为北军第五混成旅正参谋官，次年初与士官学校同学吴禄贞、蓝天蔚，被新任东三省总督徐世昌调到奉天军界任职。由于三人都富有变革思想，志趣相投，过从甚密，又都是日本士官学校毕业生，被称为“士官三杰”。当时宋教仁以创办实业为名，来东北发展同盟会，并在奉天成立同盟会辽东支部，张绍曾与吴、蓝均秘密加入同盟会，成为支部的主要负责人。

宣统元年（1909 年），张绍曾陪同清廷禁卫军第一协统领良弼检阅北洋军，得良弼器重，调任陆军贵胄学堂监督。宣统二年（1910 年），陆军部奏请清廷授予他副将加总兵衔。陆军部右侍郎兼陆军贵胄学堂总办那晋赴东三省检阅陆军，以张绍曾为总参赞。少年权贵载涛、载洵都是他的学生。

宣统三年（1911 年）2 月，由东三省总督锡良保举，张绍曾受命任陆军第二十镇统制，驻守奉天（今辽宁沈阳）、新民。4 月，清廷赏以副都统衔。

同年，武昌革命军兴起。张绍曾奉命入关，在滦州、开平一带驻扎举行秋操（即军事演习），在革命形势的推动下，张绍曾和吴禄贞、蓝天蔚三位新军将领密谋假仗真打，借军事演习之机歼灭皇家禁卫军，响应南方革命，进而攻取北京，推翻清政府。不料，机密泄露，清廷急令停止秋操，将禁军调回，使兵变计划未能实现。接着清廷命张绍曾率所部南下，归荫昌指挥镇压武昌起义军。张绍曾拒不受命，拥一支劲旅据守滦州，并向清廷上书十二条，主张立宪，还政于民。清政府为了扑灭南方革命军，在国外购买了大批军火，由西伯利亚铁路运输入关，运往武汉前线。张绍曾闻讯，事先做了布置，当列车经过滦州时，将军火全部截留，此举使袁世凯大为恼火。武汉的黎元洪、黄兴等革命军领袖致电表示感谢。这年九月，清廷赏给他侍郎衔，免去统制职，任命为宣抚大臣，实际上剥夺了他的兵权。袁世凯对新军将领极为仇视，11 月 7 日，吴禄贞在石家庄被杀害，又调任张绍曾为长江宣抚大臣。张绍曾自觉身单力孤，没有赴任，以在野身份为南北议和而奔走。

民国任职

中华民国建立后，绥远等地的蒙古王公权贵以为蒙受清廷的厚恩，深恐自己的爵禄富贵被民国政府剥夺，因此，极力反对民国。1913 年，袁世凯任命张绍曾为绥远将军兼垦务督办，并授予陆军中将加上将衔，镇抚边疆。当时正值蒙古国叛乱内犯，张绍曾指挥三路军队迎敌，打退了叛乱蒙军，乘此兵威，张绍曾召开了西盟会议，宣传五族共和的政策，承认王公们的世袭地位和特权，安抚了他们，确保他们不为蒙古国库伦当局蛊惑。此后，他还击退了进犯的库伦军，使边疆安定，为保卫祖国边疆、维护祖国统一立了大功。大总统袁世凯为表彰他的功绩，授予他陆军上将和一等文虎章。但是袁世凯对他心存芥蒂，1914 年 4 月，张绍曾奉调回京，任北京将军府将军，翌年又被任为陆军训练总监，不久，又被调为总统府顾问，加封“树威将军”称号。

1915 年夏，针对袁世凯称帝活动，张绍曾和蔡锷私下议论，并组织力量准备起事。他和蔡锷既是士官同学，又是志同道合的密友，二人来往密切。当蔡锷在云南举起护国军大旗时，张绍曾极力响应。

1916 年袁世凯死后，黎元洪任大总统，段祺瑞为国务总理，调任张绍曾为北洋政府陆军训练总监。1917 年 6 月，督军团以武力威逼总统黎元洪解散国会，张绍曾表示反对。7 月 1 日张勋复辟，张绍曾即与旧部冯玉祥等密商讨伐事宜，偕冯玉祥同车赴津。3 日晨亲至马厂，鼓动李长泰出动一混成旅会同冯玉祥部向北推进。此时，段祺瑞被拥为讨逆军总司令，在马厂誓师，揭起反复辟旗帜。复辟事件平息后，张绍曾这个主动组织讨逆的人，反倒被撤去了陆军训练总监的职务。1920 年 7 月，直系军阀曹锟、吴佩孚联合奉系击败皖系，推翻了段祺瑞内阁。张绍曾因与吴佩孚、冯玉祥有儿女姻亲关系，归附直系。8 月，吴佩孚发起召开国民大会，企图以“合法”手段取消南北两政府，建立一个由直系操纵的统一政府。张绍曾为吴佩孚的倡议奔走串联，不遗余力。为调解纠纷，张绍曾于 1921 年到庐山发起国事会议，主张全国议和，各省军阀解除兵权，因张作霖反对而作罢。此间各派互相争夺地盘，扩大势力，形成军阀混战的局面。

1922 年 5 月，直系军阀在第一次直奉战争中取胜，独霸中央政权，张绍曾继续为直系建立一个“合法”的中央政府出谋划策。他先通电支持部分旧国会议员“恢复法统”的倡议，恢复 1917 年被迫解散的旧国会；接着积极参与众议院议长吴景濂等人驱徐世昌下台、迎黎元洪复职的活动。6 月，黎元洪再次上台。8 月，张绍曾出任陆军总长。

不久，曹锟急于想登上总统的宝座，与吴佩孚先以武力统一全国的主张相左，使直系分裂成以曹锟为首的“津保派”和以吴佩孚为首的“洛派”。张绍曾得到众议院议长吴景濂的支持，迎合曹锟，参与津保派策划的贿选活动。此时曹锟、吴佩孚都力图控制内阁，几个月间内阁频繁更迭。黎元洪认为张绍曾既与曹锟是把兄弟，又与吴佩孚是儿女亲家，是各方都能接受的人选，于是提名张绍曾组织民国第 32 届内阁，12 月底获参众两院通过。1923 年 1 月 4 日，张绍曾被正式任命为国务总理兼陆军总长，这是他从政生涯的最高职务。

张绍曾上台后，和黎元洪协同一致，标榜和平统一。在就职通电中，以“法统重光，海内一体”相号召。他建议召集实力派代表、各政党领袖、在野名流在北京颐和园举行“国是协议会”，协商和平统一问题。2 月，致电孙中山及西南六省，倡议召集全国军事会议，协商解决裁兵等问题。还和黎元洪分别派代表南下议和。张绍曾的和平统一活动同直系军阀的武力统一方针相冲突，受到军阀曹锟、吴佩孚等人的阻挠，任期不足半年，不得不宣布辞职，退居天津。接着，黎元洪也被逼下台。

1925 年底，吴佩孚东山再起，企图重整旗鼓控制北京政局，闲居天津的张绍曾不甘寂寞，再次出头露面，重弹“恢复法统”的旧调。1928 年初，蒋介石与冯玉祥等人联袂筹划北伐奉系张作霖，在天津的张绍曾和冯玉祥不断有信使往还。张作霖害怕张绍曾成为冯玉祥北上的内应，于是派遣亲信行刺张绍曾。

赴宴遇刺

张绍曾的遇刺，源于与张作霖的多年积怨。原来在辛亥革命时期，张绍曾的同学和密友蓝天蔚在沈阳任第三混成协协统，为响应武昌起义，准

备在沈阳起事，不料被任巡防营统领的张作霖逼走。因此，张绍曾的“滦州兵谏”失去支持。二张之间从此有了芥蒂。军阀孙传芳被北伐军打败，逃到北京，联合张作霖。孙传芳认为，张绍曾在军阀混战中失信于他，所以在张作霖面前诋毁张绍曾。

张绍曾回津寓居，虽然表面上诵佛经、习书法、练拳术，但对国家命运依然记挂于心。多年的宦海沉浮，使他对北洋政府失去了信心。他了解到冯玉祥与孙中山等国民党人士有联系，就与冯玉祥加强了来往，并与冯玉祥结为儿女亲家。这时张绍曾在家中自设电台与冯玉祥等频繁联系。张作霖对此十分不满，想起过去的矛盾，有了杀害张绍曾以绝后患之意。

1928 年 3 月，张作霖派亲信将领王琦到天津秘密布置暗杀张绍曾。参加密谋的还有直隶督办褚玉璞、警察局长厉大森和赵景云。3 月 21 日晚，居津在野的张绍曾被时任直隶办公署总参议赵景云请到天津市南市天和玉饭庄吃饭。赴宴当日，张绍曾吩咐司机把小汽车开出。不料汽车刚开出车房，一只前车轮便坏了。张绍曾一惊，推说身体不适，准备辞掉宴会。但被赵景云买通的手下人张会卿百般劝说，不得已只得换上新轮胎赴宴。宴会后，赵景云又邀请包括张绍曾在内的十余人，到天津南市高等妓院彩凤班饮茶。张绍曾被假扮送信人的刺客连射三枪，第二天早晨因伤重去世，终年 49 岁。这就是当时轰动朝野的张绍曾被刺案。

冯玉祥将军在《我的生活》一书中，对张绍曾做过这样的评价：“公公道道地说，张先生实为革命最忠实的朋友。他冒着危险，大量地垫钱，什么也不图，只要助成北伐革命。张先生之死，系为革命牺牲，他的功绩是值得纪念的。”张绍曾去世后，其后人将他葬于北京西山。国民党中央为他送的挽联是：大陆起龙蛇，为国心长，杯酒竟撄来歆祸；中原息鼙鼓，平戎策在，香花艰难睢阳功。

张绍曾在北洋政府做到国务总理，身居高位，谋求国家的统一，因为不符合军阀的利益而受挫。他也有对权力的恋栈，周旋于各派军阀之间，最终被暗杀，成为军阀斗争的牺牲品。

具有世界眼光的邓毓怡

邓毓怡（1880—1929），字和甫，一字任斋，别号拙园。大城县白洋桥村人。民国众议院议员，著名教育家、文化学者、画家。

少年才俊

邓毓怡 扇面画

邓毓怡于光绪六年（1880 年）农历十二月二十一日出生于大城县一个仕宦家庭。他自幼聪颖，六岁随父亲邓汝淮在自家学馆读书，七岁开始写诗，十多岁时写千字长文挥笔立就。据常埼璋所撰的行状记载："（邓毓怡）十四岁丧父，乡里士夫无能为之师者，家有藏书，则发箧纵观，师于古人。"光绪二十二年（1896 年），大城名儒刘钟英推荐他共同编纂《大城县志》，当时邓毓怡才十七岁，但他不负众望，为多位乡贤和节妇、烈妇撰写传记，所撰文章珠圆玉润，超逸洒脱，他被大城儒生称为神童才

子。《大城县志》刊行后，他就由友人介绍到保定莲池书院，拜著名学者吴汝纶为师。吴汝纶是西学的倡导者，他曾聘请外国人在莲池藻咏楼为邓毓怡等几名年少有才的学生教授外文。在此期间，邓毓怡不仅文章大有长进，而且还学会了英文和日文，并接受了许多西方的进步思想。学成后，邓毓怡成为学院讲学者。光绪二十六年（1900 年），义和团运动爆发，邓毓怡等因接触了“洋人”受到围攻，只得中途退学。

光绪二十七年（1901 年），吴汝纶在北京创办报社，委托邓毓怡、常育璋等人任编辑，但不久报社就被清政府查封，于是改名华北译书局，印行杂志，传播新学知识。当时邓毓怡已经在诗、文、书法、绘画等方面显示了一定的才华，因而不少友人劝他潜心研究诗文书画，日后必能功成名就，流芳后世。邓毓怡听后却说：“今举国旦夕为奴虏，吾宁埋头腐心为百年后陈死人之计乎？”于是发奋学习。光绪二十九年（1903 年），他为了探求新的知识，毅然东渡日本，就学于东京早稻田大学，攻读法律二年有余。他在日本留学期间，受留学生中民主革命派的影响，思想激进，对暗杀救国存有幻想，曾与同学密谋暗杀慈禧太后。当时，邓毓怡先期携炸药回国，住在北京常育璋家中，他曾对人说：“某月日君当闻有巨变发于辇下，则邓某致命遂志之时也。”后因事情泄露，主事者被捕，他又返回了日本。临走之前，他将炸药等物交给常璃璋保存，常璃璋怕惹出麻烦，于一天夜里将炸药投入城门外的河流中。这件事在其家传（籍忠寅撰）和行状中均有记述。

创办学堂

光绪三十年（1904 年），邓毓怡大学毕业回国。前者密谋行刺不成使他认识到，要想救国改变国家的落后状态，单靠少数人的力量是不行的，需要的是全体民众的觉醒，而开启民智的唯一途径是兴办教育。于是他放弃了在京任职的机会，回到家乡，和兄长邓毓恺一起创办了一所新式学堂，起名为启智学堂。启智学堂成立不久，邓毓怡又和邓毓恺在家人的协助下创办了自强女子学堂。学堂的教材是邓毓怡和另一名留日生王世琛（字钧甫）翻译的日本中小学教科书。两所学堂均不收学费，本村及附近村镇的子女无论贫富均可入学，因而两校创办时间不长就已经具备了相当大的规模。由于开办学堂花费巨大，他和兄长邓毓恺节衣缩食，来维持学校的运作。1915 年，为了支持他办学，胞妹邓书箴身患重病仍然捐出一幅名画，病逝后被大总统袁世凯表彰为“女宗共仰”。

清政府“废科举，兴学堂”的命令颁布后，直隶省才开始兴学，在天津创办了北洋法政专门学堂和北洋女子师范学堂，邓毓怡因治学有声，相继受聘为两校教员，并兼任北洋法政专门学堂斋务长。邓毓怡在天津执教五年的时间，培育出了大批优秀人才，当时就学于北洋法政专门学堂的李大钊就是其中之一。直到后来，李大钊任《晨钟报》主编和北京大学图书馆主任时仍然常到邓毓怡家（北京黄化门碾儿胡同 24 号）做客，保持着密切联系。

编译各国宪法

1911 年，辛亥革命爆发，邓毓怡联合同志组建国民协进会，后改为共和党，任直隶支部干事。1912 年，中华民国建立后，邓毓怡被选为顺直省临时省议会议员、教育总会调查员，众议院选举当选为议员。1914 年，袁世凯解散国会，邓毓怡被同乡、时任绥远都统张绍曾邀请到绥远，创办归绥银行并任经理。绥远地区位于我国西北，地域辽阔，大面积的土地都是未经开垦的荒野，在那里，蒙古族与汉族之间民族对立情绪严重，局势很不稳定。为了治理好绥远地区，邓毓怡曾提出一项计划，即在绥远建几个大牧场，从内地移入汉民种植、饲养，加以管理，这样不但可以达到垦荒的目的，而且还可以使汉人与蒙人结成团体，发展友谊，以加强绥远地区的稳定。邓毓怡曾把这项计划上书农商总长张謇，张謇也认为这个计划是“对蒙人实边不二之法”。然而，由于政府财政困难等原因，这项计划未能付诸实施。

1916 年，袁世凯病死，黎元洪就任大总统，恢复国会，邓毓怡辞去银行经理职务，回京复任议员。1917 年，张勋复辟事起，国会重遭解散。此后五年间，他曾任总统府咨议、国务院咨议、经济调查会委员、盐务署顾问、盐务学校校长等职。

1922年，国会再度恢复，邓毓怡仍为议员。他虽身为“研究系”成员，但不为党派意气之争，超然事外，认为开国十年“宪法不成，乃为吾人不可旁贷之责任”，所以在国会恢复之后，发起宪法学会，组织大家研讨，并着手译著《欧战后各国新宪法》，以此作为制定宪法的参考。《欧战后各国新宪法》的翻译工作用了近一年的时间，1923年出版。书中所选七国（德、奥、普、俄、捷克、波兰、远东），战前均为君主制，而战后均改为共和制。邓毓怡在书的序言中从宪法的角度论述了世界发展的趋势。他这样写道：“现代人类之精神，大著于战后之新宪，余窃以为有两潮流焉，一曰民治主义之趋向，其结品为国民投票，国民发议，国民表决，国民选举，皆国民投票所有事也。虽范围广狭，事项多寡，从其国而制不同，要之除波兰外，殆无不郑重定于宪典，是盖自代表政治进于直接政治之过程。自美、法、瑞士试行以来，至今日而益普者也。一曰社会主义之趋向，其显例为经济会议。此制固不能概各新宪中社会经济之规定，而俾生产者与于分配之察议，实以此制为要端，视旧宪只见国家政治之一面者，其为进步，殆无疑义。”邓毓怡在序言中提出了自己的观点，认为当时中国“宜取直接投票制的议会政治”，并强调了宪法的作用“国制不取立宪，或立宪矣而宪法不良，则无论其国之体与形为何如，而其国其民终不能致治而受福”。

之后，邓毓怡又搜集其他国家的宪法，分别于1924年、1926年出版了《欧战后各国新宪法二编》（以下简称《二编》）、《欧战后各国新宪法三编》（以下简《三编》）。《二编》收入中国、苏联、爱尔兰、罗马尼亚、南斯拉夫、匈牙利、土耳其、捷克、立陶宛和莱提维亚10国宪法。《三编》收入荷兰、伊沙尼亚、唐齐谷自由市、法兰西、比利时以及荷兰宪法中关于属地之修正条文6种新宪及修正条文。前后三编，将当时世界主要国家已经公布的新宪法搜罗的比较齐备，邓毓怡为此付出了大量心血和精力。

《欧战后各国新宪法》是我国第一部介绍欧战后各国宪法的译著，它的出版，使更多的国人了解到了当时世界各国的立宪情况，推动了国内宪法的研究工作。

书画自娱

1925 年，国会又被解散，邓毓怡从此厌倦了军阀统治，放弃从政的打算，闭户潜处，终日以书画自娱，不再过问世事。没有了俸禄，便以卖书画为生。邓毓怡的书法自唐上溯汉魏，不专法一时一家，而是各取所长，独成一派。他擅长行书，真草隶篆亦无不工。他的画在当时也很出名，求他作画的人很多。他的画全有定价，大约三尺的一幅山水画要卖当时的银圆一百五十元左右，可谓价格不菲。每画完一幅，《北京晨报》就照相刊出一幅。但他平时疏懒少作，一年也画不了十几张。

邓毓怡不仅能书善画，而且在诗文方面也有较深的造诣。他自己曾说："吾才，画不如书，书不如诗。"早在莲池书院读书时期，邓毓怡就已负诗名，那时，他和南宫李刚已齐名，并称为吴（汝纶）门两才子。邓毓怡的诗"超俊有奇趣，往往闲语熟字，经君手乃别有俊味逸致，读者心目为爽"。著有《拙园诗集》（录诗三百余首）《拙园文集》《拙园联语》等。邓毓怡在任国会议员及归绥银行经理期间，曾与许多知名人物有过书信往来，其中包括蔡锷、梁启超、汤化龙、林长民、张謇、徐树铮、籍惠寅等人，他生前将这些珍贵手迹整理成册，取名《故人遗札》。另外，还译有《现代民主政治》《动物学》《植物学》等。

1929 年 3 月 11 日，邓毓怡病逝于北京，终年 49 岁。

邓毓怡身处社会剧烈变动的时期，他具有世界眼光，编译各国宪法，旨在为国内的立宪工作提供借鉴，但由于军阀分治，无力实现自己的设想，只好以书画自娱，遂至赍志以殁，不能不说是一种遗憾。

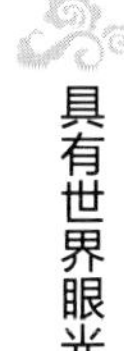

梆子名家魏联升

魏联升（1881—1922），是清末崛起于天津，而后在京、津、沪、冀和东北等地红极一时的河北梆子演员，专攻老生。他的艺名本来叫元元红，因为与先于他成名的同行演员郭宝臣艺名相同，所以民间多称他为小元元红，以示区别。

魏联升

名师出高徒

魏联升祖籍直隶大城县（今廊坊市大城县）魏王文村，父亲魏五离乡逃荒，流落到安次（今廊坊市安次区）淘河村。魏联升成名之后，世人说他是安次人，原因即在于此。他出生于清光绪七年（1881 年），乳名德宝。当年梆子大戏盛行，德宝从小就爱听爱看，深受熏陶。光绪十八年（1892 年），永清县的永盛和梆子班到淘河村搭台唱戏，12 岁的德宝乐得顾不上吃饭，场场不落地站在台下看了一出又一出，直看得着了迷。几天

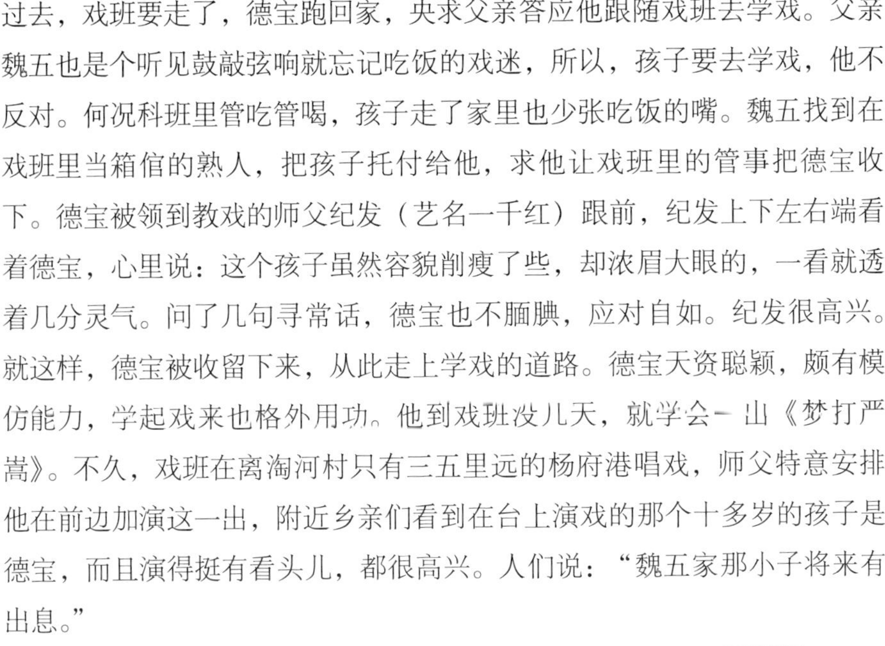

过去，戏班要走了，德宝跑回家，央求父亲答应他跟随戏班去学戏。父亲魏五也是个听见鼓敲弦响就忘记吃饭的戏迷，所以，孩子要去学戏，他不反对。何况科班里管吃管喝，孩子走了家里也少张吃饭的嘴。魏五找到在戏班里当箱倌的熟人，把孩子托付给他，求他让戏班里的管事把德宝收下。德宝被领到教戏的师父纪发（艺名一千红）跟前，纪发上下左右端看着德宝，心里说：这个孩子虽然容貌削瘦了些，却浓眉大眼的，一看就透着几分灵气。问了几句寻常话，德宝也不腼腆，应对自如。纪发很高兴。就这样，德宝被收留下来，从此走上学戏的道路。德宝天资聪颖，颇有模仿能力，学起戏来也格外用功。他到戏班没几天，就学会一出《梦打严嵩》。不久，戏班在离淘河村只有三五里远的杨府港唱戏，师父特意安排他在前边加演这一出，附近乡亲们看到在台上演戏的那个十多岁的孩子是德宝，而且演得挺有看头儿，都很高兴。人们说：“魏五家那小子将来有出息。”

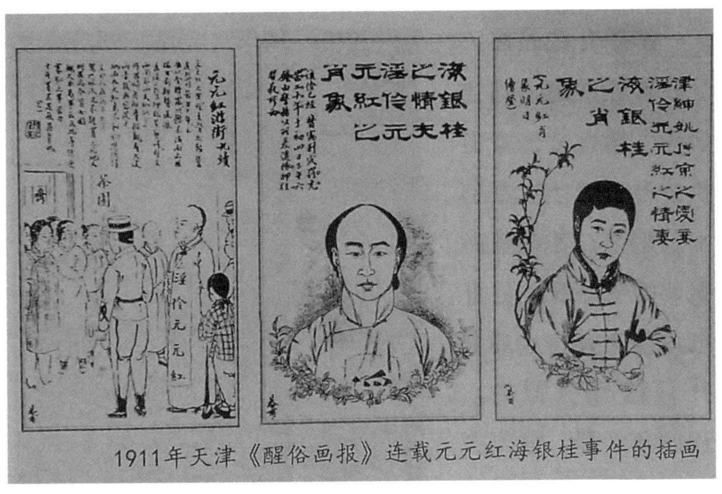

1911年天津《醒俗画报》连载元元红海银桂事件的插画

魏联升天津插图

德宝首次登台就落了好，使他更充满自信心。师父纪发也是打心眼里高兴，教起戏来越发带劲儿。德宝从小就有一副好嗓子，又响亮，又脆生，唱出来的小调有滋有味，动听极了。美中不足的是他先天视力欠佳，又由于家境贫穷，从小缺乏营养，导致体质较同龄孩子虚弱。纪发认为德宝的自身条件不宜练武功，就专教他学习文老生行当。德宝在师父耳提面命之下，艺业进步很快。他的唱比师兄弟优美，他的戏比师兄弟会得多，

出科以前就常在霸县（今霸州市）、永清、文安等地演出，人们知道他是“一千红”纪发教出来的徒弟，都管他叫“小一千红”。从那个时候起，他在所到过的地方就小有名气了，永盛和科班到哪儿去演出，当地群众就互相招呼着去看。在六年的科班学艺岁月中，小德宝逐渐长大成人。人们已不再称呼他乳名德宝，连大人们也都以学名魏联升称呼他。

光绪二十四年（1898 年），结束了科班学徒生活的魏联升正式出科。此时的他不仅出落成为姿容出众的美男子，而且练就了超人的演戏本领。同年，他辞别了相伴六年、情同慈父的纪发老师，来到梆子名家荟萃、好角如云的天津卫，开始了独立搭班的艺术生涯。

高徒成名家

过去的戏班里流传着一句话：“搭班如投胎。”意思是说，艺徒出师后去独立搭班，到处都会碰上困难，吃这碗戏饭相当不容易。可是魏联升到天津之后，却很顺利地就搭入了坐落在北门里大街的金声园戏班，工老生。他年纪轻，相貌英俊，扮出戏来格外漂亮，登上戏台不用开口，单凭他那副俊俏模样也够讨人喜欢的。他还有一副难得的好嗓子，就是普普通通的板式腔调，从他嘴里唱出来也比别人唱得甜美，高音不吵不噪，低音也能迂回。所有这些，在当时的男性演员里是不多见的。正因为他具有这些得天独厚的条件，使他一到天津就站住了脚，用戏班里的行话说这叫作“有人缘儿”。

魏联升

魏联升在金声园连获成功，引起各地经励科（旧时戏园子、戏班子里负责约角、组班的人）的兴趣。没过几个月，他就被请到营口献艺。返津后，改搭位于河东奥租界的东天仙戏班。在这里他结识了正称雄于天津剧坛的前辈小茶壶（吴永顺）和何达子（何景云）。这两位艺术家在唱功和演技方面都有相当深厚的造诣，是河北梆子发展过程中举足轻重的人物。魏联升同他们交往，观摩他们演出，还从他们那里“偷艺”，使他眼界大开，见识骤增。好学精神和上进心驱使他出师后仍坚持学艺，他向梆子剧种的名家学，也向皮黄艺人学；他向生行演员学，也向旦行演员学。凡是别人的长处，他都要认真加以研究。他学习别人的艺术并不死学，而是一面认真揣摩前辈名家的真功所在，一面研究如何开创适应天津观众欣赏趣味的新路。他不想吃别人嚼过的馍，立志走自己的路。为了达此目的，他向一切比他有成就的人求学问艺，广泛吸收他人唱、做的长处，再根据自己的嗓音条件去发挥、改造。他在舞台实践中不断地探索、尝试，使传统的声腔板式、旋律结构以及演唱技法，都出现许多变化。他在这样反复实践的过程中，逐步形成独具特色的演唱风格。

在魏联升没到天津以前，有一位唱梆子老生的演员，本名郭宝臣，艺名元元红，在北京的戏台上早已经大红大紫。魏联升羡慕这位先生功成名就，希望自己有朝一日也能成为像郭宝臣那样走红的梆子艺人。他在天津闯荡了几年，名声大振之后，在他 22 岁那年，也打出“元元红”的牌子，意在据守天津，与北京的这位前辈同行平分秋色。正如他所期望的那样，由于他不懈地努力，他的愿望变成了现实。时人为区别这两位同一艺名的梆子演员，称在先的那位郭宝臣为老元元红，称其后的这位魏联升为小元元红。被人称作小元元红的魏联升，在天津和其他一些地方的名望，远远超过了先于他成名的那位老元元红。

魏联升的艺术成就表现在他对河北梆子声腔、音乐、宾白、表演技巧等多方面的贡献。而最为引人瞩目的还是在演唱方面。他的唱韵味缠绵悱恻，高低起伏幅度大，行腔中巧妙加入衬字，甩腔、拉腔痛快淋漓，叙事性唱段又唱得抒情、俏美。高音的地方多使用背工（假声），落音时使用本工（真声），真假声衔接自然、顺畅，华彩间有凌厉，激昂而不失优美。他的声腔美都体现在自然之中，并不见矫揉造作。其次，他在唱、念中舍弃山陕派、直隶派所保持的浓重的山陕语音，改为河北地方语音，不酸不侉，字正腔圆。他还剔除所演剧目里的水词、拗口词，变一段唱多道辙为一辙到底。这些改进，有力地推动了河北梆子声腔、音乐的发展，形成河北梆子老生行当的一支新流派。这个流派就是由魏联升创建、延传至今仍然为人们所称道的“元（元元红）派”。元派形成之后，不仅受到天津观众的欢迎，同时也为同行们所效法。上海《十日戏剧》载文评称：“此调一出，风尚所趋，全是元元红派。于是离开老路梆子，单独树立一派。”

当年，在魏联升的带动下，天津的许多河北梆子艺人，对老派梆子进行了较为全面的改革。很快，包括坤伶扮演旦行角色在内的一种新派梆子在天津形成，这就是后人所称的天津卫派梆子。卫派梆子在逐渐完善中丰富、发展，成为河北梆子的一个流派。元派老生艺术又是卫派梆子的重要组成部分，其地位持续到现在始终未变。

当年不论是天津、北京、直隶或是东北各地的老生演员，十之八九均学元派。又由于魏联升的唱腔在传统的基础上多有发展，但旋律风格和调式色彩仍与传统的旦行唱腔保持高度的统一性，所以，女伶兴起之后学唱元派声腔艺术的女演员更是普遍。在天津，学元派成绩最显著者，如魏联升女徒小香水（李佩云），后来成为河北梆子的宗匠。女伶小瑞芳以及银达子，也都因学魏成名。以模仿魏联升而名噪剧坛的票友王金城，下海后风靡一时，他曾与名伶秦凤云、刘香玉合作，分别在国内和日本灌制了许多张唱片。

魏联升的艺术成就，除唱功方面外，还表现在他的做工上。清末民初时期的天津戏曲舞台，时兴梆、黄“两下锅”，许多造诣深厚的皮黄演员都与梆子演员同台合演。艺人们彼此相帮，互相借鉴，关系十分密切。魏联升在与皮黄演员的合作中，随时注意吸取别人的长处为我所用，弥补了他自身的缺欠。人们称赞他水袖技巧表演精到，眼神的运用传情达意，善于用面部情绪的变化刻画人物心理状态等等。殊不知他这些演技，都是在那个时候向皮黄艺人请教，或看皮黄艺人表演受到启发后练就的。同班皮黄名演员李吉瑞演《请宋灵》，做戏非常有情绪，台下观众每每被感动得掩面哭泣。这使魏联升震动很大，懂得了演员在舞台上不光是表现技巧，更重要的是真实地展示剧中人的感情，这样才能打动观众的心。从此，他努力锻炼运用不同的情绪处理，塑造不同的人物形象。再登台演戏，他不光是注意做工的稳重、大方等外在形式美，更注意运用恰如其分的演技，把人物的精神面貌体现出来，争取收到震撼人心的艺术效果。他在这方面的成就，给观众留下了久久难忘的印象。直到他逝世20多年后的1944年，天津戏迷还在《新天津报》上著文，回忆当年魏联升演《探母》的精彩表演，文中写道："至见娘一场，他不但脸上有戏，跪步、甩发情势紧张，唱做细腻，均非今日皮黄所能企及。唱工则回肠荡气，曲折有致。台下观众凡富于感情者，莫不掬同情伤心热泪，可见感人之深有如此哉！"由于内因和外因的促成，魏联升在短短的几年当中，在天津打下了非常深厚的根基，成为内行和外行都拥戴的梆子老生行当一代宗师。

声名传四海

魏联升成名前后，天津是他主要的活动阵地。起初，他常与著名男旦角演员小秃红（訾桐云）、小马五、黄福山合作，后来女演员兴起，与他经常合作者多是小香水、小荣福等人。演出场所有元升园、协盛园、东天仙、下天仙、广和楼等戏园。每次他登台演出的戏报贴出之后，观众总是蜂拥而至，戏园门前车水马龙，非常热闹。戏曲活动家张伯驹先生所著《红毹纪梦诗话》中有诗称道："梆子皮黄共一班，永龙关胜众人传。元元红与小荣福，钟鼓楼东别有天。"这里所记述清末在天津鼓楼东元升园合作演出时的景况，前两句是说皮黄著名演员程永龙主演的京剧《收关胜》，后两句说的是元元红（魏联升）和小荣福。光绪三十四年（1908年），天津东天仙戏园以月包银1200块，邀约魏联升与著名皮黄演员李吉瑞并列头牌，合组戏班，从李吉瑞、魏联升的名字中各抽出一个字，联到一起，命名为吉升班。李吉瑞、魏联升联袂领班，皮黄梆子"两下锅"，可见实力之强大。吉升班的演员，还有小香水、高福安、尚和玉、小荣福、王克琴等人，都是当时享誉京、津的名角，阵容相当整齐。

宣统二年（1910年），北京双庆班到天津凤鸣茶园演出，特邀魏联升协助，使这个原本营业困难的京班扭转了局面。后来，小秃红、程永龙、赵紫云、何翠宝、花想容等名演员也参加了这个戏班。班名改成凤鸣班，并一下子在天津红了起来，成为当时在天津颇有声誉的大班之一。同年六月，皮黄老前辈孙菊仙在该班演出，以《搜孤救孤》为元元红唱开场戏。

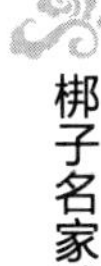

魏联升不仅在天津、北京享有盛名，在上海、奉天（今沈阳）、哈尔滨等地影响也很广泛。随着声名的远扬，各地到津邀聘他的成班人络绎不绝。庚子年（1900 年）他在营口演出，“台上清歌一曲，四座为之击节”。一日演《鞭打芦花》，台下观众“有饮泣不能仰视者”。光绪三十三年（1907 年），上海春桂园到津邀请他，开口就许诺月包银 800 块，这在女伶大兴之前的梆子界绝无仅有。他在上海受到极特殊的接待，观众热情的程度连他自己都感到惊异。每场演出，“观者如堵，几无立足之地”。元元红和他所演的梆子戏，一时间成为沪上民众街谈巷议的话题。当年各地出版的报刊、书籍，评价其艺的文章相当多，其中有把他称作“秦腔泰斗，天下第一”者。魏联升擅演《四郎探母》《南北合》《战北原》《芦花记》《杀庙》《南天门》《汾河湾》《斩子》《让成都》《桑园会》等剧目。根据当年的戏单统计，他经常换演的剧目有 30 多出。他在这些戏里的许多唱段，经百代、老晋隆、哥伦比亚、乌利文等唱片公司灌制成唱片，在社会上流传广泛。这些唱片，至今成为研究河北梆子声腔艺术发展历史的宝贵音响资料。

失足后悔迟

魏联升青年时代私生活不检点，由此导致他终生不幸，不仅影响了他的演艺事业，甚至断送了他年轻的生命。光绪三十三年（1907 年），在上海春桂园演戏时，名妓雪荫轩再三差人到后台，请求与魏联升会面。魏联升初到南方大商埠，不敢轻举妄动，拒绝同青楼女子交往，雪荫轩收买流氓十数人，趁魏联升演完夜戏归途中，用绑架方式将其押至妓院。“倒贴万元，以身嫁之”。这件事，当年在上海轰动一时。魏联升人还在上海，他与雪荫轩的风流韵事已经传到天津。他返津后，声名早就传开。这不仅没有造成他身败名裂，反倒使他更具有号召力。每有演出，观众越发争先恐后。其中许多人并非为欣赏艺术而来，而是专来见识魏联升其人，尤其是众多的女看客。达官显贵家的太太、小姐坐在台下，一见魏联升出场，竞相往台上扔手绢、金戒指。魏联升之名越传越响，赶到戏园看他演戏的人也越来越多。这使天津城里一些有身份、有地位的人士大为恼火。一些人借助新闻报纸大造舆论，要求当局限制魏联升登台演戏。宣统二年（1910年）三月，《天津白话报》刊登署名为何端新、王子良的公开信，谩骂在元升园演戏的元元红为淫伶，指责他所演《汾河湾》《桑园会》《三疑记》为淫戏，“与风化人心大有妨害”。呼吁“速将该优伶驱逐境外，则地方幸甚，青年男女幸甚”。但元升园东家不予理睬，任凭报界谩骂，也无人奈何他。

民国初年，天津城里鼓楼东有一个盐商叫姚序东。这个人妻妾很多，其中有一个叫海银桂，是青楼出身，年少风流，长得标致。姚序东另娶新欢后海银桂失宠，她愤世不公，几欲寻死，恰巧魏联升名动津沽，海银桂出于好奇，决意看个究竟，于是到元升园观看演出。她见魏联升果然容貌非凡，演技也高超，不由自主地为之倾倒，经过奶妈帮助，她很快就达到与魏联升私通的目的。此事为姚序东得知，姚买通探访局，将魏联升拘禁，于宣统三年（1911年）六月二十三日游街示众。姚序东余愤未平，又出巨资贿赂当局。督宪陈制军于六月二十九日，判罚魏联升苦役10年，由警务公所交习艺所关押。当时有人认为判罚过重，有人愤愤不平地在报上著文，揭露“此次社会中必欲大张其事，严行惩办者，大都艳妾众多之人，遇此惊心动魄之事，正恐海银桂第二出现。至于维持风化，犹其次焉者也”。魏联升被关进习艺所不久，津郊大旱，饿殍遍野。独流地方乡绅操办赈灾义演。有一富户张二爷愿捐大笔款项，但他爱听梆子，非魏联升演唱不捐。而魏又收押在监，操办人托了许多人说情释放也无济于事。

恰巧任江南提督的张勋大帅在津，张勋原是梆子戏迷，对魏联升的事早有耳闻。他随手填好名片，差人送到习艺所。就这样，魏联升被保释出监，为独流组织的赈灾义演后，又继续在天津的戏园子唱起戏来。魏联升自打出狱后，屡遭不速之客的突然袭击，或于演戏时无端受辱。想到自己的过失，他也只好忍气吞声，不予理会。

1913年2月，他与挚友赵春甫在河东区的一家烟馆吸毒，因不堪受辱，与寻衅的刘二、苏元善两个无赖发生口角，进而持械格斗起来。魏联升由赵春甫相帮用刀将刘二扎成重伤。随后探访局将魏联升拘捕入狱。不久，公布裁定，判处魏联升苦役20年，非6000元大洋不能赎身。当时，天津有一著名女演员何翠宝，天津人，早年从养母张姓。学戏后，工武

生，得过名家传授。她眉目姣好，身手矫健，扮相英俊俏丽兼而有之。起初她是以张翠宝之名唱《盗御马》《拿高登》等剧目，还演《独木关》《翠屏山》等难度颇大的流派戏。先前她与魏联升同在吉升班时产生爱情，二人由好而婚，后又离异。听说魏联升被罚6000元大洋时，彼此虽然已断瓜葛，但何翠宝侠肝义胆，她怜惜魏的艺术前程，毅然以6000元大洋标价，自卖自身于山东伶界头面人物董茂卿。何翠宝以卖身所得赎魏联升出监。魏联升愧悔莫及，无颜在津久居，当即携眷去东北。

此后以哈尔滨为基地，鬻艺于黑、吉、辽各地，并在那里赢得很高声誉。魏联升离津后，天津的权贵豪门办堂会，仍时常把他请来献艺。他每次到津住的时间都不长，而且闭门谢客，演毕即离去。

命断哈尔滨

几经沧桑、挫折，对魏联升的打击很大。他决心痛改前非，专心致志于河北梆子艺术。遗憾的是，他虽然从此不近女色却沾染上嗜毒恶习，导致身体状况一日不如一日。1919年4月，他到津料理个人私事，大新舞台邀他公开演了一场《战北原》，显见技艺大不如前。对此，津人深感惋惜。1921年他再临津门，底气更为不足，唱声多以巧腔对付。并且，他先天的眼病越加严重，已有一目失明。他在哈尔滨新舞台戏院演出时，台口设置地光灯，以辨别方向。他的夫人和女儿终日在他身边照料起居饮食。当时，哈尔滨有一艳名三荷花的名妓，被当地恶霸姚锡九长期包占。三荷花酷爱河北梆子，魏联升演戏她更是非看不可。天长日久，引起一些人的嫉妒。他们编造出的种种流言蜚语，传到姚锡九的耳朵里，于是姚认定魏联升在上海、天津早有前科，本性难改，却又苦于抓不到把柄，他对魏联升恨之入骨，必欲置魏于死地而后快。他雇佣刺客于1922年3月在新舞台戏院的化妆室暗杀了魏联升，一代名伶无端殒命，时年只有41岁。

由于姚锡九在当地颇有势力，警方不予追查。魏联升无辜被害，凶手却逍遥法外。消息传到天津、北京，田际云（艺名响九霄）等名伶联合各地梨园界人士上告，替魏联升叫屈，奈何军阀割据，京官鞭长莫及，各级衙门又受了姚锡九的贿赂，无一肯为之申冤。事后，天津高等司法巡警王振和在天津伶界人士的请求下，出面将魏联升的尸首运回天津，葬在大红桥以北的屠宰局后面。

1946 年 7 月，姚锡九作为汉奸、恶霸被公审后枪决，魏联升的冤情在沉埋了 24 年后，终于得到昭雪。

魏联升作为一代名伶，其艺术水平达到了一个高峰，但是由于身处乱世，自身又行为失当，导致最终死于非命，非常可惜。